O Ddydd
i Ddydd
mewn 366 diwrnod

Casgliad
o fyfyrdodau Beiblaidd dyddiol

Detholwyd a golygwyd gan
Iwan Ll. Jones

*Cyflwynaf y gyfrol
i gofio'n ddiolchgar am ffydd, gobaith a chariad fy rhieni –
y Parchedig Gwyn a Sian Jones*

® Cyhoeddiadau'r Gair 2023
Testun gwreiddiol: cyfranwyr i gyfrolau O Ddydd i Ddydd
dros gyfnod o 40 mlynedd
Golygydd y casgliad: Iwan Llewelyn Jones
Golygydd testun: Mair Jones Parry
Golygydd Cyffredinol: Aled Davies
Cynllun y Clawr: Rhys Llwyd

**Dymuna'r cyhoeddwyr gydnabod cymorth
Adran Grantiau Cyngor Llyfrau Cymru.**

Diolch i Gymdeithas y Beibl am bob cydweithrediad
wrth ddyfynnu o'r Beibl Cymraeg Newydd Diwygiedig.

Argraffwyd oddi fewn i'r Undeb Ewropeaidd

Cedwir pob hawl. Ni chaniateir copïo unrhyw ran o'r deunydd hwn
mewn unrhyw ffordd oni cheir caniatâd y cyhoeddwyr.

Cyhoeddwyd gan
Cyhoeddiadau'r Gair, Cyngor Ysgolion Sul Cymru,
Ael y Bryn, Chwilog, Pwllheli, Gwynedd LL53 6SH.
www.ysgolsul.com

Cynnwys

Gair gan y Golygydd	**4**
Ionawr	5
Chwefror	36
Mawrth	65
Ebrill	96
Mai	126
Mehefin	157
Gorffennaf	187
Awst	218
Medi	249
Hydref	279
Tachwedd	310
Rhagfyr	340

Rhagair

Gair gan y Golygydd

Mae cyfraniad llenyddiaeth Gristnogol i'r traddodiad Cristnogol wedi bod yn allweddol ar hyd y blynyddoedd oherwydd i amryw brofi budd a bendith ddyddiol o gloddio nid yn unig mewn cyfrolau o'r fath ond o reidrwydd yng Ngair Duw yn y Beibl.

Pan awgrymwyd mai da o beth fyddai dod â rhai o fyfyrdodau 'O Ddydd i Ddydd' (a ddaeth o ddwylo caredig y Parchedig Desmond Davies, Caerfyrddin) yn ôl i'r golwg fel 'tae, ac i mi ymgymryd â'r dasg o'u dewis, roedd yn edrych yn orchwyl pur anodd, ond cefais bleser yn tyrchu drwyddynt. Rhoddwyd i mi yn agos i hanner canrif o gyfrolau 'O Ddydd i Ddydd'. Gwaetha'r modd doedd pob blwyddyn ddim yn y stoc a gefais i, ac o ganlyniad, dwi'n siŵr i ni golli perlau gan sawl awdur. Yr unig beth a fedrais ei wneud, fel ag y dywedais, oedd tynnu oddi ar yr hyn a roddwyd i mi, a cheisio'u gosod, hyd yr oedd hi'n bosib, o fewn y prif wyliau Cristnogol a Chenedlaethol.

Er cael sawl cwestiwn i'r perwyl 'Pryd wyt ti'n mynd i orffen efo'r llyfra' 'ma?' gan y rhai sy'n byw yn yr un tŷ â mi, 'Ma' nhw'n mynd â lle ...' mae'n rhaid i mi ddiolch o waelod calon i Elen a Mari am eu consyrn ynglŷn â'r gwaith, ac wrth gwrs, eu cariad. Mi ddiolcha' i hefyd i Macs y ci am beidio â syrthio i'r demtasiwn o roi'r llyfrau yn ei geg a chael sgram ...

Ond o ddifri' – diolch mawr i'r Parchedig Aled Davies, fy nghyfaill ffyddlon o ddyddiau coleg ym Mangor, nid yn unig am ymddiried y gwaith i mi unwaith eto, ond am fod 'wrth law o hyd' ar ben arall y ffôn neu'r tecst i ateb pob gofyn, a hefyd i Mair Jones Parry am gyfeillgarwch sy'n estyn yn ôl flynyddoedd bellach, am ei gofal manwl a hwyliog wrth olygu'r llyfr drwy'r wasg.

Boed bendith Duw ar y darllen, ac i'r myfyrdodau a'r gweddïau, unwaith eto, agor drws i'r Ysbryd Glân weithio ynom.

Iwan Llewelyn Jones

IONAWR 1 • Mathew 9:14–17

NEWYDD-DEB

Priodol iawn yw'r enw a roddwn i ail ran y Beibl: Y Testament Newydd. Drwyddo draw fe sonnir am bethau newydd – bywyd newydd, dyn newydd yng Nghrist, cyfamod newydd, Israel newydd, nef newydd a daear newydd. Daeth Iesu Grist, nid i fwynhau hen ffurfiau nac i ddiwygio hen grefydd, ond i gyhoeddi dyfodiad teyrnas yn ei newydd-deb a'i gogoniant. Fe'i beirniadwyd droeon am ei esgeulustod o hen ddefodau'r grefydd Iddewig, ond iddo ef yr oedd hen draddodiadau ac arferion yn gwbl anaddas i fywyd ac awyrgylch newydd y deyrnas. Eglurodd y gwirionedd hwn gyda dwy ddameg.

Ni ellir clytio hen ddilledyn gyda darn o frethyn newydd. Nid clytio hen sefydliadau a chyfundrefnau crefyddol oedd ei fwriad, ond creu cymdeithas newydd a byd newydd a chynnig bywyd newydd i bobl.

Amhosibl fyddai costrelu'r bywyd newydd hwn o fewn hen ffurfiau; ffolineb fyddai rhoi gwin newydd mewn hen grwyn. Gofynnai gwin newydd y deyrnas am ffurfiau a chostrelau a mynegiant newydd.

Ym mhob cyfnod y mae Ysbryd Crist yn ceisio mynegi newydd-deb tragwyddol yr Efengyl, yn torri allan o hen rigolau, yn creu patrymau newydd ac yn bywhau ac adnewyddu ein heneidiau. Onid oes perygl i ninnau gredu, fel crefyddwyr Israel gynt, mai ein dyletswydd yw amddiffyn yr hen ffurfiau yn hytrach na chaniatáu i'r Ysbryd ein tywys i ganfod ffurfiau newydd ar gyfer oes newydd?

GWEDDI

Dragwyddol Dduw, yr hwn sydd yn gwneud pob peth yn newydd a'r hwn wyt yn aros byth yr un, caniatâ inni gychwyn y flwyddyn hon yn dy ffydd, a pharhau ynddi yn dy ffafr; ac o'n harwain yn ein holl orchwylion a'n hamddiffyn yn ein holl ddyddiau, boed inni dreulio ein bywydau yn dy wasanaeth. Amen.

Elfed ap Nefydd Roberts

IONAWR 2 • **Effesiaid 5:1–17**

PRYNU'R AMSER

Galwad sydd gan Paul ar i ni fyw yn deilwng o Efengyl Crist gan brynu'r amser. Mae yna dri rheswm pam y dylem wneud hynny:

Ei brynu am ei fod mor brin

Mae 'na obsesiwn yn y Beibl am hyn – bywyd fel niwl y bore, neu luest bugail.

Eifion Wyn a ofynnodd:

Pam, Arglwydd, y gwnaethost Gwm Pennant mor dlws
A bywyd hen fugail mor fyr?

Ei brynu am fod y dyddiau'n gofyn hynny

Yr unig foment o amser sydd o fewn ein cyrraedd yw'r presennol.

Ei brynu am fod gennym waith i'w gyflawni

Charles Wesley a ganodd:

Dymunwn brynu'r amser drud
A byw i ddangos Crist i'r byd,
Gan dreulio bywyd dros y llu
Sydd heb adnabod Iesu cu.

GWEDDI

Deg canmil yw fy meiau, ond cyn fy medd
Mi garwn wneuthur rhywbeth gwiw dros Grist
Fel nad edrycho arnaf mor rhyw drist. Amen.
                    (R. Williams Parry)

D. Ben Rees

IONAWR 3 • Ioan 3:1–17

CENHADU YN YR EFENGYLAU

Do, carodd Duw y byd gymaint nes iddo roi ei unig Fab, er mwyn i bob un sy'n credu ynddo ef beidio â mynd i ddistryw ond cael bywyd tragwyddol (Ioan 3:16). Dyna fan cychwyn pob cenhadu Cristnogol, a'r sail sicr iddo. Y Tad yw'r Anfonwr, a'r Mab yw'r Anfonedig mawr. Mae ef ei hun yn ategu hyn yn ei bregeth gyntaf yn y synagog yn Nasareth: *Y mae Ysbryd yr Arglwydd arnaf, oherwydd iddo f'eneinio i bregethu'r newydd da i dlodion. Y mae wedi f'anfon i gyhoeddi rhyddhad i garcharorion, ac adferiad golwg i ddeillion, i beri i'r gorthrymedig gerdded yn rhydd, i gyhoeddi blwyddyn ffafr yr Arglwydd* (Luc 4:18–19). Ac yn y genhadaeth hon mae'r Anfonwr a'r Anfonedig yn un: *Myfi a'r Tad, un ydym* (Ioan 10:30).

Pwrpas ei genhadaeth ef oedd gogoneddu'r Tad ac achub pobl i fywyd tragwyddol, trwy eu dwyn ato'i hun, a rhoi ei einioes yn aberth drostynt. *A minnau, os caf fy nyrchafu oddi ar y ddaear, fe dynnaf bawb ataf fy hun* (Ioan 12:32). Pawb! Mae ei olwg ar yr holl fyd; er, wrth reswm, bod yn rhaid cael rhyw fan cychwyn. A pha fan cychwyn mwy priodol na'r bobl a etholodd Duw iddo'i hun?

GWEDDI

Danfon allan dy fugeiliaid,
 â'u calonnau yn y gwaith,
er mwyn cyrchu'r rhai crwydredig
 o bellterau'r anial maith. Amen.
       (Elfed, Caneuon Ffydd 260)

T. Glyn Thomas

IONAWR 4 • Actau 3:11–19

GWYRO ARAF

'O na fuasai rhybuddion am y llethrau llithrig yn fwy amlwg ... Wnes i erioed ddychmygu y buasai wedi dod i'r fan hyn arna' i ... Y mae'n anodd gwybod ble ddaru pethau ddechrau mynd yn rong.' Mae'n ddiau bod llawer gwrthgiliwr, a llawer un a syrthiodd yn ddwfn i afael pechod, wedi meddwl ar hyd llinellau fel yna. Weithiau mae'r cwbl wedi cychwyn o ganlyniad i gamsyniad yn gymysg â mymryn o esgeulustod ac anwybodaeth.

Ond gan amlaf y mae'r cefnu a'r dirywio yn broses raddol; mor anodd ailafael wedi dechrau peidio, mae'r peidio yn dod yn haws, ac y mae rhywbeth yn y natur ddynol sydd yn ein denu at yr haws.

Y mae John Bunyan, rhywle yn ei glasur 'Taith y Pererin', yn darlunio Cristion a Gobeithiol yn cydgerdded ac yn gweld bod llwybr arall dros y 'ffens' yn cydredeg â'r llwybr yr oeddent yn cerdded arno, ac yr oedd yn decach na'r un caregog dan eu traed. Felly croesi wnaed i'r llwybr hawdd, ac ymlaen â hwy yn sgwrsio ac yn gwbl ddiofal. Yn ddiarwybod roedd y llwybr yn gwyro'n raddol bach, a hynny'n gyson, a chyn iddynt lawn sylweddoli roeddent yng nghorsydd digalondid ac anobaith.

Byddwn ofalus gan gofio nad yr hawdd sy'n iawn bob tro, na'r anodd sy'n iawn bob tro. Dyna pam mae'n werth oedi ennyd yn gyson i fyfyrio cynghorion a chyfarwyddyd ffordd y bywyd. 'Gad imi ddechrau gwaith pob dydd yng ngwawr dy ŵyneb-pryd' meddai Elfed. (Caneuon Ffydd, 672)

GWEDDI

Diolchwn, Dduw, dy fod di wedi maddau ganwaith yr un bai, a heddiw eto o dan bwys a gwres y dydd fe'n gwelir yn crwydro oddi wrthyt. Nertha'n ffydd i gredu bod llwybr y gwir edifeirwch yn ein harwain ni yn ôl i briffordd dy gariad tragwyddol. Amen.

E. George Rees

IONAWR 5 • Luc 9:28–36

SUT I WEDDÏO

I weddïo, meddai Luc, y cymerodd yr Arglwydd Iesu Pedr, Ioan ac Iago i fyny i'r mynydd. I beth yr awn ni i gapel ac eglwys ar ddechrau'r flwyddyn hon? I addoli, cymdeithasu, canu, darllen y Gair a'i glywed, pregethu a gwrando, offrymu, ie, a gweddïo. Diolch i Luc, Efengylwr gweddi, am groniclo'r gwaith hwn.

Diau fod gorffwys yn rhan o fendith y siwrnai honno i ben y bryn. *Ynghylch wyth diwrnod wedi iddo ddweud hyn* (Luc 9:28) ... Yr oedd llefaru yn waith mawr i Iesu. Ac nid siarad yn unig, nac yn bennaf, a wnaeth ef yr wythnos honno cyn esgyn i'r mynydd. Megis bob amser, cerddodd oddi amgylch gan wneud daioni. Ac yr oedd yn haeddu hamdden. Bendith i ninnau yw llacio gewyn.

Ond yr oedd gweddi yn bwysicach na'r gorffwys mwyaf gonest. Megis y bedydd, a'r temtio, ac wrth benodi'r disgyblion, megis yr ing yn yr ardd ac ar y Groes, nid esgeulusodd ein Harglwydd y weddi. *Tra oedd ef yn gweddïo, newidiodd gwedd ei wyneb* (Luc 9:29). Iesu yn gweddïo a droes fynydd y gorffwys yn fynydd y profiad aruchel.

GWEDDI

Gwna ni'n fwy o weddïwyr, Dduw Dad. Amen.

D. Eirwyn Morgan

IONAWR 6 • Genesis 1:24–31

ARGLWYDD Y GREADIGAETH

Y mae awgrym yn Genesis 1:11, 20 a 24 mai'r byd naturiol a gafodd y cyfrifoldeb dan law Duw am gynhyrchu llysiau, morfilod ac anifeiliaid. Fodd bynnag am hynny, y mae'n amlwg fod creadigaeth dyn gyda nodweddion unigryw yn yr adroddiant (adnod 26). A yw dyn mor wahanol i weddill creaduriaid y ddaear? Ar lawer ystyr, nac yw. Cofiwch, efallai, gyffelybiaeth Shylock o'r Cristion a'r Iddew, sy'n dangos mor debyg ydynt: llygaid, dwylo, organau, maint, synhwyrau, tueddiadau, teimladau, gan y porthir hwy â'r un bwyd; brifir hwy gan yr un arfau, dioddefant yr un afiechydon, iacheir hwy gan yr un moddion ... ; ac y mae'n gorffen ei restr drwy ddweud: os gwneir cam ag ef, onid yw'n ceisio dial? Gellir maentumio bod pob un o'r enghreifftiau i'w cymhwyso at yr anifail hefyd, hyd at yr olaf – dial. Y mae rhai'n dal allan y gwnaiff yr eliffant ddial ar bobl sydd wedi ei gam-drin. Os yw hynny'n wir, y mae'n enghraifft arall o wirionedd dihareb Paul fod *cwmni drwg yn llygru cymeriad da* (1 Corinthiaid 15:33).

Ydi, y mae pobl yn hynod debyg yn eu cyfansoddiad i'r anifail, ac y mae'r Beibl yn pwysleisio hynny. Nid yn yr hyn yw, ond yn yr hyn y gall fod y mae'r gwahaniaeth. Y mae dawn meddwl ac amgyffred pobl mor bell y tu hwnt i eiddo'r un creadur arall fel nad rhyfeddol fod pobl yn ystyried eu bod yn perthyn i ddosbarth uwch, a bod ganddynt hawl i reoli gweddill y greadigaeth (gweler Salm 8:5–8). Ond Duw sydd wedi pennu rheolau llywodraethol y byd a greodd, ac felly ni fedraf fi osgoi barn oni chymeraf fy nghyfrifoldeb o ddifrif a dysgu dweud gyda'm brawd, *Fy mwyd i yw gwneud ewyllys yr hwn a'm hanfonodd* (Ioan 4:34).

GWEDDI

Sancteiddier y ddaear gan Ysbryd y ne';
boed Iesu yn Frenin, a neb ond efe:
y tywysogaethau mewn hedd wrth ei draed
a phawb yn ddiogel dan arwydd ei waed. Amen.
(Eifion Wyn, Caneuon Ffydd 844)

Dafydd R. ap Thomas

IONAWR 7 • Hebreaid 11:23–31, 39–40

FFYDD FAWR

Pwy bynnag oedd yr Hebreaid yma, yr oeddent newydd brofi cyfnod caled o erledigaeth, ac wedi profi eu hunain yn deilwng o'u galwedigaeth. Mae perygl pellach yn awr, ac y mae'r awdur yn bryderus amdanynt – *Peidiwch felly â thaflu eich hyder i ffwrdd* (Hebreaid 10:35) meddai, gan argraffu ar eu meddyliau esiampl fawr eu rhagflaenwyr o'r dechrau, a'u hannog am yr un rheswm sef bod iddynt etifeddiaeth fawr ymlaen, a hwythau yn *bobl â ffydd sy'n mynd i feddiannu bywyd* (Hebreaid 10:39), bywyd ar batrwm dinas *ac iddi sylfeini* (Hebreaid 11:10) – y gymdeithas a Duw yn ei chanol.

Yna daw'r pasiant o'r gwroniaid a chronicl o'u gweithredoedd. Mae'r bennod wedi ei galw yn Bennod Fawr y Ffydd. Gwell enw, efallai, fyddai Pennod y Ffydd Fawr. Mae'r oriel yma o gymeriadau glew, a'r catalog o'u cyflawniadau yn ysbrydiaeth i'w darllen, ac yn wers mewn gostyngeiddrwydd, os nad euogrwydd. Mae yna grynodeb o binaclau ffydd. Ar wahân i'r llafurio a'r herio a'r anturio a'r mentro, yr ufuddhau, y fflangellu, y carcharu, yn bennaf dim mae yma'r ffydd nad yw'n disgwyl ymwared hyd yn oed! Ffydd fod y dyfodol yn mynd i gyfiawnhau eu safiad, a phrofi dilysrwydd eu hachos. Ffydd fawr yn undod bywyd dynoliaeth, undod hanes, ac mai cyfanwaith ac undod yw gwaith Duw, ac nad gweithio ymlaen y mae bendithion hanes, ond bod y gorffennol yn elwa oddi wrth y presennol hefyd. Gwêl yr awdur *nad ydynt hwy i gael eu perffeithio hebom ni* (Hebreaid 11:40).

GWEDDI

Deued dyddiau Crist a'i Deyrnas,
Credwn ei addewid gref, ...
Melys wedyn cofio'r tadau
A fu gynt a'u ffydd mor fawr ... Amen.
           (D. J. Davies)   **Haydn Davies**

IONAWR 8 • Hebreaid 1:4

UWCH NA'R ANGYLION (1)

Erbyn ystyried enwau'r Mab, fe ddechreuwn sylweddoli cymaint yn uwch na'r angylion y golygir ei fod. Mae'n rhagori arnynt fel eu Creawdwr (cymharer Colosiaid 1:15–16), ac yn ei ddynoliaeth hefyd y mae'n rhagori arnynt fel eu Harglwydd. Mae'n rhagori y tu hwnt i bob cymhariaeth.

Wrth ei gyferbynnu â'r proffwydi gynt, ni olygid dibrisio'r genadwri a roddwyd trwyddynt; ei fawrygu ef oedd yr ergyd yn hytrach na'u lleihau hwy. Yr un modd wrth ei gyferbynnu â'r angylion – y creaduriaid aruchel sydd yn amgylchynu gorsedd yr Arglwydd i weini arno (er enghraifft Eseia 6:1–8), eistedd ar ddeheulaw'r orsedd a wna'r Mab, yn uwch eto na'u huchelder hwy. Yn union am iddo ymostwng i fod yn was, y mae ei ddynoliaeth hefyd wedi ei ddyrchafu'n Arglwydd.

Drosom ni y cyflawnodd hyn i gyd – i'n codi ni ato ef ei hun (cymharer Ioan 14:2–3).

Gweddïwn ar iddo oleuo llygaid ein deall i wybod beth yw cyfoeth yr etifeddiaeth a roddir i ni ynddo a thrwyddo, a mawredd y grymuster *a gyfododd Grist oddi wrth y meirw, a'i osod i eistedd ar ei ddeheulaw yn y nefolion leoedd, ymhell uwchlaw pob tywysogaeth ac awdurdod a gallu ac arglwyddiaeth, a phob teitl a geir, nid yn unig yn yr oes bresennol, ond hefyd yn yr oes sydd i ddod.* (Cymharer Effesiaid 1:18–21.)

GWEDDI

O am gael ffydd i edrych
   gyda'r angylion fry
i drefn yr iachawdwriaeth,
   dirgelwch ynddi sy ... Amen.
      (Ann Griffiths, Caneuon Ffydd 189)

John Fitzgerald

IONAWR 9 • Hebreaid 1:5–9

UWCH NA'R ANGYLION (2)

Yn y lle cyntaf, tra rhagori y mae o ran yr enw a roddwyd iddo – mae'r dyfyniadau ill dau'n dod o gyd-destun gorseddu brenin Israel. *Fy Mab wyt ti, myfi a'th genhedlodd di heddiw. Ac eto: Byddaf fi yn dad iddo ef, a bydd yntau yn fab i mi* (Hebreaid 1:5). O'u cymhwyso i Iesu fe gânt arwyddocâd rhagorach o lawer. Ei gyhoeddi yn Fab yw hyn, wedi'r groes a'r atgyfodi (cymharer Rhufeiniaid 1:3–4), a chysgod oedd yr hen frenhiniaeth o Frenhiniaeth fwy Iesu Grist, ac fe sylwn mai'r hen ymadroddion a ddefnyddir wrth fynegi'r peth newydd, nid i brofi'r pwynt ond i'w fynegi gorau y gellir.

Felly hefyd wrth barhau, mae'n codi dyfyniadau yma a thraw i gyfleu sut mae Iesu Grist yn rhagori arnynt i gyd: *A bydded i holl angylion Duw ei addoli* (Hebreaid 1:6). Addoli Duw a olygir yn y cyd-destun gwreiddiol, ond yma golygir bod Duw yn dweud hyn am Iesu wrth ddod ag ef *ei gyntafanedig i mewn i'r byd* (Hebreaid 1:6), a gellir meddwl am hyn yn nhermau ei ddyfodiad cyntaf i'n byd, ei ddyrchafiad i'r gogoniant, neu ei ddyfodiad eto mewn gogoniant ... neu am ei ddyfodiad bob dydd atom ni.

Gweision yw'r angylion; nid felly'r Mab. Unwaith eto geiriau'n annerch brenin a ddefnyddir, ond gydag arwyddocâd anhraethol fwy ynddynt. Yr Eneiniog yw ef, a mwy: *Y mae dy orsedd di, O Dduw, yn dragwyddol* (Hebreaid 1:8). Diolch iddo am ein codi ni'n gymheiriaid iddo.

John Fitzgerald

IONAWR 10 • **Hebreaid 1:10–12**

UWCH NA'R ANGYLION (3)

Fel y mae geiriau'r Arglwydd yn Eseia 45:23, *i mi bydd pob glin yn plygu* yn cael eu cymhwyso i Iesu yn Philipiaid 2:10, felly hefyd y cymherir yma mai'r Mab a anerchir gan y Tad â geiriau Salm 102:25–27. *Y mae hefyd yn dweud: 'Ti, yn y dechrau, Arglwydd, a osodaist sylfeini'r ddaear, a gwaith dy ddwylo di yw'r nefoedd. Fe ddarfyddant hwy, ond yr wyt ti'n aros; ânt hwy i gyd yn hen fel dilledyn; plygi hwy fel plygu mantell, a newidir hwy fel newid dilledyn; ond tydi, yr un ydwyt, ac ar dy flynyddoedd ni bydd diwedd.'* (Hebreaid 1:10–12). Ar un olwg mae hyn yn syfrdanol, ac eto nid yw'n ddim amgen na datblygiad o'r hyn a ddywedwyd eisoes – mwy na phroffwyd, mwy na brenin, mwy nag angel, disgleirdeb y gogoniant, llun a delw, ie, stamp yr Arglwydd, y Duw byw.

Y mae hyn yn datblygu amcan amgenach am ragoriaeth y Mab, ond y mae yn dyfnhau'r datguddiad o Arglwydd Dduw'r cyfamod – y Duw sydd yn ei amlygu ei hun i'w bobl. Yn y Mab y mae'n amlygu ei hun yn llawnach eto, ac y mae'r ffaith bod y Mab yr hyn ydyw yn datgelu mwy eto am fywyd y Duw byw.

Mae yna le i ninnau agor i fawredd y Mab, nid er mwyn datblygu syniadau, ond er mwy ei addoli'n fwy cywir, a dod, trwyddo ef, i addoli'r Tad mewn ysbryd a gwirionedd. Ie, gan hyderu y bydd ei Ysbryd yn ein tywys yn yr holl wirionedd.

John Fitzgerald

IONAWR 11 • Galatiaid 1:11–17

TRADDODIAD A DATGUDDIAD

Er i Saul o Darsus gael ei fagu yn y traddodiad crefyddol Iddewig gan ddangos ei hun yn Iddew mor selog fel y bu iddo erlid pobl y ffordd, fe'i newidiwyd ef. Y mae'n bwysig craffu ar y ffaith mai **cael** ei newid a wnaeth Paul. Mae'n werth sylwi hefyd ddisgrifio'r newid a ddigwyddodd ynddo yn nhermau'r ieithwedd ysbrydol a ddefnyddiwyd i ddisgrifio Duw yn datguddio'i hun ac yn galw'r proffwydi mawr: *Ond dyma Dduw, a'm neilltuodd o groth fy mam ac a'm galwodd trwy ei ras, yn dewis datguddio ei Fab ynof fi, er mwyn i mi ei bregethu ymhlith y Cenhedloedd* (Galatiaid 1:15–16). (Cymharer Eseia 49:1 a Jeremeia 1:5.)

Yn y modd hwn bu'n rhaid i arferiad traddodiad blygu i awdurdod datguddiad. Nid oedd dim cyfaddawdu â phobl i fod felly ynglŷn â'r ddau fater pwysig hwn, sef awdurdod dwyfol ei gomisiwn apostolaidd a natur ei genhadaeth i'r Cenhedloedd. Yr hyn a wnaeth oedd mynd i ffwrdd ar unwaith i Arabia, a hynny *heb ymgynghori â neb dynol* (Galatiaid 1:16), na cheisio'r un cadarnhad i ddilysrwydd ei alwad o gyfeiriad Jerwsalem. Mynd i'r anialwch i fyfyrio a disgwyl am arweiniad Duw, fel y gwnaeth Iesu cyn cychwyn ei weinidogaeth.

Datguddiad a thraddodiad – dwy agwedd amlwg ar fywyd yr eglwysi ar hyd y canrifoedd, gyda'r ail yn fwy presennol na'r cyntaf. Ond onid natur eglwys iach yw ei bod hi'n sylweddoli bod ei thraddodiadau hi yn esgor o ddatguddiad, a bod angen iddynt fod yn iswasanaethgar bob amser i arweiniad datguddiad?

Dangos Arglwydd dy rymuster,
Llwydda waith dy deyrnas fawr,
Dy leferydd fyddo'n cyrraedd
Holl dylwythau daear lawr;
Torf ddi-ri' blygo'n llu
Wrth dy orsedd gadarn Di.
(J. J. Williams)

W. Eifion Powell

IONAWR 12 • Eseia 42:1–7

GWAS YR ARGLWYDD

Yn y darlleniad gwelwn yr awdur yn ymhyfrydu yn rhinweddau Gwas yr Arglwydd, sef ei addfwynder, ei amynedd a'i ddyfalbarhad (adnodau 2, 3 a 4). Hefyd, gan fod yr Arglwydd yn ei gynnal, yr oedd yn mynd i waredu ei bobl.

Dywed yr Eglwys i holl obeithion yr Ail Eseia gael eu cyflawni ym mywyd a chenhadaeth Crist.

Y mae'r darlun o Was yr Arglwydd yn amrywio yn y darlleniad. Ar y dechrau, unigolyn yw'r Gwas, ond erbyn adnod 6, y mae'n ymgorfforiad o bobl Dduw.

Arwain hyn ni bawb i feddwl am berthynas Crist a'i bobl. Yng Nghrist daeth y darlun o Was yr Arglwydd yn fyw ac yn weledig mewn hanes. Heddiw, y mae Crist a rhinweddau Gwas yr Arglwydd i fod yn fyw ac yn weledig ynom ni. Crist ynom ni yw Gwas yr Arglwydd heddiw.

Tra gofidiwn na chyflawnwyd mwy gan yr Eglwys, a thra cyffeswn lawer methiant heddiw, llawenhawn yn y goleuni a'r cysur a ddaeth i ran dynoliaeth drwy fywydau saint Duw. A chofiwn beth a ddylem fod yn ein cyfnod ni – ymgorfforiad o Was yr Arglwydd.

GWEDDI

Hollalluog Dduw a eneiniodd Iesu yn ei fedydd a'r Ysbryd Glân, a'i amlygu yn Fab i ti, danfon dy Ysbryd arnom ni, fel y bo inni ildio ein bywyd i'th wasanaeth a llawenhau o gael ein galw yn blant i Dduw, trwy Iesu Grist ein Harglwydd. Amen.

Iwan Lewis

IONAWR 13 • **Numeri 11:16–29**

MONOPOLI

Ym mhob oes mae yna rai sy'n ffoli ar gyfundrefnu. Rwy'n cofio un brawd o ddarlithydd a'i stydi'n destun edmygedd i greadur fel fi. Mor drefnus a glân fel, pan fyddwn i'n galw heibio yno, yr oedd cywilydd arna i mod i'n gorfod anadlu.

Mae yna rai a garai drefnu'r eglwysi yn yr un ffordd. Fe feddyliodd Moses y gallai roi trefn ar broffwydo ymhlith y genedl, gan ofyn am saith deg o henuriaid i fynd i'r tabernacl i ddisgwyl dyfodiad yr Ysbryd. Roedd saith deg yn ffigwr perffaith. Roedd pob un ohonyn nhw'n henuriad – deunydd rhagorol ar gyfer ennyn parch, ac roedd y tabernacl yn fan delfrydol. Do, fe ddaeth yr Ysbryd arnyn nhw. Dyna lwyddiant bendigedig mewn trefniadaeth.

Ond gwarchod y byd! Dyma ddau garidym, na fyddai gobaith iddyn nhw fod yn henuriaid byth – dau na fu'n agos i'r oedfa – Eldad a Medad, yn dechrau proffwydo mewn man arall, a rhywun yn rhedeg at Moses a dweud wrtho am roi taw arnyn nhw. Doedden nhw ddim ar y plan. Ateb Moses oedd *O na byddai holl bobl yr Arglwydd yn broffwydi* (Numeri 11:29). Dyna arwydd mawredd Duw. Roedd yn barod i dderbyn nad oedd ganddo fonopoli ar yr Ysbryd, ac y gallai Duw weithio y tu allan i drefniadaeth ei enwad ef!

GWEDDI

Ymwêl â Chymru, O Dad nefol, yng ngrym dy Ysbryd. Dangos inni fod gennyt ti dy weision na wyddom ddim amdanynt. Amen.

Dylan Parry

IONAWR 14 • Mathew 5:13–16

HALEN A GOLEUNI

Dywedwyd o bryd i'w gilydd bod geiriau Iesu yn llawer symlach na rhai o adrannau'r Hen Destament. Mae'r geiriau hyn yn glir fel grisial, ond yr her yn arswydus o finiog.

Fe ddefnyddiwn halen i roi blas ar fwyd. Gwelsom y gwragedd yn rhoi bresych, er enghraifft, mewn dŵr a halen, er mwyn tynnu'r baw a'r pryfed allan. Mae halen yn cadw blas a phuro bwydydd. Dyma swydd yr eglwys – cadw blas byw a phuro bywyd cymdeithas. *Os cyll yr halen ei flas ...* (adnod 13). Gwyliwn rhag i'r eglwys siomi dynoliaeth!

Mae lamp mewn stryd dywyll yn dangos y ffordd i gerddwr; dyma swydd Cristnogion – dangos y ffordd i gymdeithas o'u cwmpas. Mae lamp ar bolyn, neu ddinas ar fryn, i gael eu gweld. Mae'n rheidrwydd i Gristnogion ddangos eu hochr a dwyn eu tystiolaeth i'w Harglwydd.

Sonnir am *halen y ddaear* (adnod 13) a *goleuni'r byd* (adnod 14). Mae gan yr eglwys gonsyrn am y byd a phryder dros gymdeithas.

GWEDDI

Gwna fi'n gyfoethog ymhob dawn,
gwna fi fel halen peraidd iawn,
gwna fi fel seren olau wiw
'n disgleirio yn y byd 'rwy'n byw. Amen.
(William Williams, Caneuon Ffydd 687)

E. R. Lloyd-Jones

IONAWR 15 • 1 Corinthiaid 13

MAWLGAN CARIAD

Er na sonia Paul yr un gair am Grist wrth ei enw yn y fawlgan hon i gariad, eto, y mae'n gwbl amlwg ei fod yn meddwl am ei Arglwydd. Disgrifia'r cariad a welwyd yng Nghrist, a gŵyr mai dyma'r peth mwyaf gogoneddus oll. Lle bo hwn yn absennol y mae gwacter llwyr, ac ni all dim gymryd ei le. Â'r Apostol o'i ffordd i bwysleisio na all y cymwysterau y mae Cristnogion yn eu prisio mor uchel gymryd lle cariad. Gallwn fod yn gadarn mewn ffydd ac yn ymroddgar hyd angau yn ein hymgysegriad, ond os heb gariad – nid ydym ddim. Y mae hwn yn haeriad llym a digyfaddawd.

Nid peth annisgwyl, na chyfeiliornus chwaith, yw'r holl gyfeirio at gariad mewn trafodaethau ar undod Cristnogol. Cariad yw pennaf ffrwyth Ysbryd Crist, a thrwyddo fe ddaw'r eglwys yn un â'r byd. Ond cofiwn nad peth meddal yw'r cariad hwn – nid oes terfyn ar ei ofynion. Oni chyfeirir ein meddyliau at y Groes pan ddarllenwn y geiriau *y mae'n goddef i'r eithaf?* (1 Corinthiaid 13:7). Nid clywed yr 'hen, hen stori' yw ein hangen yn gymaint â chael gras i ymateb.

GWEDDI

Cyfoethoga ein bywydau â ffrwyth yr Ysbryd, a helpa ni i fyw ein bywydau yn wastadol ar lefelau cariad, llawenydd a thangnefedd. Amen.

Vivian Jones

IONAWR 16 • Actau 13:44–52

GAIR DUW A'R EGLWYS

Y mae'r cysylltiad rhwng Eglwys a Gair Duw yn gwbl amlwg a sylfaenol. Gair Duw sy'n creu eglwys, a lle nad oes gwrando'r Gair nid eglwys sydd yno ond clwb neu bwyllgor neu dyrfa. Nid yw'r ffaith eu bod yn cwrdd mewn capel, a/neu'n siarad am grefydd, nac yma nac acw: yr hyn a'u gwna'n eglwys yw gwrando'r Gair. Hollbwysig, felly, yw'r gair *gwrando* yn adnod 44 ym Meibl William Morgan (neu *glywed* yn y Beibl Cymraeg Newydd Diwygiedig). Busnes cyntaf aelodau eglwysig pan ymgynullant yw gwrando Duw yn llefaru. *Y sawl sydd â chlustiau ganddo, gwrandawed beth y mae'r Ysbryd yn ei ddweud wrth yr eglwysi* (Datguddiad 3:22). Nid siarad â'i gilydd yw busnes cyntaf aelodau o eglwys, ond gwrando ar Dduw. Y mae rhywrai yn gosod rhyw bwys mawr ar 'fraternity' mewn eglwys, ac os na bydd y gweinidog wedi digwydd cyfarch John Jones y mae'r byd ar ben. Wel, y mae gair o gyfarch siriol wrth ddrws capel yn dipyn o help i gynhesu'r awyr, ond busnes cyntaf y gweinidog a John Jones yw gwrando Duw.

Y mae'r gwrando hwn yn gofyn am ymroddiad a disgyblaeth ysbrydol. Y mae'n golygu ysbryd gweddigar, meithrin dyhead a disgwyliad am gael clywed. Y mae'n golygu bod *yn yr Ysbryd ar ddydd yr Arglwydd* (Datguddiad 1:10). Da y gwna'r emynwyr sôn cymaint am gael clywed: 'Gad im glywed sŵn dy eiriau' ... 'Llefara fy Nuw; fy enaid a glyw'. Da y gwnâi'r hen weddïwyr yn deisyf, 'Enwaeda ein clustiau!' ... 'Dyro glywed dy hyfrydlais'.

Trebor Lloyd Evans o'r 'Dysgedydd' Medi/Hydref 1960

Wilbur Lloyd Roberts

IONAWR 17 • Actau 9:23–25

GOLLWNG

Yma mae Paul yn ffoi mewn ffordd hollol ddramatig oddi wrth y rhai oedd yn ceisio ei ladd. Er byrred nifer yr adnodau, mawr yw'r ddrama. Yma eto cawn ddarlun o un o hanfodion tröedigaeth: cael ein gollwng i lawr i ni ein hunain. Mewn tröedigaeth byddwn yn mynd i lawr mur y galon i'r gwaelod, yno i wynebu pethau na fynnwn eu hadnabod. Ond drwy gael ei ollwng fel yna y medrai Paul ddianc a byw. Felly hefyd yr un sy'n profi tröedigaeth. Y mae disgyn i fagddu'r hunan yn ddychryn ac yn waedd. Ond y mae'n rhaid wrth hynny. Wrth gael fy ngollwng i lawr mur alcoholiaeth y dois i i weld pethau cwbl annymunol. Rhannau ohonof fi oedd y pethau hynny: dyna'r pwynt! Cyfarfod â'n tywyllwch ein hunain: y mae hynny'n rhan o'r Profiad Cristnogol. Un o gymeriadau mawr y Mabinogi – cymeriad sydd yn ein styrbio a pheri i ni wingo – yw Efnisien. Cymeriad tywyll a hollol ddinistriol ydyw. Wrth ddisgyn heibio mur y galon i'n dyfnderoedd, yno mae fy Efnisien i yn gwena arna' i. Ond y mae'n rhaid i mi fynd i'r fan honno yn nhaith y dröedigaeth. Ond drwy ein gollwng y'n gollyngir. Ni'n rhyddheir onid awn i ddyfnder ein düwch. Dyna'r profiad oesol Cristnogol.

Aled Jones Williams

IONAWR 18 • Mathew 25:14–30

MASNACHU'N CYFOETH

Y mae gennym i gyd dalentau yn yr ystyr o ddoniau naturiol, ac oni fyddwn yn eu meithrin a'u defnyddio, fe'u collwn. Dyna'r esboniad poblogaidd a roddwyd i'r ddameg hon. Er bod gwirionedd yn hyn, nid dyna oedd neges Iesu. Rhaid cofio bod a wnelo ei ddamhegion i gyd â sefyllfa hanesyddol benodol – dyfodiad teyrnas Dduw yn ei weinidogaeth a'i berson ef.

Y mae tri chymeriad yn y stori, ond yn ymddygiad yr olaf o'r tri y ceir yr ergyd. Fel y bu i'r *gwas drwg a diog* (adnod 26) guddio'i arian yn y ddaear, dyna hefyd fu camwedd arweinwyr crefyddol Israel. Ymddiriedwyd iddynt hwy y datguddiad o Dduw a chyfoeth ei Air, ond yr oeddynt wedi methu yn eu cyfrifoldeb, ac wedi cadw'r wybodaeth o Dduw iddynt hwy eu hunain yn hytrach na'i chyhoeddi a'i rhannu â'r cenhedloedd.

Heddiw, saif yr Eglwys yn yr union fan y safai'r hen Israel gynt. Ymddiriedwyd iddi hi gyfoeth yr Efengyl, a'i gwaith yw *masnachu* (adnod 16) â hi – ei lledaenu a'i chyhoeddi. Galwad i genhadu yw'r ddameg hon. Oni rannwn y newyddion da ag eraill, fe'u collwn.

Dywed Dr David Read am garcharor rhyfel a dderbyniai siocled yn gyson mewn parseli oddi wrth ei deulu gartref. Gwrthododd rannu'r un darn a chadwodd y cyfan yn ofalus mewn cwpwrdd dros gyfnod o rai misoedd. Pan ddaeth gorchymyn i symud y carcharorion i wersyll arall, cafodd fod ei gyflenwad o siocled wedi toddi a llwydo fel na allai neb ei fwyta. O rannu'r Efengyl ag eraill y mae diogelu ei gwefr. O'i chadw i'n hunain fe â'n llwydaidd a diflas.

GWEDDI

Na ad i ni, O Arglwydd, fyw bywyd diwerth; er mwyn Iesu Grist. Amen.
(John Wesley, 1707)

Elfed ap Nefydd Roberts

IONAWR 19 • Luc 9:18–20

YR ENW

Beth sydd mewn enw? Fuasai'r fasnach hysbysebu fawr o dro yn ein darbwyllo bod enw da a delwedd ddeniadol yn anhepgorol i lwyddiant masnachol.

Y mae rhyw arwyddocâd i enwau – enwau pobl ac enwau anifeiliaid. Os trown at enwau pobl mae amrywiaeth o resymau diddorol tu ôl iddynt. Fel rheol bydd gan yr 'uchel-dras' fwy nag un enw, a galwodd yr hen wag hwnnw nhw yn 'fachau ewyllysiau'! Ond boed hynny fel y bo, y mae pawb yn ymateb i ryw enw, a does neb yn hoffi clywed ei enw yn cael ei gamddefnyddio. Gwyddom fod yr Iddew yn ofalus wrth ddewis enwau, a chredwn fod enw Iesu Grist yn rhagori arnynt oll. Ysywaeth, erbyn hyn, mae'n destun braw, syndod a chywilydd i glywed a gweld yr enw yn cael ei ddefnyddio fel llw rheglyd arswydus.

Daeth hogyn bach adref o'r Ysgol Sul dan grio a dweud,
'Tydw i byth am fynd yno eto. Roedd 'na blant bach yno yn rhegi drwy'r amser!'
'Beth oedden nhw'n ddweud, 'ngwas i?'
'Roedden nhw yn dweud Iesu Grist yno drwy'r amser!'
Y mae Mrs Ann Hughes, Pentraeth wedi cyfansoddi parodi ar y testun hwn, a dyma un pennill:
Mewn rhegfeydd daw'r enw sanctaidd
Nawn a nos,
Yntau'n troi yn ôl yn bruddaidd
Dros y rhos;
Beth i ti yw dagrau Iesu?
Wy'st ti pam nad yw yn gwenu?
Clyw ei enw'n cael ei sathru,
Wel di, Dei?

E. George Rees

IONAWR 20 • Ruth 1:1–9

TEULU DUW O BOB CENEDL

Salm 96 *Dywedwch am ei ogoniant ymysg y bobloedd, ac am ei ryfeddodau ymysg yr holl genhedloedd* (adnod 3).

Ruth 1:1–9 *Dy bobl di fydd fy mhobl i, a'th Dduw di fy Nuw innau* (adnod 16).

Ioan 4:39–42 Y wraig o Samaria yn cyhoeddi'r Ceidwad.

Actau 15:7–14 Gofal Duw am y Cenhedloedd.

Pan ddewisodd Duw bobl iddo'i hun, fe'i gwnaeth er mwyn iachawdwriaeth yr holl bobloedd.

• Mynnodd Ruth, y weddw o wlad Moab, fynd gyda Naomi pan ddychwelai hi i Fethlehem Jwda. *Dy bobl di fydd fy mhobl i, a'th Dduw di fy Nuw innau* (Ruth 1:16) oedd ateb llawen a hyderus Ruth i'w mam-yng-nghyfraith.

• Wedi sylweddoli mai Crist yw Gwaredwr y byd, aeth y wraig o Samaria a dweud wrth ei phobl amdano. Mae hyn yn ein helpu i ddeall cenhadaeth Crist – i'n casglu'n un, blant gwasgaredig Duw, yn ein holl amrywiaeth.

• Derbyniodd Cyngor Jerwsalem rai o blith y Cenhedloedd i'r eglwys heb ofyn iddynt ymostwng i draddodiad Iddewig. Roedd Duw wedi gofalu *am gael o blith y Cenhedloedd bobl yn dwyn ei enw* (Actau 15:14).

Deuwn at ein gilydd yn eciwmenaidd i wrando beth mae'r Ysbryd Glân yn ei ddweud wrth bob un o'r eglwysi, i edrych am undod mewn amrywiaeth, ac i geisio cymod rhwng pobl a Duw.

GWEDDI

O Dduw, gan nad oes yng Nghrist wahaniaethu rhwng hil na tharddiad, ynot ti mae pawb ohonom yn un. Galluoga ni i fwrw i lawr y gwahanfuriau sydd o hyd yn ein gwahanu fel y byddwn yn gweithio mewn cytgord â'n gilydd ac i ti; trwy Iesu Grist ein Harglwydd. Amen.

Gwilym Hughes

IONAWR 21 • Deuteronomium 30:10–14

YR EGLWYS – Y DDYNOLIAETH NEWYDD

Darlleniad ychwanegol: 1 Corinthiaid 12:1–13

Mae gan bobun arwr, yn ifanc. A gaf i gyffesu, o'r foment y gwelais Herbert Morgan (1875–1946), yn ŵr tal, cymesur, glân yn dringo i bulpud fy eglwys gartref, i mi gael un a ystyriwn yn batrwm?

Dywedai Evan Morgan Y Siop, a gâi ddewis pregethwyr Cyrddau Mawr, amdano wrthyf: 'dyn trwm; meddyliwr'. Yr oedd pob dawn bulpud ganddo – meistrolaeth lwyr arno'i hun, ac ar ei bwnc, ac ar ei gynulleidfa. Pwyll y gwir ysgolhaig, ac angerdd y proffwyd hefyd. Cyfoeth o ddiwylliant Ewropeaidd, Clasurol a Beiblaidd, ac urddas iaith anghyffredin. A Christ mawr yn ganolbwnc pob oedfa.

Daeth dyddiau coleg, a chlywais ef yn Urdd y Deyrnas. Pendefig yno eto. Cofiaf dair darlith ddefosiynol-ysgolheigaidd ganddo i weinidogion Cylch Caerfyrddin – gwyrth o esbonio golau, a gwir efengylu.

I mi, cynrychiolai Herbert Morgan ei bobl ei hun ar eu gorau, ac ymgorfforai wir eciwmeniaeth.

GWEDDI

Rho i ni yn helaeth o'r ysbrydol ddoniau. Amen.

D. Eirwyn Morgan

IONAWR 22 • Effesiaid 3:14–21

APOSTOL UNDEB YR EGLWYS

APOSTOL UNDEB YR EGLWYS – ESGOB SAMUEL AZARIAH (1874–1945)

Blwyddyn arbennig oedd 1947 yn hanes India. Yn un peth, rhannwyd y wlad yn ddwy, ac yna ailsefydlwyd Eglwys Unedig De India ym mis Medi 1947. Ni bu neb mor lew ei ymdrechion i sicrhau'r Undeb hwn na'r Esgob Samuel Azariah.

Mab i ŵr a ddihangodd o afael y grefydd Hindwaidd ac a ddaeth yn weinidog yr Efengyl ydoedd. Roedd ei fam yn wraig nodedig ac yn Gristion gloyw. Ordeiniwyd y mab yn 1909, ac aeth i ardal y pyllau glo, i blith y gwaharddedig, yn ôl y grefydd Hindwaidd, gan sôn wrthynt am y Newyddion Da yn Iesu Grist.

Cadwodd yr Eglwys yn India ei harferion, a gwelwyd yr Efengyl yn ennill y gwaharddedig. Y tri pheth pwysig ym mywyd yr Esgob Samuel Azariah oedd astudio'r Beibl, Gwasanaeth y Cymun, a charu pobl er mwyn Iesu Grist. Ei gyfraniad mawr oedd uno Eglwysi De India, a thrwy hynny bwysleisio undeb hanfodol y ddynoliaeth.

GWEDDI

Diolch am dystion fel Esgob Azariah, a rho i ni gyfle i wasanaethu Iesu. Amen.

D. Ben Rees

IONAWR 23 • 1 Brenhinoedd 8:54–61

PERTHNASEDD

Yn ei lyfr enwog, 'A Preface to Morals' dadleuodd Walter Lippmann mai anhunangarwch (disinterestedness) yw nod amgen gwir grefydd. Cytunodd Aldous Huxley. Mae'n amlwg bod perthnasedd (relativism) yn un o nodweddion y maes sy'n ein hwynebu yn awr. Mae'r diamod, yr absoliwt, wedi diflannu o grefydd a bywyd, a phopeth yn berthnasol – un o ganlyniadau anochel ymwrthod â Duw, gan osod dyn (dynoliaeth) yn ei le, y dyn hunan-lywodraethol.

Ond pan roir *Fel hyn y dywed dyn* yn lle *Fel hyn y dywed yr Arglwydd,* fe gwyd cwestiwn dyrys: pa ddyn/gwraig? Ac mor hawdd yw i bobl dybio eu bod yn 'disinterested' pan ydynt yn ddim ond 'uninterested'. Rhaid inni ymdrechu i adfer y diamod. Rhaid dwyn pobl i gydnabod awdurdod y Goruchaf. Oherwydd pan fo popeth yn berthnasol, does dim yn derfynol, gan nad oes iddo sail tragwyddol. Ni all pobl greu eu hawdurdod eu hunain; oddi uchod, nid oddi fewn y daw. Pan nad yw moeseg yn ddim ond 'ffasiwn yr oes' fe â'n foeseg dros dro. A thuedd y 'dros dro' yw mynd yn ddidaro.

Un o ganlyniadau amlycaf perthnasedd yw dianc am noddfa i gysgod awdurdodaeth – ysgrythurol neu eglwysig.

GWEDDI

Pen Arglwydd nef a daear lawr,
Disgwyliwn wrth dy enw mawr;
Ac yn y llwch fel hyn 'rym ni,
Yn ceisio gwedd dy wyneb di. Amen.

T. Glyn Thomas

IONAWR 24 • **Mathew 24:22–33**

COFIO UN O DDONIAU TEGLA

COFIO UN O DDONIAU E. TEGLA DAVIES (1880–1967)

ARGLWYDD, ACHUB FI

Yn 1948, bu farw priod E. Tegla Davies. 'Pan ddisgwyliem hynny leiaf, ar fore teg o Fai 1948, torrodd y storm, a chipiwyd ymaith yr un a fu'n gymaint rhan o'm bywyd gyhyd,' meddai yn ei hunangofiant, 'Gyda'r Blynyddoedd'. Yn ei hiraeth dwys lluniodd yr unig emyn a gyhoeddwyd ganddo. Ymddangosodd am y tro cyntaf yn 'Yr Eurgrawn' yn 1949, o dan y pennawd 'Llef'.

Arglwydd, maddau fy amheuon,
   Maddau fy mwhwman ffôl, –
Gwynfyd mawr, a du wasgfaeon,
   Rhuthro 'mlaen, a chilio'n ôl, –
     Dy edrychiad
   Digon fydd yn nydd y praw.

Gwelais di ar ben y mynydd,
   Gwelais di yn ddisglair wyn,
Mynnwn aros yno beunydd,
   Ond fe'th gollais wedi hyn, –
     Yn y cwmwl
   Dyro dy adnabod di.

Fel ym mri dy Atgyfodiad,
   Tyrd at un a gloffodd cyd,
Yn nhosturi dy ddyfodiad
   Cadarnhau fy ngwamal fryd;
     Yna rhodiaf
   Ar y môr heb suddo mwy.

Wilbur Lloyd Roberts

IONAWR 25 • Marc 12:10–12

Y CAMGYMERIAD MAWR

Y mae'r adnodau hyn yn symud o ffigur y winllan i ffigur *maen y gongl* (adnod 10). Yn lle'r gwinllanwyr drwg yn gwrthod gweision y perchennog, ceir y darlun o adeiladwyr yn gwrthod y maen. Canlyniad gwrthod y maen fu ei osod yn ben conglfaen yr adeilad, er cywilydd a gwarth i'r adeiladwyr. Yr awgrym yw iddynt golli'r maen mewn adeilad godidocach.

Roedd y geiriau hyn o enau Iesu yn ddyfyniad o Salm 118:22–23, geiriau oedd yn gyfarwydd iawn i'w wrandawyr. Gellid eu hesbonio fel math o egwyddor gyffredinol neu ddihareb o'r hyn sy'n wir yn hanes pobl. Derbynnir gan un genhedlaeth yr hyn a wrthodwyd gan genhedlaeth o'i blaen. Y mae delfrydau a syniadau a wrthodir gan un oes yn cael derbyniad mewn oes arall.

Ond yn y ddameg hon cymhwysir y ffigur at Iesu Grist ei hun. Ef yw'r maen, a gwelir ei gyfoedion yn gwneud eu camgymeriad mawr yn ei wrthod. Ond ym mhwrpas mawr Duw deuai'r maen gwrthodedig yn ben conglfaen mewn adeilad newydd – sef yr Eglwys Gristnogol, yr Israel Newydd. Cydiodd y darlun hwn ym meddwl a dychymyg y Cristnogion cynnar. Clywn Pedr yn dyfynnu'r geiriau yn ei amddiffyniad gerbron yr archoffeiriaid (Actau 4:11), ac yn Effesiaid 2:20 ac 1 Pedr 2:4 cawn gyfeiriadau at Grist fel y maen bywiol, sylfaen yr Eglwys. Gwireddwyd neges y ddameg yn hanes y byd. Er i bobl wrthod y Crist, daeth ef yn benconglfaen gwareiddiad. Y camgymeriad mwyaf yw i bobl ei wrthod ef yn sylfaen i'w bywyd.

GWEDDI

O Arglwydd, na ad inni feddwl byth y medrwn sefyll ein hunain heb fod dy angen di. Amen.
(John Donne, 1572–1631)

Elfed ap Nefydd Roberts

IONAWR 26 • Rhufeiniaid 5:6–8

DROS YR ANNUWIOL

Ydych chi'n cofio darllen 'Y Cychwyn' gan T. Rowland Hughes? Os ydych, fe gofiwch ddisgrifiad o gyfarfod ymadawol Lias Tomos a Now Bach yn y caban ar awr ginio. Buont ill dau yn bartnars am rai blynyddoedd, a Huw Jones, partner arall, oedd yn cyflwyno Beibl i Lias Tomos. Wedi sôn am yr ysbryd rhagorol fu rhyngddynt am ugain mlynedd, dywedodd Huw Jones ei fod yn cofio pregethwr rhyw dro yn egluro beth oedd dyn da. 'Nid y dyn cyfiawn ydi'r dyn da,' meddai o, ond 'y dyn hwnnw y mae'n anodd i chi bechu yn ei ŵydd o.' Dyn felly oedd Lias Tomos, yr hen flaenor. Mi feiddiai rhywun farw dros ddyn felly, meddai Paul – *go brin y bydd neb yn marw dros un cyfiawn* (Rhufeiniaid 5:7). Ond mi fu Crist farw dros yr annuwiol:

Dros bechadur buost farw,
　dros bechadur, ar y pren,
y dioddefaist hoelion llymion
　nes it orfod crymu pen; ...
　　　(William Williams, Caneuon Ffydd 517)

GWEDDI

Os arhoswch nes eich gwella,
Byth ni ddeuwch yn eich byw:
Pechaduriaid,
Nid rhai cyfiawn eilw Duw. Amen.

Alun W. Francis

IONAWR 27 • **Exodus 31:1–11**

CREFFTWAITH

Y mae addysg academaidd a gwaith ymchwil mewn gwahanol feysydd yn anhepgorol, dim ond inni beidio ag anghofio y dylid rhoi sylw i sgiliau eraill, megis crefftwaith a chynllunio. Hebddynt bydd cymdeithas a'r byd yn gyffredinol yn dlotach. Y mae gwaith caboledig a chrefftus mewn metal, carreg, ac unrhyw ddefnydd arall, yn wrthrych rhyfeddod ac edmygedd.

Nid yw'n debygol bod Moses yn bensaer, ond gwyddai na ddylid defnyddio ond y gorau yng ngwneuthuriad offer a llestri'r deml, ac ofer oeddent heb wybod beth oedd eu pwrpas yng ngwasanaeth y deml. Y peth pwysicaf oll oedd bod yr addolwr yn cael ei feddiannu gan Ysbryd Duw – hynny oedd y cymhwyster gorau i addoli.

Erys perygl i ninnau addoli'r cyfryngau yn hytrach na bod Duw yn wrthrych ein haddoliad. Ac eto, y mae lle priodol i waith dwylo dynol yng ngwneuthuriad y cysegr yn ogystal â'i gynnwys. Rhoddodd Duw i bobl ddoniau creadigol ac amrywiol fel bod gwaith eu dwylo, yn ogystal â ffrwyth ysgolheictod, yn cael eu cyflwyno a'u defnyddio yn y gwaith o hyrwyddo gwaith y Deyrnas.

Ysbryd Duw yn unig all ein gwneud yn wir addolwyr, ond oni ddylid rhoi mwy o le yn ein heglwysi i grefftwaith, i'n cynorthwyo yn ein haddoliad, megis canhwyllau a lluniau lliwgar sy'n cyfleu agweddau o'r Gwirionedd?

GWEDDI

Diolch i ti, ein Tad, am dy roddion amrywiol. Bydded iddynt gael eu defnyddio i foliannu dy enw ac i hyrwyddo dy waith. Amen.

J. Bryn Jones

IONAWR 28 • **Salm 98:1–9**

CERDDORIAETH

Dywedir i Fethodistiaeth gychwyn mewn mawl, ac nid yw hynny'n syndod o gofio am y cyfoeth sydd yn emynau pobl fel Charles Wesley a William Williams, Pantycelyn, ac iddynt gael lle amlwg mewn addoli a'r gwaith o ledaenu'r Efengyl.

Yr ydym yn byw mewn byd sy'n llawn o synau. Cyfareddwyd pobl o'r cychwyn cyntaf gan wahanol fathau o synau, megis y gwynt, dŵr, adar, ac yn y blaen. Ni wyddom pa bryd y dechreuodd cerddoriaeth, ond byddai'n anodd canfod unrhyw le yn y byd lle nad oes canu a cherddoriaeth o ryw fath.

Nid yr un yw archwaeth cerddorol pawb, a cheir cerddoriaeth ar gyfer pob math o achlysuron. Cysylltir yr hyn sydd orau mewn cerddoriaeth â Duw, a daw gweithiau Handel, Bach, Verdi, Mozart a Mendelssohn, a llu o rai eraill cyffelyb, i gof. Ni flina pobl ganu eu gweithiau na'u perfformio.

Nid yw'n rhyfedd i'r Salmydd yn y salm hon annog pobl Israel i ganu i'r Arglwydd oherwydd ei weithredoedd mawrion a buddugoliaethus. Y mae hynny'n llawer mwy gwir wedi dyfodiad Crist. Y mae ei waith achubol drosom yn teilyngu mawl ein gwefusau a'n calonnau, dim ond inni gofio na allwn wneud dim heb gymorth ei Ysbryd.

GWEDDI

O! am dafodau fil ar gân
   I'm Prynwr, i roi 'maes
Fawl a gogoniant f'Arglwydd glân,
   Gorchestion mawr ei ras. Amen.
(Charles Wesley, cyf. D. Tecwyn Evans)

J. Bryn Jones

IONAWR 29 • Hebreaid 11:16

Y FFYDD Y MAE DUW'N EI HARDDEL

Darlleniad pellach: Rhufeiniaid 8:1–11

Nid breintiau yfory yn unig yw breintiau teulu'r ffydd. Yn wir y mae'n amlwg fod llawenydd dwyfol yn cael ei estyn i'r bobl hyn yn awr. Gan eu bod yn hiraethu am Dduw, yn ymhyfrydu yn ei air a'i addewidion, yn ceisio teyrnas ei ras ef, a honno'n deyrnas dragwyddol, eu llawenydd pennaf yw ymddiried ynddo, ac nid oes gan Dduw gywilydd ohonynt. Fe geisia'r byd gelyniaethus eu cywilyddio, ac fe ŵyr y teulu yma am ddwyster a dyfnder y pechodau cywilyddus o'u mewn. Ond, yn ei gariad, nid yw ein Tad, er dyfnder ein bai, yn amharod i adfer perthynas. Rhydd ef ei hun iddynt; fe ganiatâ iddynt wybod ei Air, i adnabod ei fwriadau. Fe dywallt ei Ysbryd arnynt i symud llen eu hanghrediniaeth, ac fe rydd ei hun iddynt mewn gostyngeiddrwydd. Y mae wrth ei fodd yn cael ei alw'n Dduw ganddynt – yn Dad, yn Fab, ac yn Ysbryd Glân.

Paratôdd ddinas iddynt. Rhyw ddydd fe gaiff ei bobl a ymddiriedodd ynddo etifeddu dinas sefydlog, berffaith. Ef yw ei hadeiladydd, ac ef a'i cynlluniodd; ef yn ei dosturi a agorodd ffordd yn ei Fab i'r ddinas, ac yn y ddinas honno fe gawn gwrdd â'n Crëwr. I hyn y'n bwriadwyd fel dynoliaeth – dyna ein braint fel dynoliaeth atgenhedlig.

GWEDDI

O Dduw, fe ymhyfryda dy bobl yn dy waith a'th Berson bob dydd.
O Dduw, rho im adnabod
Ar f'ysbryd ôl dy law,
Cans dyna'r nod a'r ddelw
Arddelir ddydd a ddaw. Amen.
(John Williams St. Athan)

R. Watcyn James

IONAWR 30 • 1 Corinthiaid 1:18–31

ARWYDD CADWEDIGAETH

Y mae breintiau cadwedigaeth dragwyddol yn fendigedig, yn anfesuradwy ac yn amhrisiadwy. Ni thybiaf i mi gwrdd ag unrhyw un oedd yn well ganddo ddistrywiad ei enaid na'i gadwedigaeth. A oes modd i ni wybod heddiw i ba gyfeiriad y cerddwn ni? Fe ddywed yr Ysgrythurau wrthym y gallwn wybod pen ein rhawd ddaearol wrth edrych ar arwyddion y ffordd (adnod 18). Beth yw'r arwydd? Meddai'r apostol wrth ateb, *y gair am y groes* (adnod 18) yw'r arwydd sy'n dangos i ni pa ffordd y teithiwn arni. Derbyniwn fod Iesu'n Iawn, yn bridwerth, yn ddoethineb, yn gyfiawnder, yn sancteiddhad oddi wrth Dduw ei hun, ac fe leinw ein calon â mawl, ac ehangir ein serch. Dyma lwybr disglair golau iachawdwriaeth. Ond y mae gwrthod y Mab, ei berson a'i waith, yr un modd, yn arwydd eglur ein bod ar lwybr tywyll colledigaeth. Nid yw'r gair hwn yn boblogaidd i anghredinwyr balch a hunangyfiawn. Ond i bobl Dduw, y mae Iesu ei hun yn llawenydd, yn ddigon i dragwyddoldeb.

Fe all y byd glodfori ei eilunod a'i gewri; gall ddatgan ei ymffrost yn nuwiau mamonaidd ei oes, ac ni allant ganfod ymwared ar eu hymffrost. Fel Babel cânt syrthio ar eu cryfder. Ond, y mae'r hwn a roddodd Duw yn ddigon ynddo'i hun i'n cadw. Moliant yw canlyniad ein hymddiriedaeth yn Nuw ei hun a'i ras.

GWEDDI

Calfaria fryn yw'r unig sail
   adeilaf arno mwy;
a gwraidd fy nghysur fyth gaiff fod
   mewn dwyfol, farwol glwy'. Amen.
(William Williams, Caneuon Ffydd 7)

R. Watcyn James

IONAWR 31 • Llyfr y Pregethwr 9:13–17

TLAWD A DOETH

Dyma i mi un o'r storïau hyfrytaf a dyfnaf yn yr Hen Destament oll; y dyn tlawd, doeth yn achub y ddinas fechan rhag ymosodiad brenin nerthol, ond eto ni chofiodd neb am y dyn tlawd hwnnw. Dyma graidd tlodi'r Efengyl. Egin stori Iesu sydd yma.

Pan oeddwn i yn Lerpwl yng nghymuned L'Arche, ffrind i mi yno oedd Ying Cheung – gwraig ifanc yn wreiddiol o Hong Kong, ond a ddaeth i Lerpwl pan oedd hi'n ddim o beth i chwilio am feddyginiaeth i effeithiau andwyol meningitis. Roedd Ying yn ddall, yn methu siarad ac mewn cadair olwyn. Wrth fynd â hi drwy ddinas Lerpwl un diwrnod, dois yn ymwybodol fod pawb yn rhuthro'n wyllt o'n cwmpas ni. Ond roedd Ying yn fy arafu; yn gwneud i mi gymryd fy amser ac yn dwyn rythm i fy myw. Yn yr un modd, roedd hi'n denu pobl ati; yn dysgu pobl i ofalu, ac i ganu. Dysgai dynerwch. Yn ôl safonau lloerig y byd cyfalafol, methiant oedd Ying – rhywun i'w phitïo, rhywun i'w hamgylchynu ag elusen. Ond ei thlodi hi, mewn gwirionedd, a roddai arwyddocâd i fywyd. Yno roedd ei dyfnder. Fel gŵr tlawd, doeth Llyfr y Pregethwr, medrai hi achub rhag ymosodiadau brenin nerthol trais a rhyfel – gwanc cyfalaf a byd anghyfiawn. A phwy oedd yn gwybod am Ying Cheung, un o'r tlodion? Y nhw sy'n ein harwain at fyrddau llawnion y Duw tlawd.

Aled Jones Williams

CHWEFROR 1 • 1 Corinthiaid 9:24–27

BRWYDR BYWYD

Mae'n rhaid i mi gyfaddef nad oes dim yn rhoi mwy o bleser i mi, ar wahân i gêm bêl-droed, na gweld gornest baffio dda. Gweld dau am y gorau yng ngyddfau'i gilydd. Nid yw'n ddarlun anghyffredin iawn fy ngweld ar ben cadair yn gweiddi fy nghefnogaeth i'm ffefryn. Mae Paul yn dweud wrth ysgrifennu at y Corinthiaid ef fod ef yn baffiwr, ond rhywsut neu'i gilydd ni allaf ei ddychmygu ar y 'sgwâr'! Nid dyn cryf, cyhyrog mohono, a hynny ar ei gyfaddefiad ef ei hun. Beth a olyga, felly, wrth ddweud ei fod yn paffio neu'n cwffio?

Cyfeirio y mae yn sicr at yr hyn a welodd wrth wylio gornestau yng nghampau Corinth ers talwm, sef gweld paffwyr yn gwastraffu eu hegni yn chwifio'u breichiau yn yr awyr i ddim pwrpas o gwbl.

Brwydr bywyd sydd yma, ac yn y frwydr honno gwelodd mai'r person peryclaf oedd ef ei hunan: *Yr wyf yn cwffio, nid fel un sy'n curo'r awyr â'i ddyrnau. Yr wyf yn cernodio fy nghorff* (1 Corinthiaid 9:26–27). Gelyn pennaf Paul oedd Paul.

Gwyliwch y gelyn oddi mewn a mynnwch gael rheolwr da. Yr unig un all ein gwneud yn fwy na choncwerwyr yw Iesu Grist.

GWEDDI
Yn dy ymyl, ddwyfol Un,
Rwyf yn fwy na mi fy hun. Amen.

Olaf Davies

CHWEFROR 2 • Iago 1:19–25

GWELD EIN LLUN

Bu'n rhaid i ni fel teulu adnewyddu ein 'passport' yn ddiweddar, a threfnu i gael ein lluniau wedi eu tynnu ar gyfer yr awdurdodau. Cofiais yn sydyn fod peiriant pwrpasol at y gwaith ar gael yn un o siopau nid anenwog y dref gyfagos. Penderfynwyd ar ddiwrnod ar gyfer yr achlysur, talwyd y ffi, ac wedi disgwyl rhai munudau dyma weld y canlyniad. A dyna i chi siom! Dyna'r llun salaf a dynnwyd ohonof erioed (yn fy nhyb i). Nid oeddwn yn gallu gweld unrhyw debygrwydd i mi yn y person a syllai arnaf o'r ffrâm. Yn ddiweddarach y noson honno cawsom ymweliad gan ddau o'n ffrindiau, a dangoswyd y lluniau iddynt. 'Wel dyna luniau da,' meddent, 'mae'r camera wedi dy ddal i'r dim.' Fe gredais mai tynnu coes yr oeddent, ond wir i chi, yr oeddent yn fwy na pharod i ysgrifennu ar gefn y llun: 'Tystiaf fod y llun hwn yn llun dilys o Olaf Davies.'

Cawn ein hatgoffa weithiau nad ydym ni bob amser yn ein hadnabod ein hunain fel y mae eraill yn ein hadnabod, ac mae hynny yn medru bod yn dipyn o therapi. Mae Iesu Grist yn ein hadnabod yn well o lawer na'r adnabyddiaeth sydd gennym ni ohonom ein hunain. Y rhyfeddod mawr, wrth gwrs, yw ei fod yn dal i'n caru, er gwaetha'r cwbl.

GWEDDI

Dysg i mi, Arglwydd, 'beth wyf fi, a phwy wyt ti'. Amen.

(Joachim Neander, cyf. Elfed, Caneuon Ffydd 116)

Olaf Davies

CHWEFROR 3 • Mathew 6:22–24

EGLURDER

Mae'r *llygad hael* (yr un iach) yn gwneud ei waith yn iawn, yn gweld yn glir heb unrhyw amhariad. Mae'r *llygad trachwantus* (yr un afiach) yn ddiwerth a phoenus. Y ddameg yw fod yn rhaid i'r gwelediad ysbrydol fod yn loyw a chlir. Dyma hefyd bwyslais gwynfyd y pur o galon, sy'n sôn am gymeriad clir, ac unplygrwydd difeddwl-drwg. Dywedwn fod ambell un yn llawn o nythod llygod, neu fel neidr. Nid ydym yn siŵr o nyth llygoden, na'r man lle cuddia'r neidr i neidio a brathu. Dylai'r Cristion fod yn glir a didwyll ei gymeriad.

Yn yr ail ddameg, rhaid cael gair cryfach na *gwasanaeth* (adnod 24), sef 'caethwasanaeth'. Roedd caethwas yn eiddo'i feistr. Ni allai byth fod yn eiddo dau berchennog. Yr ystyr yw bod dau Arglwydd mewn bywyd yn hawlio teyrngarwch – Duw a Mamon. Mae Duw'n hawlio teyrngarwch llwyr, a rhaid cau allan bopeth arall sydd am arglwyddiaethu. Mae'n arswydus o beryglus gwneud casglu cyfoeth yn brif ac yn unig ddiben byw. Y cymeriad unplyg yn ei deyrngarwch i Dduw all wrthsefyll y demtasiwn.

GWEDDI
O Iesu byw, dy fywyd di
Fo'n fywyd yn fy mywyd i. Amen.

E. R. Lloyd-Jones

CHWEFROR 4 • **Hebreaid 11:17–19**

CRED YN NUW

Darlleniad pellach: Genesis 22:5–19

Gallwn ddychmygu Abraham yn cerdded taith dridiau gyda'i fab, a phob nos byddai ddiwrnod yn nes i'w golli drwy doriad ei gyllell ei hun. Pwy a ŵyr pa boenau a gydiodd yn ei galon pan ofynnodd ei fab, cariad ei fynwes, mewn ymddiriedaeth lwyr ynddo: *Fy nhad ... dyma'r tân a'r coed: ond ble mae oen y poethoffrwm?* (Genesis 22:7). Diau bod yr wybodaeth mai Isaac, ei fab, oedd y poethoffrwm yn ei boeni, ond yr oedd prawf arall fel gordd yn bygwth bwrw ei ffydd yn deilchion. Onid oedd yr Arglwydd wedi addo *trwy Isaac y cedwir dy linach?* (Genesis 21:12).

Er hynny troediodd lwybr o ing personol, a bygythiad anghrediniaeth i'w ffydd. Credai y gallai'r Arglwydd *ei godi hyd yn oed oddi wrth y meirw* (Hebreaid 11:19), a pharhaodd ar ei daith. O afael marwolaeth fe gafodd Abraham Isaac yn ôl. Credodd yr addewid, er mor dywyll yr awr. Credodd fod yr Arglwydd yn ffyddlon i'w addewidion a'i fod yn anrhydeddu ei fwriadau.

Ambell waith, fe wynebwn ninnau oriau tywyll o brofedigaeth; cerddwn lwybrau unig, ac fe ymddengys fod pob gelyn i'n herbyn a phob ton o anobaith yn peri i ni amau dilysrwydd ein profiad, addewidion yr Hollalluog, a thynerwch ei galon. Glynwn, yn nhywyllwch ein profedigaeth, wrth air Iesu sy'n dweud wrthym: *Ni all neb eu cipio allan o law fy Nhad* (Ioan 10:29).

R. Watcyn James

CHWEFROR 5 • **Salm 36:5–12**

DYN MEWN CYFAMOD Â DUW

Yn Llyfr Gwasanaeth yr Eglwys Fethodistaidd y mae un gwasanaeth sydd yn mynd yn ôl i gyfnod John Wesley, sef Gwasanaeth Adnewyddu y Cyfamod. Pwrpas y gwasanaeth hwn yw dwyn i gof mai person mewn cyfamod â Duw yw'r Cristion. Gwelwn yn y darlleniad ddarlun o'r cyfryw un. Yn gyntaf, mae'n ymhyfrydu yng ngogoniant a mawredd Duw. Doniau Duw yw cariad, ffyddloneb a chyfiawnder. Dywed y Salmydd fod holl fywyd y ddaear, yn bobl ac anifeiliaid, yn dibynnu ar y doniau hyn.

Y mae'r gair Hebraeg a gyfieithir yn y salm fel *cariad* yn golygu cariad o fewn cyfamod. Mewn gwasanaeth priodas y mae'r mab a'r ferch yn proffesu eu cariad, y naill i'r llall, ac yn addo eu ffyddlondeb i'w gilydd hyd angau. Felly hefyd y mae Duw a'i bobl mewn ymrwymiad am byth i'w gilydd. Fel y mae gŵr a gwraig yn ffyddlon i'w gilydd mewn hindda a drycin, felly hefyd y llawenha'r Salmydd y medr ddibynnu am byth ar Dduw. Pe gofynnid y cwestiwn 'A oes bywyd wedi angau?' ateb y Cristion yw: 'Yr wyf yn credu mewn Duw ffyddlon!' Y mae'n gwybod na fydd i Dduw byth fradychu ymddiriedaeth y bobl sydd mewn cyfamod ag ef.

GWEDDI

Dangos i ni, O Dduw, mai'r unig drysor a feddwn yw dy gariad a'th ffyddlondeb di. Galluoga ni i ddangos ein gwerthfawrogiad ohonynt mewn ufudd-dod a pharch i ti. Amen.

Iwan Pennant Lewis

CHWEFROR 6 • 1 Ioan 4:8–11

CARU'R CREAWDWR

Rhyfedd yw meddwl am garu'r hwn nad yw yn weledig, ac na welodd neb erioed! Yn 1 Timotheus cawn y disgrifiad cyfarwydd: *yr unig Bennaeth bendigedig, Brenin y brenhinoedd, Arglwydd yr arglwyddi. Ganddo ef yn unig y mae anfarwoldeb, ac mewn goleuni anhygyrch y mae'n preswylio. Nid oes neb wedi ei weld ...* (1 Timotheus 6:15–16) ac eto y mae ei garu yn un o ddisgwyliadau mawr yr Hen Destament a'r Newydd.

Mae yna orchymyn pendant i ymatal rhag gwneud, ac i wrthod unrhyw ddyluniad gweledol o Dduw, a hefyd *Câr di yr Arglwydd dy Dduw ... â'th holl nerth* (Deuteronomium 6:5). *Yn wir, Duw cuddiedig wyt ti, Dduw Israel, y Gwaredydd,* oedd cwyn Eseia (45:15). Doedd dim amheuaeth ei fod – *y Gwaredydd.* Ond ymhle? Un pryfoclyd yn y modd yma oedd Duw awdur Llyfr Job hefyd (pennod 23, adnod 8): *Os af i'r dwyrain, nid yw ef yno; ac os i'r gorllewin, ni chanfyddaf ef.*

Yn unol â'r gymhariaeth sy'n rhedeg drwy'r Beibl am berthynas Duw a'i bobl fel un garwriaethol a phriodasol, mae cyffyrddiadau awdur Caniad Solomon yn ddiddorol dros ben, yn atyniadol ac yn argyhoeddiadol. Fe ŵyr *Y Briodferch* hyd sicrwydd fod *Y Priodfab yno.* Yn wir y mae'n ei weld yn dod. Ond eto y mae mur rhyngddynt; rhyw gysgod *yn edrych trwy'r ffenestri* sydd yno, ac yn *syllu rhwng y dellt* (Caniad Solomon 2:9). Er hynny, galw a wna arni a'i chymell i ddod allan. Dyna iaith diwinyddiaeth ac athroniaeth wedi eu llyncu gan iaith rhamant. A pha ramant mwy na'r Efengyl? Cawsom bob arwydd o fodolaeth Duw, a'i fod yn haeddu ei garu uwchlaw popeth.

GWEDDI

Anweledig! 'rwy'n dy garu,
   rhyfedd ydyw nerth dy ras. Amen.
            (William Williams, Caneuon Ffydd 194)

Haydn Davies

CHWEFROR 7 • Salm 95

LLAWENHAU YN NUW

Mae'r salm hon yn dechrau gyda bloedd o fawl sy'n datgan bod arglwyddiaeth Duw dros ei holl greadigaeth (adnodau 4–5). Yna, ceir galwad i addoli ac i gydnabod mai eiddo Duw yw'r rhai a gyferchir (adnodau 6–7). Sonia am gariad arbennig Duw at Israel, ac ymddengys y ddelwedd o Dduw fel bugail (adnod 7). Nid oes dim nad yw o dan ei lywodraeth.

Ac yn sydyn daw rhybudd a her. Cyfeiria'r Salmydd yn ôl at gyfnod yr anialwch dan arweiniad Moses pan fu'r tadau'n amau ac yn anufudd. Digwyddodd hynny yn Meriba pan drawodd Moses y graig a barodd i ddŵr lifo ohoni, ac y mae'r Salmydd yn annog y bobl dan sylw i beidio ag efelychu eu hynafiaid yn hyn o beth.

Felly, dywed y Salmydd nad yw'n ddigon diolch i Dduw am ei gariad ar air yn unig, oherwydd bod credu yn golygu ufudd-dod llwyr i'w ewyllys.

Y mae'n gwbl addas inni ddathlu'n llawen a datgan mai cariad yw Duw, ond mae'n ddiystyr os daliwn i fyw bywyd hunanol a digariad. Dywedodd Iesu: *Pam yr ydych yn galw 'Arglwydd, Arglwydd' arnaf, a heb wneud yr hyn yr wyf yn ei ofyn?* (Luc 6:46).

GWEDDI

Cymorth fi, O Dad, i ymateb i'th gariad tuag ataf wrth i mi fyw i'th wasanaethu. Amen.

J. Bryn Jones

CHWEFROR 8 • **Effesiaid 5:1–20**

HARDDWCH Y BLUEN EIRA

Os nad ydych wedi gweld lluniau o blu eira dan y meicrosgop, ceisiwch gyfle. Gallaf eich sicrhau y cewch eich cyfareddu. Harddwch 'nas cenfydd llygad natur' ydyw, ond o'i weld drwy'r meicrosgop, mae'n ddrych o'r Glendid a'r Sancteiddrwydd Dwyfol. Dyma englyn Thomas Jones i'r Bluen:

Os yw yn aeres hin oerach, – erioed
    Ni fu drych amlycach
  O oleuni mil glanach
  Y nef wen, na'r bluen fach.

Dywedir am rai mathau o 'plankton' – sef planhigion a chreaduriaid eithriadol o fach sy'n arnofio yn y cefnforoedd ac sy'n fwyd i wahanol fathau o bysgod a hyd yn oed i'r morfil – eu bod yn cynnwys rhai o'r ffurfiau harddaf yn y byd i gyd. Mae yna un math, sy'n debyg i glwstwr o darianau yn ymffurfio ar siap pêl, yn cael ei ystyried y peth harddaf yn y cread. Ond, maent mor fychan fel y gellir gosod pum cant ohonynt ar ben pin!

Gwelais lun gan arbenigwr o un diferyn o lefrith yn disgyn ac yn taro gwaelod powlen, a'r camera wedi ei fferru yr union foment yr oedd y defnyn yn taro'r gwaelod. Roedd ffrwydrad y diferyn wrth dasgu i bob cyfeiriad yn debyg i siap coron, a'r patrwm yn berffaith. Does yna'r un brenin wedi gwisgo coron harddach na'r un yn y llun.

Testun moliant diddarfod y Cristion yw harddwch digymar yr Un a ddaeth yn faban i breseb Bethlehem.

Heibio i degwch
At y tegwch gwir ei hun.

John Gwilym Jones

CHWEFROR 9 • **Mathew 25:31–46**

I MI Y GWNAETHOCH

Cyhoeddi'r ddedfryd a wna'r Brenin yn yr adran hon – Barnu'r Cenhedloedd. Didolir hwy yn ddwy garfan – y rhai sy'n etifeddu'r deyrnas, a'r rhai a wrthodir. Maen prawf y ddedfryd yw gwneud, neu esgeuluso gwneud, i'r Brenin yn ei anghenion gwahanol. Bu'n newynog a sychedig, yn ddieithryn, yn noeth, yn glaf ac yng ngharchar. Dangoswyd tosturi tuag ato gan y rhai cyfiawn trwy roi bwyd a diod, lloches a dillad iddo, a hefyd ymweld ag ef yn ei waeledd a'i gell. Ni wnaeth y lleill ddim i'w helpu yn ei angen.

Sylwn fod y ddwy garfan, mewn syndod, yn gofyn yr un cwestiwn i'r Brenin: *Pryd y'th welsom di felly?* Yr ateb yw: *Yn gymaint ag ichwi ei wneud (peidio â'i wneud) i un o'r rhai lleiaf hyn, i mi y gwnaethoch (nis gwnaethoch).* Mae'r Brenin yn uniaethu ei hun â holl angen y ddynoliaeth. Dywed fod ymateb yn drugarog i eraill mewn angen yn gyfystyr â gwneud iddo ef. Yr un modd, mae esgeuluso gwneud i'r anghenus yn golygu gwrthod gwneud iddo yntau.

Cri Iesu ddaw atom trwy angen trueiniaid byd. Ef ei hun sy'n galw mewn ing. Gwrthod ei alwad ef arnom i drugarhau yw'r esgeulustod dybryd, sydd hefyd yn farn arnom.

GWEDDI

Gad imi weld dy ŵyneb-pryd
   yng ngwedd y llesg a'r gwael. Amen.
      (E. A. Dingley, cyf. Nantlais, Caneuon Ffydd 805)

Gwilym Hughes

CHWEFROR 10 • **Llyfr Galarnad 3:19–26**

ACHOS DIOLCH

Clywsoch, mae'n siŵr, y stori am hen felinydd yn sgwrsio gyda'i gyfaill, a'r cyfaill hwnnw'n synnu bod y melinydd yn medru cysgu'n dawel yn sŵn y rhygnu a'r chwyrnu ddydd a nos.

'Nid wyf yn deall sut ar wyneb daear rwyt ti'n llwyddo cysgu yng nghanol yr holl sŵn yma,' meddai'r cyfaill.

'O,' meddai'r melinydd, 'tra bod pethau'n troi rwy'n cysgu'n iawn, ond pan fydd y peiriannau'n stopio y byddaf yn deffro!'

Mae natur y melinydd ynom i gyd. Fe gredwn, tra bod popeth o'n plaid, y gallwn fyw yn iawn heb Dduw. Pethau i'w cymryd yn ganiataol yw'r bendithion hynny a ddaw i'n cyfarfod *yn newydd bob bore* (adnod 23). Yn ôl ym mis Hydref sylwais fod llawer yn credu mai un weithred mewn blwyddyn yw diolch, ond pan ddown yn ymwybodol o'n dyled barhaol i'r Duw sy'n ein cynnal ac yn ein cadw, bydd ein cân yn newid.

Olaf Davies

CHWEFROR 11 • **Galatiaid 6:11–18**

Y GAIR OLAF

Yn adran olaf ei Lythyr at y Galatiaid y mae Paul yn cymryd yr ysgrifbin o law ei ysgrifennydd ac yn ysgrifennu crynodeb o brif neges y llythyr mewn llythrennau breision amlwg.

Ceir traddodiad sy'n mynnu bod Paul yn cael trafferth gyda'i lygaid, yn wir, ei fod bron â bod yn ddall, ond beth bynnag am hynny, y mae ef yn benderfynol o argraffu craidd ei neges yn eglur ar gof a chalon ei ddarllenwyr. Gellir honni iddo wneud hynny'n berffaith mewn un frawddeg eglur a chofiadwy: NID ENWAEDIAD SY'N CYFRIF, NA DIENWAEDIAD, OND CREADIGAETH NEWYDD (adnod 15).

Mae'n cysylltu'r arfer o enwaedu ag ymffrost y cnawd. O'i ran ei hun nid yw ef yn ymffrostio mewn dim *ond yng nghroes ein Harglwydd Iesu Grist* (adnod 14). Y Groes sydd wedi croeshoelio'r byd iddo, ac yntau i'r byd, fel ei fod ef yn rhydd i fyw yng Nghrist a'i wasanaethu. Eto i gyd y mae ef yn dwyn nodau arbennig ar ei gorff, ond nid at nodau ei enwaediad y mae'n cyfeirio, er ei fod wedi'i enwaedu. Na, nid y nodau cnawdol hynny, ond nodau byw ei ddioddefaint yng ngwasanaeth ei Arglwydd.

Dywed rhai esbonwyr y gall hyn awgrymu i Paul wisgo nodau croeshoeliad Iesu Grist ar ei gorff – y stigmata – fel y bu i Ffransis o Asisi wisgo'r nodau hynny yn y drydedd ganrif ar ddeg. Ond y peth tebycaf yw ei fod yn sôn am y marciau hynny a gasglodd dros y blynyddoedd yng ngwaith ei genhadaeth gyson a pheryglus yn enw'r Un a'i prynodd ef i ryddid (2 Cornithiaid 11:24–25).

A'r gair olaf un? *GRAS. Gras ein Harglwydd Iesu Grist fyddo gyda'ch ysbryd, gyfeillion!* (adnod 18).

W. Eifion Powell

CHWEFROR 12 • Rhufeiniaid 7:13–14

PERTHYN I FYD Y CNAWD

Y mae'r Gyfraith yn perthyn i fyd yr Ysbryd ond *perthyn i fyd y cnawd yr wyf fi* (adnod 14). Nid yw Paul yn dweud eto bod y cnawd yn ddrwg ynddo'i hun, ond dweud y mae bod y drwg yn teyrnasu yn ei natur. Os yw wedi ei *werthu yn gaethwas i bechod,* yna mae o dan reolaeth y drwg. Myn yr 'hunan pechadurus' ei ffordd. Ysgrifennodd Morgan Llwyd am hwn yn Llyfr y Tri Aderyn: 'Fe elwir y cnawd yma wrth yr enw Henddyn, am ei fod yn gyfrwys i dwyllo ... Cnawd y gelwir ef am ei fod am ddyn fel dilledyn, yn annwyl iddo, yn agos ato, yn rhan ohono, yn tyfu ynddo, ac yn pydru wrtho. Y cnawd yma yw gelyn Duw, gwenwyn dyn, lifrai uffern, delw anifail, anwylyd pechadur, lloches rhagrithiwr, rhwyd pryf copyn, marsiandwr eneidiau, cartref colledigion, a thomen cythreuliaid. Gwae, Gwae, Gwae, y rhai sydd yn byw yn y cnawd; ni all y rheini na bodloni Duw, na bod yn gadwedig, oni ddychwelir hwynt.'

GWEDDI

Cnawd ac ysbryd yn rhyfela,
   weithiau cariad, weithiau cas,
ton ar don sydd yn gorchuddio
   egwyddorion nefol ras. Amen.
                (William Williams, Caneuon Ffydd 737)

Alun W. Francis

CHWEFROR 13 • **Iago 5:16–18**

GWEDDI GREF

Darlleniad pellach: 1 Brenhinoedd 17–18

Cyffesu i'n gilydd a gweddïo dros ein gilydd yw braint pobl Dduw. Daw iechyd o wneud hynny. Luther a ddywedodd y dylai pob Cristion 'fod yn Grist dros eraill'. Mae cyffes ac eiriolaeth yn arfau nerthol. 'The prayers of the righteous have a powerful effect' (Moffatt). Sylwer mewn chwe adnod (13–18) bod saith cyfeiriad at weddi. Er cymaint a ddywedwyd am Iago – y gŵr ymarferol – cofier mai cyfrinach y byw cyfiawn yw gweddi. Mae gweddi bersonol a gweddi Eglwys yn fwy o rym er daioni na dim arall.

Cymdeithas cariad a chydymdeimlad yw'r Eglwys, bid siwr, ond ni bydd felly oni bydd yn gymdeithas cyffes, eiriol a deisyf.

Elias a roddir yn batrwm o weddïwr, a'i ganmol oherwydd iddo wybod yn bendant beth i ofyn amdano, ac iddo wneud hynny mewn ffydd. Pwyslais dymunol iawn, hefyd, yw hwnnw ar debygrwydd y proffwyd i ninnau: *Yr oedd Elias yn ddyn o'r un anian â ninnau* (Iago 5:17). Ond gwrendy Duw ar rai felly, trwy drugaredd, yn enwedig gweddi mewn ing, megis Elias ar ben mynydd Carmel, mewn ymostyngiad, a'i *wyneb rhwng ei liniau (*1 Brenhinoedd 18:42).

GWEDDI

Gad i ni weddïo, gan gredu. Amen.

D. Eirwyn Morgan

CHWEFROR 14 • 3 Ioan 2

IECHYD DA

Darlleniad pellach: 1 Timotheus 4:9–10

Wrth gyfarch Gaius mae'r henuriad yn dymuno'n dda iddo. Dymuna ei fod yn iach ac yn llwyddo ym mhob peth, fel y mae ei enaid yn llwyddo. Mae'n gwybod bod cyflwr ysbrydol Gaius yn foddhaol. Hoffai ei weld cystal yn gorfforol ac ym mhob dim. Gweddi am lwyddiant i'r person cyfan sydd yma. Gofynnodd Iesu i glaf: *A wyt ti'n dymuno cael dy wella?* (Ioan 5:6). Hynny yw yn berson wedi'i gyfannu mewn cytgord efo'i hunan a Duw. Gallwn fod mewn llawer gwell iechyd yn faterol nag yn ysbrydol, consyrn pennaf nifer yw bod eu cyfrif banc yn iach. Gall eglwys fod yn dlawd iawn, os dyna yw mesur ei hiechyd a'i llwyddiant. Efallai mai o chwith y dylid dweud y dymuniad da hwn wrthym, sef ein bod yn dymuno ein bod yn llwyddo o ran enaid i'r un graddau â'n llwyddiant materol. Mae cryn bwyslais heddiw ar fwyd iach a bwyta iach, a da hynny. Oni ddylem, hefyd, roi pwyslais ar gadw enaid yn heini ac ymborthi ar y bwyd sy'n llesol oherwydd nid oes prinder o resetiau maethlon yn y Beibl, ac mi fyddai gwell siâp arnom wrth ofyn a derbyn ein bara beunyddiol.

Tudor Davies

CHWEFROR 15 • **Ioan 8:31–38**

RHYDDID

Yr oedd caethwasiaeth yn beth cyffredin iawn yn yr Hen Fyd, a cheir olion o'r drefn honno yn y Beibl. Roedd rheolau caeth ynghlwm â chaethwasiaeth a geisiai roi chwarae teg i gaethweision. Ond fel gyda llawer peth arall, cawsai'r rheolau eu hanwybyddu (Jeremeia 34).

Ond yn Llyfr Eseia 61:1, ceir y syniad cywir o ryddid yn ystyr ddiwinyddol y gair – rhyddid a roddodd Duw i'r rhai sy'n ufuddhau i'w orchmynion. Parhad o hyn geir yn y Testament Newydd, a geiriau'r proffwyd Eseia yw'r rhai a ddarllenwyd gan Iesu yn y Synagog.

Nid yn unig daeth Crist i bregethu rhyddid i'r rhai oedd yn gaeth i bechod, ond ef ei hun, yn ei berson a'i waith, oedd cyfrwng y rhyddid hwnnw: *Felly os yw'r Mab yn eich rhyddhau chwi, byddwch yn rhydd mewn gwirionedd* (adnod 36).

Nid oedd dewis gan yr Iddewon yng nghyfnod yr Hen Destament ond ufuddhau i orchmynion y ddeddf. Ond dangosodd Crist ragorach ffordd i feddiannu gwir ryddid trwy ei garu ac wrth ei ganlyn. Deddf cariad yw deddf Crist, a thrwyddi hi y mae perffaith ryddid.

GWEDDI

Gwna fi'n garcharor, Iôr,
A byddaf gwbl rydd. Amen.

J. Bryn Jones

CHWEFROR 16 • **Actau 7:44–51**

PEIDIO Â SETLO I LAWR

O gablu yn erbyn y Gyfraith a'r Deml y cyhuddwyd Steffan, y merthyr cyntaf. Yn ei amddiffyniad gerbron y Sanhedrin, esbonia hanes Israel. Ei hanfod, meddai, yw mai ffordd yw hi – ffordd a'i chwrs yn dibynnu ar Dduw'n llwyr. Felly, pan wnaeth Moses dabernacl i Dduw yn ôl patrwm a gafodd mewn gweledigaeth, pabell symudol oedd hi – arwydd nad fel hyn y byddai Duw'n bresennol gyda'i bobl, ond hyd nes delo'r Crist. Dygwyd y tabernacl gyda Josua i Ganaan – eiddo'r Cenhedloedd (adnod 45). Ond adeiladodd Solomon dŷ teilwng i Dduw i gymryd lle'r tabernacl, ac nid cenedl ar grwydr oedd Israel mwyach, ond pobl wedi setlo i lawr. Camgymeriad felly oedd codi'r deml, medd Steffan, ac arwydd fod Israel yn bradychu'r ffordd a arloesodd Moses. Gwêl Steffan y deml yn arwydd o Israel yn troi at gadw'r hyn a dderbyniasai, yn hytrach na mentro popeth a oedd ganddi mewn ufudd-dod i'r Ysbryd sy'n dweud 'Ewch' bob tro. Y mae Steffan yn cyhuddo ei gyhuddwyr, yn gweld y deml gyfoes yn ymdrech i osod telerau i bresenoldeb Duw yn y byd. *Gwrthwynebu'r Ysbryd* (adnod 51) y geilw ef hyn. Beth am ein temlau ni heddiw?

GWEDDI

Boed fy nghalon iti'n demel. Amen.

(William Williams, Caneuon Ffydd 698)

Vivian Jones

CHWEFROR 17 • **Exodus 23:14–17**

UCHELWYLIAU

Gŵyl y Bara Croyw, Gŵyl y Blaenffrwyth, Gŵyl y Cynnull ar ddiwedd y flwyddyn amaethyddol. Tri argyfwng blwyddyn yr amaethwr – hau, dechrau'r cynhaeaf, ac edrych yn ôl, i bwyso a mesur llwyddiant a cholled y gorffennol. A'r gobaith am a ddaw. Pe byddid yn gofyn i'r crefyddwyr cyffredin pa ŵyl y gwyddent hwy amdani, y mae'n weddol sicr mai'r Pasg fyddai'n cael ei henwi. Ond nid yw'r Pasg yn y rhestr hon; yma, gŵyl y Bara Croyw sy'n cael ei chysylltu â'r waredigaeth o'r Aifft. Y gwir yw bod yr Israeliaid wedi mabwysiadu'r tair gŵyl, gyda'u pererindod orfodol i'r cysegr lleol, oddi wrth y Canaaneaid oedd yn preswylio'r wlad o'u blaen. Y mae hyn yn ymarferol anochel, oherwydd y mae gofynion ac argyfyngau bywyd 'dyn gwlad' yn dibynnu ar y tymhorau ac nid ar ei genedl, na'i iaith, na'i grefydd.

Yr un yw pryder gobeithiol yr heuwr sy'n ymddiried ei had gwerthfawr i'r pridd, pwy bynnag yw. Ond sut un yw ei Dduw? Dyna sy'n penderfynu ansawdd ei ffydd a'i ymddiriedaeth. Y mae profi blaenffrwyth ei lafur yn dod â chalondid a gobaith i bob un, ond natur y berthynas rhyngddo a'i Dduw sy'n pennu beth yw gorwel ei obeithion. Pan ddaw'r cynhaeaf llawn, pa un ai da ai drwg, i'r ydlan, a yw'r medelwr mewn cariad at ei Dduw yn esgyn trwy'r rhoddion at y Rhoddwr, a chydnabod ei ddaioni ef, trwy 'fyw i ddangos Iesu a gwasanaethu'n hoes'? (Elfed, Caneuon Ffydd 613).

Y mae eisiau i wir addolwyr Duw gymryd nid llai ond mwy o wyliau'r byd drosodd, a'u Cristnogeiddio. Bydd angen pobl amdanynt yn aros yn ddigon tebyg ag o'r blaen, ond bydd cymeriad y Duw Byw yn gweddnewid eu hystyr.

Dafydd R. ap Thomas

CHWEFROR 18 • **Philipiaid 1:3–8**

DIOLCHGARWCH PAUL

Y mae Paul yn taro nodyn diolchgar ar ddechrau'r llythyr hwn gan fynegi ei ymdeimlad o gynhesrwydd tuag at y Philipiaid. Nid pobl sy'n peri gofid iddo, fel y gwnaeth y Galatiaid, yw'r rhain, ac nid oes unrhyw awgrym ei fod ef am eu galw'n Philipiaid *dwl* (Galatiaid 3:3). I'r gwrthwyneb yn wir, y mae'n diolch i Dduw yn ei weddïau amdanynt; mae'n mynegi ei hoffter ohonynt ac yn cyfaddef ei fod yn hiraethu amdanynt.

Wrth inni sylwi'n fanwl ar natur y diolchgarwch hwn gwelwn ei fod wedi ei sefydlu ar rywbeth mwy na'r atyniad naturiol sy'n digwydd rhwng rhai pobl a'i gilydd ac sy'n datblygu'n gyfeillgarwch. Y mae diolchgarwch Paul i'r Philipiaid yn codi yn sgil eu *partneriaeth yn yr Efengyl (cydweithrediad o blaid yr Efengyl* yn Y Beibl Cymraeg Newydd 1988*)*, ac yn rhinwedd cysondeb y cydweithgarwch hwnnw *o'r dydd cyntaf hyd yn awr* (adnod 5).

Mae Paul yn pwysleisio mai rhodd Duw iddynt yw'r cydweithredu hwn, sy'n nodwedd mor ganolog o gymdeithas Eglwys Crist – cydweithrediad sy'n mynegi ei hun mewn gofal dros gyflwr eraill ac mewn haelioni tuag atynt. Wrth iddo sôn am ei hiraeth amdanynt y mae'n egluro ei fod yn dyheu amdanynt *â dyhead Crist Iesu ei hun* (adnod 8), a hynny oherwydd mai yng nghariad (agape) Crist Iesu y daethant i adnabod ei gilydd ac i dyfu yng nghymdeithas ei gilydd. Dyna pam y mae'r apostol yn gweddïo drostynt *gyda llawenydd* (adnod 4), gan ddymuno i Dduw barhau'r gwaith da a ddechreuodd ynddynt.

W. Eifion Powell

CHWEFROR 19 • **Luc 3:1–20**

EDIFEIRWCH

Yng nghanol pregethu Ioan Fedyddiwr mae'r alwad i edifeirwch. Yng nghraidd ein hefengyl y mae'r un alwad. A dathlu yw edifeirwch! Dathlu dod i le'r Adnabod.

Rydym ni wedi camgymryd edifeirwch am gywilyddio. Y galon yn ei noethni a'i gwacter yn cyfarfod â Duw fel y mae Duw yn adnabod ei hun yn adlewyrchiad y Mab yn nrych yr Ysbryd Glân yw edifeirwch. Darganfod ydyw. Sylweddoli pwy ydym go iawn yng ngŵydd Duw. Dod i berthynas yw edifeirwch. A'r galon, o'r herwydd, yn dirnad ei hannigonolrwydd heb Dduw, yn wylo am iddi fodloni ar lai na hyn ynghynt. Math ar garu yw edifeirwch. Fel y mae'r un sy'n syrthio mewn cariad yn sylweddoli ei thlodi a'i bychander, heb ei chariad, felly, y mae'r galon yn gweld mor bitw yw hi heb ei hanwylo gan Ras. Lle Dathlu yw eiliad yr Edifarhau.

Rhyfedda fyth, briodas-ferch,
I bwy yr wyt yn wrthrych serch;
O cenwch, waredigol hil,
Rhagori mae fe ar ddeng mil. Amen.
      (Ann Griffiths)

Aled Jones Williams

CHWEFROR 20 • Mathew 5:3–12

YR EGLWYS A HEDDWCH

Allan o'r 'Drysorfa' Gorffennaf 1935 gan J. H. Griffith

Erys un feddyginiaeth heb ei chymhwyso – y feddyginiaeth y gall yr Eglwys ei hestyn – Crist, Mab y Dyn, Eneiniog Duw. Ond gofelir na chaiff hwn ei gyfle ... Yr ydym mor amheus ohono; y mae arnom gymaint o'i ofn; y mae mor chwyldroadol. Canmolwn ac edmygwn ei Bregeth ar y Mynydd, ond gofalwn ei gadael ar y mynydd.

Cyfle euraid yr Eglwys heddiw ydyw mynd â'r Crist chwyldroadol a'i ddysgeidiaeth, yn ei fywyd ei hun, i ganol gwersyll byd afiach, rhyfelgar – nid i arwain twymyn rhyfel na'i borthi, ond i'w orchfygu â'i ysbryd ... Ei ddysgeidiaeth ryfedd ef ydyw siarter ei bywyd i fod; ac nid gosodiadau hunanol a mympwyol dynion. Teg ydyw cydnabod bod y llwybr hwn yn un anodd, oherwydd mai llwybr mentr, dirmyg, camesboniadau, carchar a chroes ydyw – y llwybr a gerddodd Pen Mawr yr Eglwys yn nyddiau ei gnawd. Llwybr peryglus ydyw; ond cofier nad i fwynhau diogelwch tymhorol y ganwyd yr Eglwys. Y mae yn y byd i brynu'r byd oddi wrth ei 'ofer ymarweddiad' â'i gwaed ei hun, ac ni all wneud hyn heb fod yn agored i gael ei chyhuddo o deyrnfradwriaeth a thwyll a chabledd ...

Ymhellach, credwn fod yn rhaid i'r Eglwys gyfodi o lwch ei darostyngiad i sefyll dros gysegredigrwydd personoliaeth a gosod ei hwyneb fel callestr yn erbyn yr ymgiprys paganaidd sydd am eiddo yn ei wahanol ffurfiau ... Onid yw personoliaeth a'i chysegredigrwydd wedi ei darostwng i amcanion annheilwng? Ac oni thywelltir gwaed gwirion yn afonydd i gadarnhau ac i sicrhau eiddo? *Deffro, deffro, gwisg dy nerth, Seion; ymwisga yn dy ddillad godidog* (Eseia 52:1) ...

Wilbur Lloyd Roberts

CHWEFROR 21 • 2 Corinthiaid 5:1–21

CARCHAROR CRIST

Dwn i ddim am well diffiniad o'r atgyfodiad na'r diffiniad o eiddo Dietrich Bonhoeffer. Sonia un o'r carcharorion oedd gydag ef yn Flossenbürg – Payne Best, a oedd yn swyddog o Fyddin Lloegr – yn ei lyfr, 'The Venlo Incident', am yr oedfa fach olaf a gynhaliodd Bonhoeffer i'w gydgarcharorion. Bore Sul y Pasg 1945, a Bonhoeffer wedi cyhoeddi'r Fendith, gwelwyd dau o'r Gestapo yn dod i gyrchu 'y carcharor Bonhoeffer'. Gwyddai pob un ystyr y wŷs, a throdd Bonhoeffer at Best a'i gyd-garcharorion gan ddweud, 'Dyma'r diwedd – ond, i mi, dyma gychwyn bywyd.'

GWEDDI

Derbyn ein mawl, O Dduw, am fod carcharorion angau yn medru llamu o'u cadwynau, a'n bod ninnau yn medru byw ar y ddaear fywyd y nefoedd. Amen.

D. Ben Rees

CHWEFROR 22 • 1 Corinthiaid 11:31

DYDD MERCHER LLUDW

Cyfnod o ddisgyblaeth yw'r Grawys. Yng ngeiriau Paul, *Pe baem yn ein barnu ein hunain yn iawn, ni fyddem yn dod dan farn* (1 Corinthiaid 11:31). Gelwir arnom i gydnabod ein beiau a gwneud ymdrech onest i'w gorchfygu. Ychwanega rhai ei fod yn gyfnod o ymprydio hefyd. Ac os yw gwneud ar lai o fwyd yn ein galluogi i sylweddoli cyflwr y miloedd sydd trwy'r byd yn profi newyn, y mae gwerth yn yr arfer. Fe all hefyd ddwyn ar gof i ni ddisgyblaeth y Grawys. Cyfnod ydyw i ni brofi ein hunain a gweld ym mha fodd yr ydym yn syrthio'n fyr o ewyllys Duw. Y mae pawb yn euog o ryw fai. Fe all fod yn arafwch i ateb llythyrau; difaterwch ynglŷn â theimladau pobl eraill, neu fe all fod yn ddiffyg amynedd wrth ymwneud ag eraill. Cyfnod y Grawys yw'r cyfnod i ni benderfynu concro ein ffaeleddau trwy help Duw.

Gorffen y Grawys gyda'r Groglith, pan gofiwn faint y pris a dalwyd drosom. Geilw hyn arnom i ymateb mewn diolchgarwch ac ymgysegriad newydd i Grist.

Iwan Pennant Lewis

CHWEFROR 23 • **Daniel 2:1–13**

Y GORMESWR CREULON

Diben y bennod hon yw dangos rhagoriaeth doethineb yr Iddewon ar ddoethineb y Babiloniaid. Disgrifir yma wewyr y Brenin Nebuchadnesar a'i gais afresymol i'r dewiniaid ddisgrifio ei freuddwyd a'i dehongli.

Daw holl nodweddion y gormeswr creulon, annynol i'r amlwg yn ymddygiad y brenin. Y mae ei ofergoeliaeth, ei bryder, ei gynddaredd a'i fygythion gwyllt yn ymylu ar wallgofrwydd. Drwy'r canrifoedd y mae ei debyg wedi ymddangos, wedi dringo i leoedd o awdurdod, ac wedi achosi rhyfeloedd a chreulonderau erchyll. Yn ystod y ganrif hon (yr ugeinfed ganrif) aberthwyd chwe miliwn o Iddewon mewn siambrau nwy, a gwthiwyd y byd i ryfel, oherwydd i un o deip Nebuchadnesar ddod i rym yn yr Almaen. Gwyddai Hitler yn dda am freuddwydion gorffwyll, a gwyddai ei gyfeillion a'i elynion am ansadrwydd ei natur, ei ofergoeliaeth, a'i ddialedd anhygoel. Yn ei ddwy gyfrol 'The Gulag Archipelago' rhydd Solzhenitsyn ddarlun byw a brawychus inni o ddioddefiadau miloedd o garcharorion yng ngwersylloedd Rwsia, a dengys mai o feddwl trofaus Joseph Stalin y deilliodd y cyfan.

Yn y portread hwn o Nebuchadnesar cawn gipolwg i eigion tywyll y meddwl paganaidd. Sylwer nad barbariad anwar a di-ddysg mohono, (i'r gwrthwyneb, yr oedd Babilon yn nodedig am ei diwylliant a'i gwareiddiad), ond gŵr heb adnabod y gwir Dduw, ac o'r herwydd yn greulon ac anghyfrifol. I awdur y llyfr y mae'n cynrychioli gormeswyr ei gyfnod ei hun. I ni, y mae'n cynrychioli'r gormeswr ymhob oes, a'r dirywiad sy'n dilyn pan yw pobl yn cefnu ar Dduw.

GWEDDI

Darostwng bob gormeswr
Sy'n mathru hawliau dyn,
Ac achub y trueiniaid
A grewyd ar dy lun. Amen.

Elfed ap Nefydd Roberts

CHWEFROR 24 • Mathew 16:17–19

Y GRAIG

Darllenwn heddiw rai o adnodau diwinyddol pwysicaf y Testament Newydd. I'r Pabydd, dyma gychwyn y drefn Babyddol – y Pab yn olrhain ei swydd yn ôl i'r Apostol Pedr, a honno wedi ei hordeinio gan yr Arglwydd Iesu. Rhoddwyd i Pedr yr hawl i dderbyn neu wrthod pobl i'r Deyrnas, ac i'w rhyddhau o'u pechodau. I Brotestant, mae'r esboniad hwn yn amhosibl.

Gall *y graig* (adnod 18) olygu Iesu ei hun – y gwirionedd am Iesu, hynny yw ffydd Pedr yn fwy na Pedr ei hun. Pedr oedd y cyntaf i ddarganfod pwy oedd Crist. Felly ef oedd aelod cyntaf y gymdeithas sy'n addoli a dilyn Iesu. Mae pob un a gyffesodd fel Pedr yn garreg arall yn adeiladwaith yr eglwys. Gwelwn oddi wrth Lyfr yr Actau iddo gymryd lle pwysig ym mywyd yr eglwys, a bod ei arweiniad yn arwyddocaol wrth dderbyn y Cenhedloedd. Cychwynnodd yr eglwys gyda Pedr, ond nid yw'n dibynnu arno. Cychwyn cymdeithas o gredinwyr a wnaeth sy'n cynnwys pawb ym mhob eglwys sy'n caru Iesu.

GWEDDI

Diolch am bawb sy'n helpu i adeiladu'r saint i waith y weinidogaeth. Amen.

E. R. Lloyd-Jones

CHWEFROR 25 • **Eseciel 6:1–7**

YR EILUNOD GWAEL

A oes dim tristach yr olwg na chapeli neu eglwysi a fu unwaith yn gyrchfa'r cannoedd yn awr yn wag ac yn dadfeilio? Trist, oblegid iddynt fod yn 'dŷ cwrdd' i bobl dduwiol a da. Hwyrach i rai adeiladau diangen gael eu codi yn ein gwlad – rhai, yn wir, o falchder. Ond *anrheithir eich allorau a dryllir eich allorau arogldarth* (adnod 4). Iaith gref, ond iaith Duw ei hun ydyw, er hynny. Popeth llai nag ef a hawlia ein teyrngarwch llwyr, eilun ydyw: gwyddoniaeth, celfyddyd, addysg, gwladwriaeth, cenedl, sefydliad. Gair y Goruchaf yw: *a chewch wybod mai myfi yw'r Arglwydd* (adnod 7).

GWEDDI

Beth sydd imi mwy a wnelwyf
   ag eilunod gwael y llawr? Amen.
      (Ann Griffiths, Caneuon Ffydd 319)

D. Eirwyn Morgan

CHWEFROR 26 • Marc 15:40

Y CHWIORYDD

Darlleniad pellach: Actau 16:11–15

Deg ohonom oedd yn bresennol yn oedfa'r Sul mewn capel braidd yn ddielthr i mi. Dim byd yn arbennig yn hynny, meddech! Na, dim ond y ffaith mai fi oedd yr unig ddyn yn yr oedfa – a naw o chwiorydd. Daeth nifer o gwestiynau i'r meddwl – ble mae'r brodyr? Yna, meddwl faint o addoldai fuasai wedi cau ers blynyddoedd oni bai am ffyddlondeb y chwiorydd. Hwyrach bod esboniad cymdeithasegol i'r sefyllfa. Beth bynnag yw'r esboniad, mae cyfraniad ein chwiorydd yng Nghrist yn enfawr. Mae enwau amlwg ac enwog yn eu plith, ond sôn yr wyf am chwiorydd ffyddlon a gweithgar yn eu bro a'r eglwysi lleol. Er tegwch, mae cyfraniad y brodyr yn arbennig ac amlwg hefyd mewn ambell le.

Wrth feddwl am unrhyw swyddogaeth yn yr eglwys, mae'n bwysig cofio mai Duw sy'n galw ac yn gweithio trwy bobl, beth bynnag eu rhyw, fel y myn ef. Efallai y gall gwraig ymateb yn well mewn ambell sefyllfa, a dyn yn well mewn amgylchiad gwahanol.

Fel Iddew ei gyfnod cyfeiria Paul weithiau at wragedd. Daliwn sylw ar ei werthfawrogiad o'u cyfraniad a'u gweinidogaeth: *Cyfarchion i Fair, a fu'n ddiflin ei llafur ar eich rhan. ... Cyfarchwch Tryffena a Tryffosa, chwiorydd sy'n llafurio yng ngwasanaeth yr Arglwydd. Cyfarchwch Persis, chwaer annwyl sydd wedi llafurio cymaint yn ei wasanaeth. Cyfarchwch Rwffus, sy'n Gristion dethol, a'i fam, sy'n fam i minnau* (Rhufeiniaid 16:6, 12–13).

Tudor Davies

CHWEFROR 27 • 1 Corinthiaid 13

CARIAD

Defnyddir gair gwahanol yn y Testament Newydd am gariad, o'i gymharu â'r un mewn llenyddiaeth tu allan i'r Beibl, megis llenyddiaeth Groeg. Y gair 'agape' yw'r un a ddefnyddir amlaf yn y Testament Newydd, sy'n cael ei gyfleu o ran ystyr mewn dau air – Iesu Grist.

Yn ei fywyd a'i waith y gwelir cariad Duw ar ei orau, ac nid mewn unrhyw deimladau a syniadau a berthyn i ni. Nid hunangariad na chariad 'rhoi a derbyn' mohono, ond y mae hanfod y cariad Cristnogol yn Nuw.

Nid ni chwaith sy'n caru Duw yn gyntaf, ond ymateb a wnawn i'w gariad ef (Ioan 3:16). Gwaith yr Ysbryd Glân ynom yw hyn, ac nid rhyfedd bod emynwyr yn canu am ryfedd gariad Crist.

Nid rhywbeth i siarad amdano'n bennaf yw cariad Crist, ond rhywbeth i'w fyw, ac fe'i gwelwyd gyntaf ym mywyd a gwaith Crist. Anogir ei ddilynwyr i amlygu'r un ffrwyth yn eu bywydau, ac yng nghenhadaeth yr Eglwys ymhob rhan ohoni. Lle bo cariad, y mae teyrnas Dduw, ac i sefydlu'r deyrnas honno yn ein calonnau, ac ym mywyd y byd cyfan, y daeth Iesu.

GWEDDI

Cariad Iesu Grist,
   cariad Duw yw ef:
cariad mwya'r byd,
   cariad mwya'r nef.

Bythol gariad yw
   at y gwael a'r gwan,
dilyn cariad Duw
   wnelom ymhob man. Amen.
         (Ben Davies, Caneuon Ffydd 387)

J. Bryn Jones

CHWEFROR 28 • Actau 4:13–20

GORFOD DWEUD

Gwelwyd y ddau arwr sydd yn ein darlleniad heddiw cyn hyn yn rhy wan i siarad. Yn wir doedd ond ychydig fisoedd ers pan oeddent gyda'i gilydd yn Llys yr Archoffeiriad. Methodd Ioan â dweud gair yn y fan honno, er ei fod yn ddigon cyfarwydd â'r Archoffeiriad. Mae'n wir i Pedr siarad, ond siarad i wadu wnaeth ef, a does dim angen nerth na gwroldeb i wadu. Gallai'r ddau fod yn dyston yno oherwydd yr oeddent wedi gweld a phrofi, ond yr oeddent yn rhy wan i fynegi eu tystiolaeth. Y tro hwn y maent mewn llys yn methu peidio â dweud y pethau roeddent wedi eu gweld a'u clywed. Y cryfder moesol mwyaf mewn bod yw hwnnw sy'n ein galluogi i ddweud 'Na!' wrth bob awdurdod sy'n groes i awdurdod Duw. Roedd cyfraith Duw yn ôl Ioan a Pedr yn hawlio eu bod yn siarad: *Ni allwn ni dewi â sôn am y pethau yr ydym wedi eu gweld a'u clywed* (Actau 4:20).

GWEDDI

Rho i ni, O Arglwydd, brofi'n helaeth o nerth yr Ysbryd Glân, fel y try ein gwybodaeth a'n profiad ohonot yn argyhoeddiad dwfn. Amen.

Olaf Davies

CHWEFROR 29 • 1 Brenhinoedd 21:3

ETIFEDDIAETH FY HYNAFIAID

YR ARGLWYDD A'M GWAREDO RHAG RHOI I TI ETIFEDDIAETH FY HYNAFIAID
Pwy oedd y cryfaf? Ai Ahab, brenin dylanwadol Samaria, a oedd â phlasdy ac eiddo (a gwraig hynod o beryglus, Jesebel) neu Naboth, a oedd â gwinllan ffrwythlon a thu hwnt o werthfawr iddo fo, ond na fyddai'n golygu llawer i neb arall? Ceisiodd Ahab gael gafael ar y winllan yma gan Naboth. Pen draw'r stori yw i Ahab fethu cael y winllan hon oddi ar Naboth. I Ahab doedd y winllan yn ddim byd ond mantais bersonol; i Naboth roedd hi'n bopeth.

Wrth feddwl am wahanol agweddau mewn bywyd, mae'r ysbryd yma wedi bodoli ers cenedlaethau. Efallai nad yw Cymru fel gwlad (a phobl) yn golygu dim i eraill ond y mae'n bopeth i ni. Gwelwyd hynny pan fu'r brwydro mawr i geisio achub lleoedd fel Llanwddyn, Clywedog a Thryweryn. I'r pwerau mawr oedd eisiau'r lleoedd yna iddyn nhw'u hunain, doeddan nhw'n golygu dim ond mantais, ond i'r rhai oedd yn byw yn y cymunedau yna ac i lawer o Gymry eraill, roeddan nhw'n bopeth. Er i eglwysi bychain eu rhif gael eu bychanu (yn arbennig yn y cyfnod a fu) gan eglwysi cryfach eu cynulleidfaoedd (a'u hadeiladau mewn ambell fan), i'r 'praidd bychain' roeddent yn bopeth. Cofiwn hynny hefyd wrth drafod yr Efengyl. O edrych ar y ddwy bennod gyntaf yn Llythyr Cyntaf Paul at y Corinthiaid gwelwn fod Iesu Grist a'i Groes, a oedd yn ddim ond dau ddarn o bren, yn golygu popeth i'r rhai oedd yn credu ynddo: *Eithr nyni, pregethu yr ydym Grist wedi ei groeshoelio, yn dramgwydd i'r Iddewon ac yn ffolineb i'r Cenhedloedd; ond i'r rhai a alwyd, yn Iddewon a Groegiaid, y mae'n Grist, gallu Duw a doethineb Duw* (1 Corinthiaid 1:23–24). Mae neges y Groes, er mor wirion y mae hi'n swnio i 'eraill', y mae hi i ni yn bopeth, ac yng nghyd-destun y Groes, y mae'r pethau eraill y soniwyd amdanynt (ymysg pethau eraill 'bychan' y medrwn feddwl amdanynt) yn golygu'r cyfan. Os ca' i aralleirio T. H. Parry-Williams: 'Duw a'm gwaredo, ni allaf ddianc rhag rhain', ac ni ddylwn chwaith.

GWEDDI
Diolch, Arglwydd, am y rhai sydd wedi ac yn parhau i weithio dros bob gwinllan wen a roed i'n gofal gan gadw'r cyfan yng nghysgod Gwinllan fawr y Groes. Amen.   **Y Golygydd**

MAWRTH 1 • Salm 33:12

GŴYL DDEWI

Perthynai y Salmydd i bobl a brofodd fygwth popeth sy'n gwneud cenedl. Bygythiwyd eu gwlad, eu hiaith, eu traddodiad, eu diwylliant a'u hanes. Yn wir, bygythiwyd eu bodolaeth. 'Cas gŵr na charo'r wlad a'i maco', a charu'r elfennau perthynol i genedligrwydd hefyd. Ond nid un o'r rheiny gaiff y flaenoriaeth gan y Salmydd – daw â mesur helaethach a dyfnach i mewn, a chrefydd yw hwnnw.

Mae yna fwy nag awgrym mai ofer tiriogaeth, ofer traddodiad, ofer diwylliant, ofer hanes, ofer iaith, heb grefydd. Yn wir, y mae yn uniaethu'r genedl â'r Arglwydd. Bygwth y genedl oedd bygwth Duw (Salm 83:1–3). Dyrchafa crefydd, yn bennaf, rinwedd cenedl *y mae'r Arglwydd yn Dduw iddi* (Salm 32:12). Y mae unrhyw weithgarwch sy'n llenwi bywyd pobl a rhoi bodlonrwydd iddynt yn gyfystyr â chrefydd. Ansawdd a safon y gweithgarwch sydd yn penderfynu gwerth crefydd sydd ganddo, ac os yw'n adlewyrchu'r hunan, y mae yn wadiad o wir grefydd, ac os yw'n adlewyrchu'r hunan isaf, mae yn grefydd bwdr. Gwyn ei byd y genedl sydd yn ymglywed â hawliau gwell a diogelach na hawliau'r hunan. Ymdeimlo â'r hawliau hynny, a phrofi nerth eu perswâd, sy'n diogelu pob elfen mewn gwladgarwch. Hwnnw yw'r halen sy'n cadw. Dyma'r genedl fydd yn fyw i hawliau cyfiawnder sydd yn dyrchafu, ac sy'n rhoi gweledigaeth sy'n cadw pobl rhag trengi.

GWEDDI

Cofia'n gwlad, Benllywydd tirion,
   dy gyfiawnder fyddo'i grym. Amen.
            (Elfed, Caneuon Ffydd 827)

Haydn Davies

MAWRTH 2 • Hebreaid 1:1–14

GORSEDD Y BRENIN

Pam gorsedd? Onid ydych wedi sylwi bod y proffwydi a'r apostolion mewn cyfnodau o gyfyng-gyngor yn cael eu cynnal gan y weledigaeth o orsedd Duw? Gwelodd Eseciel le'r orsedd yn y deml a fu iddo'n gynhaliaeth wrth geisio cysuro'i gyd-gaethgludion digalon (Eseciel 43:7). Dyna weledigaeth Daniel adeg teyrnasiad Belsassar, brenin Babilon, pan welodd yr Hen Ddihenydd yn eistedd ar orsedd oedd yn fflamau o dân (Daniel 7:9). Gwelodd Ioan, ar ei Batmos unig, orsedd ogoneddus Duw fwy nag unwaith, ac yn y flwyddyn y bu farw'r brenin Usseia, gwelodd Eseia yr Arglwydd yn eistedd ar orsedd uchel *a godre'i wisg yn llenwi'r deml* (Eseia 6:1). Pam gorsedd? Onid gorsedd sy'n ein hatgoffa pwy yw Brenin Tragwyddol y cyfanfyd?

Oddi ar ei orsedd y mae brenin yn teyrnasu – arwyddlun o'i rym, ei awdurdod a'i nerth ydyw. Pan welodd Eseia yr Arglwydd yn eistedd ar orseddfainc ddyrchafedig teimlai fel pe bai Duw yn dweud wrtho 'efallai nad oes brenin yn teyrnasu ar orsedd Jwda ar hyn o bryd, ond beth bynnag fo hynt a helynt brenhinoedd y byd, nid heb Frenin arni fydd fy ngorsedd i un amser. Diysgog yw fy nheyrnasiad tragwyddol.'

Yn gynnar y ganrif hon (yr ugeinfed ganrif) ymffrostiodd arweinwyr Rwsia iddynt lwyddo i ddiorseddu brenhinoedd y ddaear – 'ein bwriad yn awr yw diorseddu Brenin o'r nef' oedd eu bost. Yn dilyn Chwyldro 1917 dyma gyhoeddi bod Rwsia bellach yn wlad anffyddiol. Ond beth fu'r canlyniad? Heddiw mae mwy o Gristnogion yn y wlad honno nag sydd yn Ynysoedd Prydain! Mae gorsedd ein Duw ni yn dragwyddol.

GWEDDI

Plygwn yn isel wrth dy draed, O Frenin nefol. Tyrd a theyrnasa ynom ni a'n gwneud yn dystion i'th deyrnas. Amen.

Ifor Ll. Williams

MAWRTH 3 • Salmau 84 a 122; Luc 4:16–20

SALM 84

Dy babell Di, mor hyfryd yw,
  O! Arglwydd Dduw y lluoedd;
Mynych chwenychais weled hon,
  Rhag mor dra thirion ydoedd.
    (Edmwnd Prys)

Un o brif nodweddion Llyfr y Salmau yw clodfori Duw am ei Dŷ. Y deml yn Jerwsalem oedd y ganolfan i addoli, ond yr oedd i'r synagogau niferus dros y wlad eu lle hanfodol yn nhrefn bywyd. Roedd i'r Tŷ a'r Dydd Saboth eu harbenigrwydd cysegredig, a gellir dyfynnu'n helaeth o'r salmau i brofi hyn. Ni fynegwyd y gwirionedd hwn yn gliriach nac yn hyfrytach nag a wneir yn y salm hon.

Daw'r neges sydd ynddi yn amlwg drwy'r trosiad mydryddol hwn. Tystia'r salm a'r emyn fod addoli Duw yn ei Dŷ, ac yn y gynulleidfa, yn fraint ac yn fwynhad, ac nid yn faich; nid yn ddefod na rhigol, ond yn ffynhonnell nerth ar y daith, sy'n rhoi cyfeiriad a chyweirnod i fywyd.

Trychineb yn ein hoes ni yw'r cefnu ar Dŷ Dduw, a'r anghysegru dybryd ar Ddydd yr Arglwydd, ac arwydd yw'r gwrthgiliad o ddiffyg amgyffred a deall yr hyn y saif y Tŷ drosto. Nid yw ein tai ni yn ddiogel heb Dŷ Dduw, na dyddiau eraill yr wythnos yn cael eu hiawn dreulio heb Ddydd yr Arglwydd. Mae addoli Duw a chysegru'n hunain iddo yn ddylanwad ffurfiannol ar gymeriad a chymdeithas.

Tudor Davies

MAWRTH 4 • Genesis 7:17–24

YMDDIRIEDAETH YN NUW

Darn dramatig yw'r darlleniad. Y mae nerth y dilyw yn ei anterth, pen y mynyddoedd wedi'u cuddio, a phob bywyd tu allan i'r arch wedi darfod. Y mae'r arch ei hun yn symud ar wyneb y dyfroedd; nid oes na hwyl na rhwyf ynddi; ni all Noa a'i deulu ddewis ffordd i deithio, ond gwyddant fod y byd oedd yn gynefin iddynt hwy cyn y dilyw wedi darfod am byth, ac ni allant ond disgwyl Duw a gweld beth fyddai ei ewyllys am eu dyfodol.

O ddarllen y stori, gallwn ddweud bod y disgwyl hwn yn weddi ar Dduw ac yn fynegiant o ffydd ynddo.

Y mae cyfnodau o argyfwng yn hanes unigolion a chenhedloedd, cyfnodau pa na ellir gwneud dim ond ychydig iawn. Cyfnodau ydynt o ddisgwyl am Dduw, a chyfnodau i baratoi i weithredu pan lefara Duw. Amseroedd pwysig yw'r amseroedd o ddisgwyl. Bydd cyfle ynddynt i adnabod Duw yn well, a myfyrio ar ei gynlluniau ar gyfer y ddynoliaeth a'r byd. Byddant hefyd yn gyfle i dderbyn gweledigaeth ac egni ganddo, a phan ddaw amser gweithredu bydd yn bosibl defnyddio'r egni i sylweddoli'r weledigaeth.

GWEDDI

Dysg ni, O Arglwydd, i ymddiried ynot ti mewn dyddiau pan nad oes gweledigaeth eglur na nerth i gyflawni yr hyn a hoffem, ac mewn dyddiau felly i adnewyddu'n ffydd, fel y byddwn, pan elwir arnom, yn effeithiol yn dy wasanaeth. Amen.

Iwan Pennant Lewis

MAWRTH 5 • Daniel 4:28–37

GWALLGOFRWYDD

Daeth darostyngiad y brenin yn ffurf gwallgofrwydd. Dychmygai mai anifail ydoedd, ac aeth i bori'r gwellt gyda'r eidionnau – math o ddryswch meddwl a elwir yn 'lycanthropy'. Y mae lle i gredu, ar sail ffynonellau eraill, i Nebuchadnesar ddioddef oddi wrth y math o orffwylledd a ddisgrifir yma. Bwriad awdur Llyfr Daniel yw dangos mai gwallgofrwydd yw i unrhyw un wadu brenhiniaeth Duw a dyrchafu ei hun drwy falchder a gormes. Yn union wedi i'r brenin ymfalchïo yn Babilon fawr (adnod 30), daeth llef o'r nef yn cyhoeddi diwedd ei frenhiniaeth.

Y mae rhybudd yr adnodau hyn yn berthnasol i'n dyddiau ninnau. Er i hiwmanistiaeth hawlio mai arwydd o aeddfedrwydd pobl yw eu bod yn ymwrthod â'r gred yn Nuw, y mae'n gwbl amlwg mai canlyniad cefnu ar Dduw yw cefnu ar y bywyd da, ar lendid moesol, a pharch at eraill. Pen draw anghrediniaeth yw, nid nefoedd newydd a daear newydd, ond gwallgofrwydd a dinistr. Ynghlwm wrth y gred yn Nuw y mae cred benodol am bobl, sef mai plant i Dduw ydynt.

Wrth ddyrchafu ei lygaid tua'r nefoedd (adnod 34), ac edrych oddi wrtho'i hun at Dduw yn ei fawredd a'i sancteiddrwydd, y daeth Nebuchadnesar yn ôl at ei synhwyrau. Edifeirwch a gostyngeiddrwydd yw'r camau tuag at fywyd llawn ac iach.

Elfed ap Nefydd Roberts

MAWRTH 6 • Rhufeiniaid 12:1–8

YN EISIAU – ANGHYDFFURFWYR!

Cofiai George M. Ll. Davies bregethwr di-dderbyn-wyneb rywdro yn rhybuddio'i gynulleidfa rispectabl rhag 'y cymedroldeb annuwiol oedd yn damnio'r eglwys'. Ysywaeth, aeth ein Hanghydffurfiaeth yn llywaeth o gydymffurfiol. 'Dywedodd un diwinydd Almaenig,' meddai Iorwerth Jones rai blynyddoedd yn ôl, 'fod gormod o Gristnogion yn ymddwyn fel pe baen nhw wedi'u bedyddio mewn syrup; ac un o'r Tadau Eglwysig cynnar – ynte – a ddywedodd na alwodd Iesu Grist mo'i ddisgyblion i fod yn siwgwr y ddaear. Mewn llawer lle aeth y capel yn glwb rispectabl neis, i'r canol oed a'r hen, yn hytrach na thŷ gweddi a gorsaf genhadol a chanolfan gwasanaeth i gyd-ddyn.'

Pan ddaeth Duw yn ddyn yn Iesu Grist, gwrthododd gyfaddawdu; pan gynigiwyd iddo holl deyrnasoedd y byd hwn, fe'u gwrthododd. Gwrthododd Mab eithafol Duw gydymffurfio â'r byd hwn, ac o ganlyniad fe'i croeshoeliwyd gan y byd. A pho fwyaf Crist-debyg y tyfwn ninnau, mwyaf oll y cawn ein difenwi a'n casáu gan y byd. A ydym yn fodlon wynebu cynddaredd a dicter ac anghymeradwyaeth pobl ar gorn ein teyrngarwch i'r Arglwydd Iesu? Rhaid pwyllo a dwys fwrw'r draul cyn tynghedu'n llwyr i rodio'r 'llwybr a gerddodd efe'.

Roedd un o bregethwyr amlycaf Lloegr yn annerch myfyrwyr ym Mangor rywdro, ac fe ddywedodd wrthynt pe baent yn pregethu'r Efengyl yn iawn y byddai'r capeli eto'n llawn, ac mai ar y diffyg pregethu 'iawn' yr oedd y bai am fod y capeli mor wag. 'Amheuwn ef yn fawr,' meddai Tegla – 'pe pregethent yn "iawn", buasent yn debyg o gael eu croeshoelio.'

Wilbur Lloyd Roberts

MAWRTH 7 • Jeremeia 17:19–27

ESGYN GYDA'R LLUOEDD

Dadleuodd yr Athro D. Miall Edwards dros Ddydd yr Arglwydd – enw arall am y Sul – 'am fod ei eisiau ar Dduw'. Nid stoic mo Duw, ond Tad, ac am hynny y mae'n disgwyl i'w blant ymateb i'w gariad ar yr aelwyd. Mae'n ddydd ar wahân, fel y tystiodd Wil Ifan yn ei gerdd:

Mae wythnos yn cerdded mewn dillad disgleiriach
Ar ôl gwisgo diwrnod mewn dillad parch.

GWEDDI

O! drugarog Dduw, llanw ein calonnau â grasusau yr Ysbryd Glân; â chariad, llawenydd, tangnefedd, amynedd, addfwynder, daioni a ffydd. Dysg ni i garu'r rhai sydd yn ein casáu, a gweddïo dros y rhai sydd yn gwneud niwed i ni, fel y byddom yn blant i ti ein Tad trwy Iesu Grist. Amen.

D. Ben Rees

MAWRTH 8 • Philipiaid 2:25–30

EPAFFRODITUS

Mynegodd yr eglwys yn Philipi ei gofal dros Paul wrth anfon un o'i haelodau, sef Epaffroditus, ato i weini arno yn enw'r eglwys gyfan. Dygodd rodd i Paul oddi wrth y Philipiaid hefyd. Awgrymodd F. F. Bruce y gallasai'r daith fod wedi cymryd tua deugain niwrnod iddo, ac mai anawsterau'r daith a fu'n gyfrifol am ei waeledd difrifol, *hyd at farw bron* (adnod 27), fel y dywed Paul.

Yn wyneb effeithiau gwaeledd Epaffroditus a'i hiraeth amlwg am ei gyd-aelodau yn Philipi y mae Paul yn penderfynu ei anfon adref er mai bwriad y Philipiaid oedd iddo fod o wasanaeth personol i Paul. Mae Paul yn diolch o galon i'r Philipiaid am eu meddylgarwch a'u caredigrwydd, a rhag ofn y cyfyd unrhyw awgrym ei fod ef yn anfodlon â'r gwasanaeth a gafodd gan Epaffroditus y mae'n cyflwyno geirda cofiadwy iddo.

Ystyr yr enw Epaffroditus yw 'hyfryd', ac y mae'n amlwg i Paul ei gael ef yn berson hyfryd a chynorthwyol gan ei fod yn cyfeirio ato fel *brawd a chydweithiwr a chydfilwr i mi* (adnod 25), ac yn cymell y Philipiaid i anrhydeddu pobl o'i fath ef, a oedd yn barod i fentro eu bywydau *er mwyn gwaith Crist* (adnod 30). Mae'r ymadrodd olaf hwn yn awgrymu mai wrth weini ar Paul yn y carchar, neu wrth wneud rhyw gymwynas drosto, y trawyd ef gan waeledd. Beth bynnag, roedd y gwaeledd hwnnw'n uniongyrchol gysylltiedig â gwasanaeth Crist.

Gellir mentro awgrymu bod un cymhwyster arall yn perthyn i Epaffroditus, sef fel postmon da, gan ei bod hi'n fwy na thebyg mai ef a gludodd y llythyr hwn oddi wrth Paul at y Philipiaid.

GWEDDI

Diolch am wasanaeth ffyddlon a diwyro y gweision llai amlwg na'r amlycaf mewn llawer eglwys a sefyllfa. Amen.

W. Eifion Powell

MAWRTH 9 • Salm 31

FFYDD FEL TAITH

Darllenwn y salm hon yn ein cornel weddi. Wrth ei darllen ceisiwn weld Ffydd fel taith – pererindod y galon at Dduw. Boed i ni ddwyn ar gof rhyw ddau neu dri o ddigwyddiadau pwysicaf ein bywydau. Arhoswn gyda hwy; eu hail-fyw. Sut y bu i'r digwyddiadau hyn ein galluogi i brifio a thyfu? Hwyrach i un digwyddiad ein llorio yn llwyr. Wrth aros fel hyn gyda'r digwyddiadau darllenwn y salm drachefn. A ydym yn medru dirnad y digwyddiadau fel rhan o bererindod at Dduw? Goleuwn gannwyll. Dewiswn adnod o'r salm sy'n siarad wrth ein cyflwr wyneb yn wyneb â'n taith. *Ynot ti, Arglwydd, y ceisiais loches, na fydded cywilydd arnaf byth; achub fi yn dy gyfiawnder* (adnod 1) ...

Aled Jones Williams

MAWRTH 10 • Mathew 21:28–32

DAU FAB

Nid oes amheuaeth am eglurder y ddameg. Mae'r arweinwyr Iddewig yn cyfateb i'r mab a ddywedodd yr âi ac nid aeth. Mae'r publicanod a'r puteiniaid yn cyfateb i'r mab a ddywedodd nad oedd am fynd, ond a newidiodd ei feddwl wedyn.

Hanes llawer iawn ohonom yw addo a methu cyflawni. Gallant roi golwg bur ddefosiynol ar yr wyneb a goslef eithaf duwiol yn y llais, ond eu bywyd yn llawn o gastiau. Nid yw'r cyflawniadau yn cyrraedd safon y cyffesu. Mae eraill yn honni eu bod yn galed a materol, ond gwelir hwy'n gweithredu'n ddigon addfwyn a charedig. Mae'r cyflawniadau'n trarhagori ar y cyffesu.

Dylid rhybuddio nad yw'r ddameg mewn gwirionedd yn canmol neb. Dau fab amherffaith sydd ynddi, ond bod yr un a ufuddhaodd yn y diwedd yn anhraethol well na'r llall. Y peth delfrydol fyddai cael mab a fyddai'n derbyn gorchymyn y tad a gweithredu'n llawn yn ôl y gorchymyn hwnnw.

GWEDDI
Boed imi gredu a gweithredu Cristnogaeth. Amen.

E. R. Lloyd-Jones

MAWRTH 11 • **Eseciel 34:24–31**

Y BYD GWELL

Sut fyd fydd y 'byd gwell'?

Byd dan lywodraeth Duw.

Caiff Israel un bugail, a hwnnw'n ddarostyngedig i'r Pen Bugail. Gwas fydd yr arweinydd: *Myfi, yr Arglwydd, fydd eu Duw, a'm gwas Dafydd fydd yn dywysog yn eu mysg* (adnod 24). Yr unig arweinydd diogel mewn byd ac eglwys yw'r un sy'n was i Dduw, ac yn un o'r bobl.

Byd heddychol.

Gwnaf gyfamod heddwch â hwy (adnod 25). Bydd drygioni a bwystfileiddiwch wedi peidio, a chymod a chariad yn ffynnu.

Byd helaeth ei fendithion.

Mewn gwlad wedi'i chrasu gan yr haul, mor hyfryd oedd clywed i law ddisgyn yn ei amser, a'r gawod fendithiol. *Byddant yn gawodydd bendith* meddai'r Gymraeg (adnod 26). A bwrw bod y geiriau yna yn cyfeiliorni ychydig, tybed na chawn, am y tro, gadw'r ymadrodd? Oherwydd cyflawnwyd yr hen addewid rasol ganwaith. Yn sicr, fe'i cyflawnir pan fydd diogelwch a ffrwythlonder yn ein cymdeithas, a drygioni bwystfilaidd a gormes wedi peidio.

GWEDDI

Na atal oddi wrthym gawodydd tymhorol dy ddaioni. Amen.

D. Eirwyn Morgan

MAWRTH 12 • **Deuteronomium 1:5–7**

CYCHWYNNWCH RHAGOCH!

Droeon eisoes gwelwyd fel y mae gorchmynion newydd wedi cael eu hychwanegu fesul un i gyfarfod ag amgylchiadau newydd – peth i baganiaid fel y Mediaid a'r Persiaid yw deddfau di-ddiwygiad, y mae'n amlwg! Yn Llyfr Deuteronomium ceir ailargraffiad o'r ddeddfwriaeth flaenorol yn enw Moses. O sylwi ar y cyfnewidiadau a wneir, gwelir bod yn y llyfr hwn ymgais i bwysleisio cariad cyson, cyfamodol Duw tuag at y genedl, ynghyd â chyfrifoldeb personol pob aelod o'r gymdeithas, o'r brenin i lawr, tuag at gadw telerau'r cyfamod. Y mae'r canolbwynt yn symud o Sinai (neu Horeb, fel y geilw'r awdur hwn y mynydd) at *y man y bydd yr Arglwydd dy Dduw yn ei ddewis i osod ei enw yno* (Deuteronomium 12:21). Awgrym o hyn yw'r geiriau am Horeb: *Yr ydych wedi aros digon yn ymyl y mynydd hwn. Paratowch i fynd ar eich taith* neu ym Meibl William Morgan *Digon i chwi drigo hyd yn hyn yn y mynydd hwn: Dychwelwch, a chychwynnwch rhagoch* (Deuteronomium 1:6–7), neu'n fwy eglur: 'Buoch yn trigo'n rhy hir yn y mynydd hwn, ewch ymlaen eto.'

Dywedir mai'r dimensiwn crefyddol yw'r un mwyaf ceidwadol sy'n bod; ond y mae newid yn angenrheidiol, y mae'n bosibl, ac y mae'n digwydd. Ychydig cwbl-newydd a geir yn Deuteronomium, ond ceir ynddo elfen fwy dyngarol ac eangfrydig sy'n nodweddu dysgeidiaeth proffwydi'r wythfed ganrif, o Amos ymlaen.

Gyfrannwr pob bendithion
  ac Awdur deall dyn,
gwna ni yn wir ddisgyblion
  i'th annwyl Fab dy hun;
drwy bob gwybodaeth newydd
  gwna ni'n fwy doeth i fyw;
a gwisg ni oll ag awydd
  gwas'naethu dynol-ryw.
    (Elfed, Caneuon Ffydd 720)

Dafydd R. ap Thomas

MAWRTH 13 • Rhufeiniaid 1:1–17

AMODAU CENHADU LLWYDDIANNUS (1)

Stori wefreiddiol yw stori lledaeniad Cristnogaeth dros yr Ymerodraeth Rufeinig yn y canrifoedd cynnar, gan ennill gwrogaeth y mwyafrif mawr o'i deiliaid, a dod, mewn enw beth bynnag, yn grefydd swyddogol y byd Rhufeinig. A hynny, cofier, er gwaethaf gelyniaeth ffyrnig o lawer tu. O du Iddewiaeth, er enghraifft, a oedd yn gweld Cristnogaeth yn tanseilio hen sefydliadau ac arferion a thraddodiadau crefyddol. A pha grefydd sy'n barod i ganiatáu peth felly? O du paganiaid, am fod y Cristnogion yn gwrthod ymuno mewn seremonïau a gwyliau paganaidd, a thrwy hynny'n eu gwneud eu hunain yn bobl ar wahân; ac nid yw unrhyw gymdeithas yn hoffi pobl felly. O du crefyddau eraill, am fod Cristnogaeth yn ddigymrodedd parthed y gwahaniaeth sylfaenol rhyngddi hi a phob crefydd arall. Ac nid oedd hynny at ddant syncretiaeth boblogaidd yr oes. O du byd dysg a diwylliant, a oedd yn dal bod crefydd a gymhellai 'Cred yn unig' yn dibrisio rheswm.

Megis yr oedd llawer crefydd arall a llawer athroniaeth yn cynnig am enaid y gwareiddiad Rhufeinig, felly y mae crefyddau ac athroniaethau lawer yn cynnig am enaid gwareiddiad y gorllewin heddiw. A yw Cristnogaeth i ennill y dydd yn y ganrif hon fel yn y canrifoedd cynnar? Beth yw amodau llwyddiant?

T. Glyn Thomas

MAWRTH 14 • Actau 11:1–18

AMODAU CENHADU LLWYDDIANNUS (2)

Mae llwyddiant cenhadaeth yn dibynnu i ddechrau ar natur y sawl sy'n ei phroffesu. Pobl wedi ymgyflwyno oedd cenhadon Cristnogol buddugoliaethus y canrifoedd cynnar – wedi ymgyflwyno i Dduw mewn ymateb i'w ryfeddol gariad ef at ddynoliaeth yn ei Fab. Dyna oedd eu man cychwyn nhw bob amser – y newyddion da am yr hyn a wnaeth Duw yng Nghrist. Ac yr oedd merthyron yn eu plith, pobl na ddymunai fywyd corfforol ar draul marwolaeth ysbrydol. A phan welwyd eu bod yn barod i ddioddef hyd angau, a hynny heb gasáu'r sawl a oedd yn achos y dioddef hwnnw, ni allent lai na'u parchu.

Yna wedyn, mae cenhadu llwyddiannus yn dibynnu ar natur y gymdeithas Gristnogol. Y gymdeithas honno oedd cymdeithas fwyaf cynwysedig a grymus yr Ymerodaeth Rufeinig. Yr oedd arni ofal dros bawb – y tlawd, yr anghenus, y gorthrymedig, a gwehilion cymdeithas. Teimlai aelod o'r Eglwys mewn unrhyw fan ei fod ymhlith cyfeillion, ble bynnag yr oedd cangen ohoni. Ac nid oedd yr Eglwys yn cydnabod na hil (mewn cyferbyniad ag Iddewiaeth, un o'i phrif gystadleuwyr) na dosbarth. Gresyn na fyddai pob aelod eglwysig yn teimlo'n gartrefol ym mhob eglwys yn ein dyddiau ni. Ffug yw'n 'cynnydd' honedig ni ar lawer ystyr.

T. Glyn Thomas

MAWRTH 15 • Mathew 23:1–22

AMODAU CENHADU LLWYDDIANNUS (3)

Wedi pum canrif y llanw Cristnogol, daeth pedair canrif a hanner o drai. Ond daeth y llanw yn ôl, a gwelwyd *aruthrol fawredd y gallu sydd ganddo* (Effesiaid 1:19) ar waith yn yr Oesoedd Canol. Digon arwynebol a digynnwys fu tröedigaeth llawer o'r Cristnogion cynnar, fel Cristnogion pob oes. Wedi i Gristnogaeth ddod yn grefydd swyddogol yr Ymerodraeth Rufeinig, daeth bod yn Gristion yn barchus – peth pur beryglus. Yr oedd angen gwneud Cristnogion mewn enw yn Gristnogion mewn gwirionedd. Mae'n rhaid wrth y tyndra sy'n hanfodol i ddatblygiad a chynnydd pan fo Cristnogaeth yn herio safonau crefyddol. Bydd crefydd yn aml yn barnu'r byd heb gofio ei bod hithau o dan farn Cristnogaeth. A Christnogaeth, hithau, yn aml yn barnu crefydd gan anghofio ei bod hi hefyd o dan farn Crist.

Yr oedd Cristnogaeth yn herio crefydd ym myd deall. Daliai fod yn rhaid i grefydd fod yn ddeallus. Ni ellir achub eneidiau pobl wrth anwybyddu eu deall, a diogi meddyliol sy'n cyfrif am lythrenolrwydd a ffwndamentaliaeth, ac nid oes a fynno crefydd Iesu â nhw.

T. Glyn Thomas

MAWRTH 16 • Actau 11:19–30

AMODAU CENHADU LLWYDDIANNUS (4)

Beth yw natur y neges Gristnogol? Apeliai'r cenhadon Cristnogol yn y canrifoedd cynnar am fod ganddyn nhw neges i bob math o bobl. I'r anwybodus yn ogystal â'r gwybodus – mewn cyferbyniad ag athroniaethau'r dydd, a oedd yn cystadlu â'r Efengyl am feddwl yr oes. Ac eto, fe enillodd y neges Gristnogol wrogaeth rhai o feddyliau disgleiriaf yr Ymerodraeth. Yr oedd yn neges hefyd i wŷr a gwragedd – mewn cyferbyniad â chrefydd Mithra, a oedd yn grefydd i wŷr yn unig.

Yr oedd Cristnogaeth y canrifoedd cynnar yn llwyddo i fod yn ystwyth heb gymrodeddu. Gwnai ddefnydd o athroniaeth Groeg i grisialu ei diwinyddiaeth. Yr oedd yn barod i fenthyca oddi ar Iddewiaeth. Ond, am y sylfeini – dim cymrodedd!

At hynny, gwelai pobl allu'r Efengyl i wneud pobl ddrwg yn bobl dda – Awstin, er enghraifft. Gwelid gwehilion cymdeithas yn cael eu haileni, a gwyrthiau iacháu yn enw Iesu Grist. Ac ar sail atgyfodiad Iesu, gallai'r Efengyl addo i'r sawl a gredai ynddo fywyd tragwyddol. Mewn cyferbyniad â phersonau mytholegol y crefyddau cyfriniol (cystadleuwyr brwd eraill) gallai'r cenhadon Cristnogol gyfeirio at berson hanesyddol.

T. Glyn Thomas

MAWRTH 17 • Mathew 23:23–39

AMODAU CENHADU LLWYDDIANNUS (5)

Ond nid ym myd deall yn unig yr oedd Cristnogaeth yn herio crefydd yn yr Oesoedd Canol. Yr oedd yn ei herio hefyd ym myd celfyddyd. Oherwydd credai Cristnogion fod celfyddyd hithau i'w chysegru i Dduw. Ar hunangysegriad, nid hunanfynegiant y mae pwyslais Cristnogaeth – *Er eu mwyn hwy yr wyf fi'n fy nghysegru fy hun* (Ioan 17:19).

Drachefn, heriai'r Ffydd safonau'r oes ym myd gwleidyddiaeth. Lluniai ysgolheigion Cristnogol bolisïau yng ngoleuni'r Ffydd. Dalient fod y wladwriaeth, fel yr Eglwys, wedi ei sylfaenu gan Dduw ac yn atebol iddo. Y mae llywodraethau, meddent, yn ymddiriedaeth ddwyfol; a phan fo llywodraethwyr yn bradychu'r cyfryw ymddiriedaeth, does ganddyn nhw ddim hawl i ufudd-dod pobl. Cynnal cyfiawnder yw pwrpas gwleidyddiaeth. Onid yw ei deddfau'n gyfiawn nid yw pobl dan rwymedigaeth i ufuddhau iddynt.

Wedyn, heriai Cristnogaeth safonau'r oes ym myd cymdeithas. Gosodai werth ar bob unigolyn – caethweision, merched, plant, y dieithr yn y tir, pawb. Onid oedd pob un yn *un y bu Crist farw drosto?* (Rhufeiniaid 14:15).

Mewn gair, creodd Cristnogaeth gydwybod newydd ym mywyd yr Oesoedd Canol. Mae cenhadu llwyddiannus yn golygu cael Crist yn gydwybod pob agwedd ar fywyd y genedl.

T. Glyn Thomas

MAWRTH 18 • 1 Timotheus

AMODAU CENHADU LLWYDDIANNUS (6)

Chwaraeodd mynachaeth ran amlwg a dylanwadol ym mywyd Cristnogol yr Oesoedd Canol. Amrywiai'r mudiadau mynachaidd. Nid dynion dibriod yn unig a breswyliai yn y mynachdai, ond teuluoedd cyfan, yn wŷr, gwragedd a phlant. Ar ei orau (ac fe ddylid barnu popeth ar ei orau) bu mynachaeth yn gyfrwng gwerthfawr. Oblegid y prif gymhelliad iddo oedd ymchwil am fywyd helaethach a dyfnach a mwy ystyrlon. Gallwn ddysgu llawer oddi wrtho.

Mabwysiadai mynachaeth fel arfer reol tlodi. Mae hanes am bab bydol yn ymffrostio wrth Gristion nad oes angen i'r Eglwys bellach ddweud: *Arian ac aur nid oes gennyf* (Actau 3:6). 'Nac oes,' oedd yr ateb, 'ac ni all yr Eglwys bellach ddweud chwaith *Cyfod, a chymer i fyny dy wely, a rhodia.*' (Marc 2:9). Yn ein cenhadu rhaid inni geisio diddyfnu'r Eglwys oddi wrth ei gorbwyslais ar gyllid a buddsoddiadau a phethau tebyg, a'i denu i ganolbwyntio ar ochr ysbrydol ei bywyd a'i gwaith.

Ychydig oedd offer addoli'r mynachod, mewn cyferbyniad llym â'r eglwysi gorwych a drudfawr, a'r gwisgoedd costus. Onid oes angen mawr am symlrwydd newydd yn ein crefydd ninnau? Diau y byddai gwell graen ar ein haddoliad pe dychwelem o'n heglwysi moethus i addoldai diaddurn.

T. Glyn Thomas

MAWRTH 19 • 1 Timotheus 6

AMODAU CENHADU LLWYDDIANNUS (7)

Nodwedd arall ar fynachaeth yr Oesoedd Canol oedd cyfuno defosiwn a gweithgarwch ymarferol. Byddai'r Sistersiaid, er enghraifft, yn clirio fforestydd a sychu corsydd. Yr oedd eu prif arweinydd, Bernard o Clairvaux, yn gyfuniad nodedig o gyfrinydd a gŵr ymarferol. Dylai pob cenhadu llwyddiannus fod felly.

Yr oedd hefyd fynachod crwydrol – y 'friars' – a fyddai'n mynd o le i le i genhadu. Mor galonogol yw clywed am bobl ifanc ym mhob cyfnod sy'n gwneud yr un peth.

Yr oedd urddau eraill, megis y Dominiciaid, yn ymgyflwyno i ddysg i baratoi pobl i bregethu'r Efengyl. Nid moethusrwydd hunanol oedd dysg iddyn nhw, nac i'r enwocaf ohonyn nhw – Tomos o Acwin. Bu gan ein cenedl ni erioed barch i addysg a diwylliant. Yn ein cenhadu, rhaid inni erfyn ar ysgolheigion o bob oed i gysegru eu dysg a'u diwylliant i'r Athro Mawr, ac i bwrpas hyrddwyo'i deyrnas ef.

Pwy all fesur gwerth Urdd Gobaith Cymru? Onid oes arnom angen urdd arall – Urdd Gobaith Cristnogaeth Cymru? Ac onid buddiol fyddai ei llunio ar batrwm mynachaeth?

T. Glyn Thomas

MAWRTH 20 • Eseia 54

AMODAU CENHADU LLWYDDIANNUS (8)

Wedi i'r Oesoedd Canol ddod i ben fe wynebwyd Cristnogaeth gan her newydd. Helaethwyd terfynau byd meddwl gan fesur o gynnydd mewn gwybodaeth, a meistrolaeth effeithiolach pobl ar yr amgylchedd – pethau a oedd i raddau mawr yn ganlyniadau Cristnogaeth ei hun. Pan gymhellir pobl i chwilio a meddwl drostynt eu hunain, rhaid wynebu her y canlyniadau. A allai Cristnogaeth ddwyn y canlyniadau hyn o dan arglwyddiaeth Crist a'u gwneud yn is-wasanaethgar i'w deyrnas ef?

Darganfuwyd gwledydd eraill hefyd. Mynnai Columbus mai un o'i brif gymhellion ef oedd dwyn eu brodorion at Grist. Ai hwn oedd y cymhelliad cyffredinol? Eu Cristioneiddio neu eu hecsploitio? Cododd perygl arall ei ben – y perygl o ledu heb ddyfnhau – ehangu'n ddaearyddol heb ddyfnhau'n ysbrydol. Erbyn diwedd y bedwaredd ganrif ar bymtheg – y ganrif fawr genhadol – yr oedd diddordeb yn yr athrawiaethau Cristnogol yma yn ein gwlad ein hunain wedi gwanhau, a hynny er i'r Diwygiad Protestannaidd geisio puro'r Eglwys a'i gwneud yn fwy Cristnogol. Wrth *helaethu maint y babell* ac *estyn allan lenni'r trigfannau* rhaid gofalu am *sicrhau'r hoelion* (adnod 2).

T. Glyn Thomas

MAWRTH 21 • Eseia 54

AMODAU CENHADU LLWYDDIANNUS (9)

Fel yr oedd y canrifoedd yn ymbellhau oddi wrth yr Oesoedd Canol ac yn nesu at ein hoes ni, daeth y meddwl a'r dull gwyddonol i herio'r Ffydd. Dyna ddamcaniaeth datblygiad, er enghraifft, a welai llawer yn tanseilio stori'r creu, a thrwy hynny'n ysgwyd ymddiriedaeth pobl yn y Beibl yn gyfan gwbl. A allai meddyliau goleuedig ddal i gredu? Yr oedd y ganrif fawr genhadol yn ganrif yr agnosticiaid mawr yn ogystal – pobl fel Thomas Carlyle, Charles Darwin, T. H. Huxley a Leslie Stephen. Y mae'n ddiddorol sylwi bod rhai o'r rhain – Carlyle, er enghraifft – wedi bwriadu mynd i'r weinidogaeth!

Ond ymhell cyn hynny, yr oedd chwyldro diwydiannol wedi gwasgaru'r boblogaeth, gan eu hanfon o gefn gwlad i'r trefi, tra oedd yr eglwysi, gan fwyaf, wedi eu cyflyru ar gyfer bywyd newydd gwledig a phentrefol.

Peth arall a welwyd yn y cyfnod hwn oedd cynnydd yn awdurdod y wladwriaeth. Daeth addysg, a fu am ganrifoedd o dan oruchwyliaeth yr Eglwys, fwy a mwy o dan awdurdod y wladwriaeth. Y canlyniad oedd bod yr ieuenctid yn cael eu trwytho â syniadau gwladwriaethol yn hytrach nag â'r ffydd Gristnogol.

Daeth yr Eglwys i ganfod nad oedd cenhadu llwyddiannus yn bosibl heb batrwm a oedd yn cynnwys bywyd i gyd.

T. Glyn Thomas

MAWRTH 22 • Marc 1:1–15

AMODAU CENHADU LLWYDDIANNUS (10)

Fel y mae cenedl yn ddrych o'r holl genhedloedd, felly y mae enwad yn ddrych o'r sefyllfa grefyddol ymhlith yr holl enwadau. Dywed R. Tudur Jones yn ei waith safonol 'Hanes Annibynwyr Cymru' i'r Annibynwyr golli 21,712 o aelodau yn y 36 mlynedd rhwng 1919 a 1955. Dyma un arwydd o'r trai ar grefydd yma yn ein gwlad ein hunain oddi ar y Rhyfel Byd Cyntaf.

Bu dylanwad y ddau Ryfel Byd yn andwyol. At hynny, aeth gafael materoliaeth yn dynnach, a mwy a mwy yn gosod yr hyn a feddiannent o flaen yr hyn a'u meddiannai. Lledodd y gymdeithas ddiwydiannol yn yr hon y cedwir y peiriannau i fynd Sul, gŵyl a gwaith yn ddi-stop. A'r gynhaliaeth y disgwyliai'r hynafiaid amdani oddi wrth yr Eglwys, fe ddisgwyl y plant oddi wrth y wladwriaeth les.

Daeth yn argyfwng cred arnom. Nid mater o barchu confensiynau, neu dalu gwrogaeth i draddodiadau, neu chwennych parchusrwydd aelodaeth eglwysig yw hi bellach, ond dewis credu'r Efengyl neu beidio. Y mae paganiaeth newydd ar gynnydd yn ein gwlad. Nid mewnforio paganiaid yr ydym yn awr, ond eu magu! Daeth yr argyfwng cyfoes â ni i fwlch yr argyhoeddiad. Megis y mae *cariad Crist yn ein gorfodi ni* (2 Corinthiaid 5:14), felly'r argyfwng yntau.

T. Glyn Thomas

MAWRTH 23 • **Ioan 1:1–14**

AMODAU CENHADU LLWYDDIANNUS (11)

Wrth ddirwyn ei astudiaeth orchestol o hanes Cristnogaeth i ben, dywed yr Athro Kenneth Scott Latourette fod yr hanes hwn 'fel casgliad ffydd yn cael ei ategu gan ffeithiau a ddehonglir gan reswm' yn ein harwain at nifer o argyhoeddiadau.

Yn gyntaf, ein bod yn byw mewn byd sydd wedi'i greu ac yn cael ei gynnal gan Dduw.

Yn ail, bod pobl, fel rhan o'r byd hwnnw, wedi'i greu gan Dduw o'r pridd ond ar ddelw ei Grëwr.

Yn drydydd, bod y ffaith bod Duw wedi creu pobl ar ei ddelw ei hun yn dangos bod y Crëwr a'r Cynhaliwr yn Farnwr hefyd. Ond, barnu mewn cariad a wna Duw, er mwyn dwyn pobl i lwybrau ei ewyllys ef.

Yn olaf, bod y Duw hwn yn ei gariad a'i ras – pethau na all neb eu haeddu, dim ond eu derbyn yn ostyngedig ddiolchgar – wedi dod i fyd pobl yn ei Fab er mwyn achub pobl drwy eu cymodi ag ef ei Hun; a bod pwy bynnag sy'n derbyn y Mab yn cael ei aileni drwy'r Ysbryd i fywyd tragwyddol.

Gyda'r argyhoeddiadau mawr hyn yn ein meddiant, y mae'n rhaid inni wynebu'r argyfwng cred a'n goddiweddodd.

T. Glyn Thomas

MAWRTH 24 • Eseia 55

AMODAU CENHADU LLWYDDIANNUS (12)

A Chymru hithau yn faes cenhadol – anos, efallai, na llawer maes arall, am ein bod o hyd, er gwaetha'r ffeithiau, yn cymryd yn ganiataol ei bod yn wlad Gristnogol – mae'r alwad i genhadu yn daer a difrifol. Rhaid inni, fel y gwelsom, wrth genhadon wedi'u hymgyflwyno, wrth gymdeithas Gristnogol ag arni ofal dros bawb, wrth neges bendant a digymrodedd, gan gofio bod ein Cristnogaeth o dan farn gyson Iesu Grist ei hun.

Ond na ddigalonnwn. Y mae ymateb cynyddol i'r alwad. Y mae'r gydwybod genhadol wedi'i deffro drachefn a'i hadfywio. Y mae ymgais newydd i ddeall natur gwir genhadu a natur ei gyfryngau. Y mae ymdrechion cywir i fynd â'r Eglwys allan i'r byd. Y mae mwy a mwy o'n pobl ifanc yn ufuddhau i'r alwad gan Iesu: *Dewch* ac *Ewch,* ac y mae mwy a mwy o bwyslais yn cael ei roi ar encilio i ddyfnhau'r bywyd ysbrydol. Y mae cyfeillion Crist wrthi'n ennill rhagor o gyfeillion iddo ef, a'r rhai a agorodd eu calon iddo yn mynd o amgylch i 'agor drysau hen garcharau'. Ni adawodd ef mohono'i hun yn ddi-dyst yn ein Cymru ninnau chwaith. Ymwrolwn!

T. Glyn Thomas

MAWRTH 25 • Hebreaid 13:14–16

TUA'R DDINAS NEFOL

Nid oes gennym ni yma ddinas barhaus; ceisio yr ydym, yn hytrach, y ddinas sydd i ddod. Nid ydym heb wybod pa un yw honno; teithio tuag ati yw ein pererindod ddaearol, ac mae hi eisoes mewn golwg i lygad ffydd.

Trwy Iesu, sylwer, y'u hanogir hwy i *offrymu aberth moliant yn wastadol i Dduw* (adnod 15). *Ef a'n gwnaeth yn urdd frenhinol, yn offeiriaid i Dduw ei Dad* (Datguddiad 1:6) i roi *offrymau diolch* (Salm 50:14, 23) a fydd yn gwbl gymeradwy trwyddo ef a chydag ef ac ynddo ef.

Enw Duw yw pob dim sy'n ei amlygu. *Ydwyf* yw, am mai ef yw Rhoddwr Bod – y Creawdwr (Exodus 3:14 a Salm 19:1). Iesu yw, oherwydd wrth Iesu ac ynddo yr adwaenir ef (Ioan 14:9); ninnau – ei enw ydym, am fod syniad y byd am Dduw yn troi'n aml ar beth a wêl ynom ni. Fe olyga *cyffesu ei enw* (adnod 15) dreulio'n bywyd er ei glod.

John Fitzgerald

MAWRTH 26 • Eseciel 47:1–12

CYFEILLGARWCH

Iesu, cyfaill f'enaid i,
 gad im ffoi i'th fynwes gref
tra bo'r tonnau'n codi'n lli
 a'r ystorm yn rhwygo'r nef;
cudd fi, Geidwad, oni ddaw
 terfyn y tymhestloedd maith,
dwg fi'n iach i'r hafan draw,
 derbyn fi ar ben y daith.
(Charles Wesley, cyf. D. Tecwyn Evans, Caneuon Ffydd 366)

Mae nifer o gyfeiriadau yn y Testament Newydd at gyfeillgarwch Iesu (Mathew 11:19, Luc 7:34, Luc 14:10–14, Ioan 11:11, Ioan 15:13–15). Rhoddir pwyslais arbennig ar gyfeillgarwch hefyd yn yr Hen Destament – Ruth a Naomi; Dafydd, Saul a Jonathan.

Dylid sylweddoli yr un pryd bod cyfeillgarwch Iesu tuag atom ni yn llawer mwy, dyfnach ac uwch na chyfeillgarwch dynol a naturiol. Nid cyfeillgarwch tebyg-at-ei-debyg mohono – cyfeillgarwch Duw yn ei gariad anfeidrol at bobl yn eu pechod yw. Dyma yw neges a thema lywodraethol yr emyn mawr hwn.

Gellir dweud mai dau emyn mawr enwocaf yr iaith Saesneg yw 'When I survey the wondrous cross' (Isaac Watts, Caneuon Ffydd 920) a 'Jesus, lover of my soul' (Charles Wesley, Caneuon Ffydd 907, cyfieithiad D. Tecwyn Evans a welir uchod ac isod, Caneuon Ffydd 366). Daw llinell gyntaf emyn Wesley o'r Apocryffa, Llyfr Doethineb Solomon 11:26 – *O Lord, thou lover of souls.* Y mae'r emyn drwyddo yn llawn o gyfeiriadau Beiblaidd wedi eu gwau yn batrwm cywrain. A diwedd yr emyn yw'r geiriau sy'n seiliedig ar Ioan 4:14 – *Bydd y dŵr a roddaf iddo yn troi yn ffynnon o ddŵr o'i fewn, yn ffrydio i fywyd tragwyddol.*

Tardd o fewn fy nghalon i,
 tardd i dragwyddoldeb mawr.

Gwilym Hughes

MAWRTH 27 • Rhufeiniaid 8:31–39

YR EGLWYS – ETHOLEDIGION DUW

Sail cenedligrwydd yr Iddewon oedd eu hargyhoeddiad fod Duw wedi eu hethol o blith y cenhedloedd i fod yn bobl iddo'i hun. Y camgymeriad a wnaed gan Iddewiaeth oedd dehongli eu hetholedigaeth yn nhermau safle yn hytrach nag yn nhermau swydd. Pwysleisiwyd eu braint yn hytrach na'u cyfrifoldeb.

Credai'r Cristnogion cynnar fod Duw wedi ethol pobl newydd iddo'i hun, sef dilynwyr ei Fab Iesu Grist, a mabwysiadodd yr eglwys gred a fu mor sylfaenol i Iddewiaeth. Pwysigrwydd y gred mewn etholedigaeth mewn perthynas â'r eglwys yw'r argyhoeddiad ei bod yn gymdeithas o bobl wedi eu 'dewis' gan Dduw – *Nid chwi a'm dewisodd i, ond myfi a'ch dewisodd chwi* (Ioan 15:16) meddai Iesu. Y mae'r gred hon yn bwysig i'r syniad am ystyr aelodaeth eglwysig. **Ni** yw'r bobl a alwyd gan Dduw i gyflawni ei waith yn ein cyfnod a'n cenhedlaeth. Fel y dewisodd Iesu ei ddisgyblion cyntaf, y mae yn dewis ei bobl ar gyfer pob oes.

Ond pobl wedi eu dewis i **waith**, nid i safle yw etholedigion Duw. Gwneir cam mawr â'r gred hon o'i dehongli yn nhermau statws pobl yn y byd hwn, neu eu tynged yn y byd a ddaw. Dewis pobl i weithio drosto yn y presennol y mae Duw.

GWEDDI

O Dduw grasol, bydded i'n holl waith ynglŷn â'th Deyrnas fod ar ei orau. Na ad inni ollwng dim allan o'n dwylo wedi hanner ei wneud. Pâr inni dy ogoneddu di mewn gwaith da a gonest; er mwyn yr hwn a gwblhaodd ei waith ar ein rhan, Iesu Grist ein Harglwydd. Amen.

(J. H. Jowett 1864–1923)

Elfed ap Nefydd Roberts

MAWRTH 28 • Ioan 20:24–29

AMHEUAETH JULIAN

Cydnabyddwyd y Fam Julian, oedd yn perthyn i'r bedwaredd ganrif ar ddeg, yn 'wir ddiwinydd' gan y mynach Thomas Merton, a dywedir mai ei llais hi oedd un o leisiau cryfaf yr 1990au.

'Wele! Druan ohonof! Roedd hyn yn bechod mawr, ac yn anniolchgarwch o'r mwyaf! Fy mod i, yn fy ffolineb, ar ôl profi rhywfaint o boen corfforol, wedi anwybyddu dros dro yr holl gysur a gefais o ddatguddiad bendigaid yr Arglwydd Dduw. Eto i gyd, ni fynnodd ... fy ngadael.'

Wrth iddi dderbyn ei chyfres o weledigaethau, pwysleisia Julian ei bod yn teimlo'n iach yn ei chorff. Ond wedi iddynt ddarfod, dyma ei salwch yn dychwelyd. Daw clerigwr ati, a'i holi ynglŷn â'i hiechyd. Etyb Julian ef trwy ddweud iddi wallgofi, a chwarddodd ef. Eglura wrtho am ei chyfres o weledigaethau yn ei 'gwallgofrwydd' ac wrth iddo ddifrifoli, sylweddola Julian ei fod yn credu yn eu harwyddocâd dwyfol. Wyla, oherwydd iddi amau eu dilysrwydd gan fod ei salwch wedi dychwelyd.

Yn union fel y gall plentyn bwdu â'i fam, oherwydd na chaiff fferins ganddi heddiw – er iddo gael digonedd ganddi ddoe, ac y caiff fwy byth yfory – felly ninnau. Er inni dderbyn yn hael o ddaioni Duw mewn bywyd, fe all un digwyddiad neu dro trwstan gymylu ein dealltwriaeth ohono.

Pan ddigwydd trasiedi ar raddfa genedlaethol neu ryngwladol, gofynnwn yn ddig lle roedd Duw? Neu hyd yn oed, a oes yna Dduw? A hynny heb sylweddoli na chofiem holi'r un cwestiynau pan oedd daioni ac ewyllys da yn ei amlygu'i hun. A ydym yr un mor barod i gydnabod ei lywodraeth ar bethau da bywyd?

Tania Jenkins

MAWRTH 29 • Rhufeiniaid 8:31–39

BUDDUGOLIAETH CRIST

'Dywedwyd y geiriau "ni chei dy orchfygu" yn daer ac yn bendant, er mwyn rhoi inni hyder a chysur yn wyneb pa drallodion bynnag a ddaw. Ni ddywedodd "ni'th drallodir", "ni wynebi galedi", "ni theimli yn annifyr" ond dywedodd: "ni chei dy orchfygu". Mae Duw am inni dalu sylw i'r geiriau hyn, fel y gallwn barhau i ymddiried yn ffyddlon ynddo, yn wyneb pob adfyd a ddaw i'n rhan.'

Daw cyfnod ym mhrofiad pawb ohonom pan deimlwn fel coeden yn cael ei churo gan ryferthwy bywyd. Gallwn, ar adegau felly, fel y gwnaeth Julian, gwestiynu gwerth ein ffydd. Ond dydi dod yn Gristion, a chael cyfeiriad i'n crwydradau, maddeuant i'n pechodau, a bywyd tragwyddol, ddim yn warant o bererindod ddaearol hawdd.

Ffydd codi croes ydi'n ffydd ni, a weithiau dan ei phwn yr ydym yn ein clywed ein hunain yn datgan bod bywyd ganwaith yn haws cynt. Ond y mae galwad i rannu yn llwybr y groes hefyd yn alwad i rannu yng ngorfoledd y fuddugoliaeth – buddugoliaeth sydd eisoes wedi ei hennill ar ein cyfer. Hwn yw ein cysur pan gawn ein clwyfo ar faes y gad: er gwaethaf ein hamgylchiadau meidrol, ein bod eisoes wedi ennill buddugoliaeth trwy haeddiant Crist ein Gwaredwr.

Tania Jenkins

MAWRTH 30 • Datguddiad 21:1–15

DAW'R OLL YNGHYD

'Ac oherwydd y cariad tyner sydd gan ein Harglwydd da tuag at bawb a achubir, rhydd gysur inni, trwy ei eiriau pêr: "Y mae'n wir mai pechod yw sail pob gofid, ond daw'r oll ynghyd, daw'r oll ynghyd, daw'r holl amcanion ynghyd."'

Y mae'n rhaid deall y geiriau hyn yn eu cyd-destun cywir. Y mae'n bwysig sylweddoli nad optimistiaeth benagored a naïf a geir yma, ond yn hytrach ateb ydynt a gafodd Julian mewn gweledigaeth, wrth iddi holi pam roedd yn rhaid i bechod fodoli yn y byd. Dyma'r cysur a roddwyd iddi gan Dduw, sef y sicrwydd ei fod yn dwyn ei waith i ben, ac yn y pen draw y byddai popeth yn iawn. Er bod ein byd yn ymddangos yr un mor amherffaith i ni ag yr oedd i Julian, gallwn ninnau hefyd dderbyn cysur o'r geiriau hyn.

Wrth fyw mewn oes wyddonol, yr ydym am weld prawf a rheswm dros bob dim. Yr ydym am ddeall y cwbl ein hunain; hoffem feddwl mai ni sydd yn rheoli materion ein byd, a diystyrwn unrhyw syniad o gynllun dwyfol. Ac yna, cawn ein hysgwyd â dicter pan ddigwydd pethau na allwn yn ein byw weld unrhyw reswm iddynt, na darganfod unrhyw ddaioni ynddynt. Ar adegau fel yna, ni allwn wneud dim ond cydnabod ein hanalluogrwydd ein hunain, ac ymddiried yn Nuw, ac yn y neges a drosglwyddwyd inni, trwy gyfrwng cred Julian – 'daw'r oll ynghyd, daw'r oll ynghyd, daw'r holl amcanion ynghyd'.

Tania Jenkins

MAWRTH 31 • Jeremeia 31:15–21

TEITHIO'R BRIFFORDD

Mynnodd Iesu Grist blannu yr Efengyl yng nghanol bwrlwm bywyd, a chredai yn ddiysgog na ellid cyfyngu ei ddysgeidiaeth i un dosbarth nac i un genedl – yr oedd yn newyddion da i'r holl fyd. Gwelwyd y duedd o'r cychwyn i geisio cadw'r Efengyl yn gaeth o fewn adeilad a dyddiad defod, gan ddyrchafu syniadau eraill i fod yn ganllawiau bywyd.

Mae'n debyg eich bod wedi clywed y stori honno am y ddau 'coach' llawn ar y rheilffordd ar eu ffordd i gynhadledd grefyddol flynyddol yn cael eu shyntio'n ddirybudd i'r 'siding'. Pan ofynnwyd am eglurhad, cafwyd atebiad a syfrdanodd y cynadleddwyr crefyddol: 'We've had orders to let the circus go through on the main line!'

Dyna rybudd clir. Arswydwn weithiau wrth feddwl am y lle pwysig a roddir i chwaraeon ac adloniant ym mhatrwm bywyd ein dyddiau ni; a rhaid cydnabod fy mod i wedi bod yn rhan o'r camwedd lawer gwaith. Brysiwn i bwysleisio nad yw'r Efengyl yn llwyr wrthwynebu pleser ac adloniant – i'r gwrthwyneb, y mae'n rhoi lle i lawenydd fel un o nodweddion y bywyd Cristnogol. Meddai Elfed:

Os chwarae wnawn mae'r Iesu am
Inni gael mwyniant heb wneud cam.

Y mae modd gwneud hynny pan fydd egwyddorion yr Efengyl ar 'main-line' bywyd.

E. George Rees

EBRILL 1 • **Marc 8:31–38**

CODI'R GROES

Gwnaeth Iesu'n gwbl eglur i Pedr ei fod, ar waethaf ei ddarganfyddiad syfrdanol, wedi camddeall yn llwyr natur ei waith a'i weinidogaeth fel Meseia. Daeth er mwyn eraill, i roi ei hun drostynt i dreulio ei fywyd yng ngwaith Duw. A dyna ran ei ddilynwyr yn ogystal. Ond nid yw'n disgwyl i neb wneud yr un dim nad oedd ef ei hun yn barod i'w wneud yn gyntaf. Ac er nad yr un yw'n croesau ni a'i Groes ef, codi croes yw ein rhan ninnau os ydym o ddifrif ynglŷn â'i ddilyn. Ac y mae ambell i groes yn ddirdynnol o anesmwyth.

Yng nghymuned 'barrio' dlawd a difreintiedig Santa Rosa ar gyrion tref Bluefields, Nicaragua, mae gwraig a gymerodd arni ei hun i ddarparu pryd o fwyd syml ganol dydd yn ystod tymor ysgol i tua hanner cant o blant y 'barrio'. Dechreuodd drwy roi diod o laeth iddynt, ond sylweddolodd yn fuan fod angen bwyd maethlon arnynt os oeddent i fanteisio ar gyfle addysg. Begera am ffa a reis a wnâi o wythnos i wythnos, ac o dro i dro am ddarn o gig. Yn dilyn y corwynt a ddifethodd y rhan fwyaf o Bluefields aeth y begera'n anoddach a'r rhoddion yn brinnach. A hithau'n aelod ffyddlon a gweithgar yn eglwys y Morafiaid, ystyriwch ei gwewyr wrth iddi gyfaddef iddi ar un cyfnod ddwyn er mwyn bwydo'r plant.

Bellach mae CEPAD, asiant Cymorth Cristnogol yn Nicaragua yn diogelu cyflenwad o laeth yn ddyddiol i'r 'barrio'. Ond mae trefnu'r cinio yn dal i ddisgyn ar y wraig ddewr yn Santa Rosa.

Hywel Wyn Richards

EBRILL 2 • Marc 8:38–9:1

ARDDEL Y BRENIN

Bu Iesu'n hynod o agored a gonest gyda'i ddisgyblion wrth eu paratoi ar gyfer yr hyn a ddeuai i'w rhan o'i ddilyn ef. Ni bu hynny erioed yn hawdd – wedi'r cyfan, yn ystod cyfnod o erlid ar yr Eglwys Fore yr ysgrifennwyd Efengyl Marc. Tystiolaeth Pedr yw'r Efengyl – un a ddarganfu, er iddo ar awr anodd wadu Iesu a byw yn ei gwmni o ddydd i ddydd. Os y'i gwadodd â geiriau, daeth i'w arddel â'i fywyd. Yr un o hyd yw'r angen am dystiolaeth y rhai sydd gydag ef ac sy'n barod i ddangos pwy ydynt a beth sy'n rhoi ystyr a phwrpas i'w bywyd.

Un o gymwynasau mawr Cymorth Cristnogol yw estyn y cyfle i ni yn gyson i ddangos ein hochr, a dwyn ein tystiolaeth yn gwbl agored ac ymarferol i arddel y Brenin yng nghanol bywyd ein cymdeithas a'n byd. Pan holwyd aelodau Pwyllgor Cymru Cymorth Cristnogol beth sy'n eu hysgogi i sefyll o blaid y tlawd ac i weithio er dileu newyn ac angen, atebodd un: 'Caru Duw, caru ei greadigaeth, caru ei blant, a charu cyfiawnder.' Y mae'r naill beth yn dilyn y llall yn naturiol.

Soniodd Iesu am olau'r gannwyll a blas yr halen, gan danlinellu gweld y naill a defnyddio'r llall. Pethau i'w defnyddio nid eu cadw ydynt.

Hywel Wyn Richards

EBRILL 3 • Marc 11:1–10

SUL Y BLODAU

Nid oes sôn yn Efengyl Marc am Iesu yn dod i Jerwsalem ar unrhyw adeg heblaw hon ar ddechrau'r Wythnos Fawr, ond mae'n debyg, o ddarllen Efengyl Ioan, ei fod yn gyfarwydd â'r ddinas. Beth sy'n gwneud y mynediad hwn yn wahanol ac yn arwyddocaol yw'r ffordd y mae Iesu yn dewis dod i mewn i'r ddinas, gan iddo yn fwriadol gyflawni geiriau Sechareia: *Llawenha'n fawr, ferch Seion ... Wele dy frenin yn dod atat â buddugoliaeth a gwaredigaeth, yn ostyngedig ac yn marchogaeth ar asyn.* (Sechareia 9:9)

Wrth wneud hyn roedd Iesu yn hawlio gwrogaeth y bobl, ac ar yr un pryd yn dangos beth oedd ei syniad o'i frenhiniaeth a'i deyrnas newydd. Nid dod fel milwr ar gefn ceffyl yr oedd, ac nid dymchwel y Rhufeiniaid oedd ei waith.

Dod i adeiladu teyrnas newydd wnaeth Crist, ac y mae'r broses greadigol honno rhyngom ni a Duw yn dal i fynd ymlaen. Dywedwn yn gyson: *Deled dy deyrnas,* heb wybod yn union sut un fydd y deyrnas newydd. Oherwydd nid sôn yn unig am deyrnas yn y byd a ddaw yr ydym ond sôn am sefydlu teyrnas Dduw ar y ddaear hon.

Lis Perkins

EBRILL 4 • Marc 15:21–47

DYDD GWENER Y GROGLITH

Mae Dydd Gwener y Groglith wedi dilyn yr un patrwm gen i ers blynyddoedd bellach. Wedi cymryd rhan yn y daith gerdded noddedig a drefnir yn flynyddol gan eglwysi Porthaethwy a Llandegfan i godi arian at Gymorth Cristnogol, af ymlaen i Dremeirchion i gymryd rhan mewn perfformiad o Ddioddefaint Crist yn ôl Sant Mathew gan J. S. Bach. Mae'r gwaith hwn wedi'i lwyfannu yn Nhremeirchion bob Dydd Gwener y Groglith ers dros ddeng mlynedd ar hugain, ac mae Eglwys fechan Corpus Christi o dan ei sang efo dau gôr o oedolion, bechgyn côr Cadeirlan Llanelwy, cerddorfa, unawdwyr a chynulleidfa. Mae bod yno'n brofiad gwefreiddiol.

Ond gan mai stori'r dioddefaint a adroddwn, fe awn allan o'r Eglwys wedi'r perfformiad gan adael Crist yn ei fedd. Does dim sôn am fuddugoliaeth bywyd dros farwolaeth nac am rym yr atgyfodiad. Ymddengys popeth yn ddigalon ac anobeithiol. Mae'n f'atgoffa o bobl America Ladin sy'n dweud eu bod wedi byw drwy bum can mlynedd o Ddydd Gwener y Groglith ers cael eu 'darganfod' gan Columbus, a'u bod yn dal i ddisgwyl am Sul y Pasg. Pa hyd, Arglwydd, pa hyd?

Lis Perkins

EBRILL 5 • Luc 23:56

Y NOS DDU

Mae'r diwrnod yn dilyn y croeshoeliad (Saboth yr Iddewon) yn cael ei anwybyddu'n llwyr ond am yr hanner adnod hon yn Luc. Mae fel petai y cyfan yn dywyll a diobaith. Wedi gorfoledd yr orymdaith fuddugoliaethus i Jerwsalem; wedi emosiwn cymhleth Gardd Gethsemane a phoen ddirdynnol corfforol yr artaith a'r lladd, roedd dilynwyr Iesu wedi'u llorio'n llwyr.

Dioddefodd gwerin El Salvador fwy na'u siâr yn ystod y gwrthryfel yn erbyn gorthrwm llywodraeth greulon yn y 1980au. Wynebodd y nos yn ddewr – lladdwyd dros 70,000 o bobl ddiniwed, yn fabanod a phlant, yn wragedd a gwŷr. Ond fel y gwragedd a ddilynodd Iesu, roedd ganddynt ffydd i ddisgwyl am wawr y Trydydd Dydd. Roedd y gwragedd eisoes wedi paratoi'r peraroglau a'r eneiniau; roedd pwrpas o hyd i'w bywyd er mai ymbalfalu yn y tywyllwch yr oeddent. Roedd gweithred o gariad yn aros iddynt ei chyflawni.

Elenid Jones

EBRILL 6 • Luc 24:4–8; Marc 16:2–4

Y MAE WEDI EI GYFODI

Mynd i chwilio'r corff a chanfod yr ysbryd a wnaeth y gwragedd. Wrth iddynt herio perygl er mwyn cyflawni gweithred syml o ofal cariadlon, dadlennwyd iddynt y gwirionedd mawr *Nid yw ef yma; y mae wedi ei gyfodi* (Luc 24:6).

Nid oes yr un wlad arall lle mae grym yr atgyfodiad wedi amlygu ei hun mor rymus ag yn El Salvador ein dyddiau ni. Yn 1980, saethwyd yr Archesgob Oscar Romero yn farw wrth yr allor am iddo fynnu pregethu yn erbyn yr anghyfiawnder a'r gorthrwm milwrol yn ei wlad. Ond, fel y dywed Dafydd Iwan yn ei gân: 'Mae ysbryd Romero yn fyw yn ei eiriau, yn fyw yn ei gariad, yn fyw yn ei waith.' Yng ngrym atgyfodiad Crist, fe'i hatgyfodwyd yn newrder y bobl a frwydrai dros gyfiawnder. Yn 1989, lladdwyd chwech Iesüwr a dwy wraig a ofalai amdanynt. Ond nid ofer eu haberth hwy chwaith. Yn ystod fy ymweliad â'r wlad, sylweddolais eu bod i gyd erbyn hyn yn rhan o wead y genedl, a'u gwerthoedd Cristnogol yn llywio cyfeiriad y dyfodol. Mae pentrefi, ysgolion, siopau a phlant wedi'u henwi ar eu hôl.

Elenid Jones

EBRILL 7 • Ioan 20:1–18

DRYSWCH

Llawenydd yw'r teimlad a gysylltwn ni â'r Pasg – llawenydd yr Atgyfodiad, ac fel arfer byddwn yn sentimentaleiddio'r peth wrth gyfeirio at y gwanwyn a bywyd newydd yn cychwyn yn nhro'r flwyddyn.

Ond pan ddarllenwn ni'r hanes am y Pasg cyntaf, nid llawenydd yw'r nodwedd amlwg ond dryswch. Nid pobl lawen sydd yma ond pobl wedi'u drysu. Ac wele dyma'r digwyddiadau yn cymryd rhyw dro annisgwyl. Dyma Simon a'i gyfaill yn drysu uwchben y llieiniau, ac meddai Ioan: *Nid oeddent eto wedi deall yr hyn a ddywed yr Ysgrythur* (adnod 9).

Ac y mae'r olygfa rhwng yr Iesu Atgyfodedig a Mair yn batrwm o ddryswch, sef enaid ar goll yn ceisio cael gafael mewn gweddillion. Onid yw'n ddigon ei fod ef wedi ei groeshoelio, a rhywun wedyn wedi lladrata'i gorff?

Y mae llygaid Mair wedi'u dallu, nid yn unig gan ddagrau ac anobaith ond gan y reddf i ddal gafael mewn beth sydd ar ôl. Dim ond llais cyfarwydd yn siarad yn uniongyrchol â hi sy'n ei deffro o ddryswch ei hunllef.

Dim ond un posibilrwydd oedd wedi croesi ei meddwl hi o sylweddoli bod corff Iesu wedi diflannu, sef ef ei hun yn dangos bod rhywbeth hollol wahanol wedi digwydd, a hyd yn oed wedyn, rhaid oedd ei rhybuddio i beidio â glynu wrtho.

Fe gymerodd amser i Mair, Simon Pedr a'r disgyblion ddechrau deall beth oedd wedi digwydd. Ac o'r deall hwnnw y dechreuodd y dryswch ddiflannu, a llawenydd y Pasg yn cymryd ei le.

Enid Morgan

EBRILL 8 • **Luc 24:13–35**

AROS GYDA NI

Un o'r pethau hynod am y traddodiad Cristnogol yw'r ffordd y mae rhai golygfeydd o'r Ysgrythur wedi mynd yn rhan o'n ffordd ni o feddwl am y byd ac o'i ddeall. Y mae 'ffordd Emaus' yn crynhoi i feddwl Cristnogion lawer iawn mwy na dim ond stori am grŵp bach o ddisgyblion dryslyd yn trafod y digwyddiadau cyffrous a thrist oedd newydd ddigwydd.

Y mae stori Emaus yn un bersonol i bob Cristion ar ryw gyfnod o fywyd. Gall adlewyrchu profiad undydd, neu gall fod yn grynhoad o brofiad blynyddoedd lawer. Y mae'n ddarlun o ddull Iesu o ymddangos i'w gyfeillion – yr egluro, y gymdeithas, y deall a'r adnabod mai hwn yw y Crist Atgyfodedig.

Ac y mae'r cyfan yma yn y stori syml. Y digalondid, y disgwyliadau a daflwyd i'r llawr a'u sarnu; yr Ysgrythur fel sail i ddeall; y dryswch wrth ystyried tystiolaeth pobl eraill; y dyhead am barhau'r gyfeillach *Aros gyda ni* (adnod 29) – a hynny cyn hyd yn oed y funud o adnabod ar doriad y bara. Y mae'r cwbl hyd at rannu'r profiad mewn cyffro arswydus gyda'r disgyblion eraill yn rhan o brofiad Cristnogion ym mhob oes; yn rhan o'r gwead hanesyddol ac ysbrydol sy'n peri bod y cwbl yn fwy na dim ond casgliad o deimladau cyffrous a dryslyd, ond yn batrwm ac esiampl o'r modd y gwelodd Duw yn dda ei ddatguddio'i hun i ni, a thrwy'r dehongli a'r deall ac arwyddocâd digwyddiadau i gyflwyno i ninnau hefyd y ffydd a roddwyd i'r rhai a fu.

Enid Morgan

EBRILL 9 • **Ioan 1:1–5, 9–13, 14, 16–18**

FELLY Y CREODD

O Dduw y daw pob creadigaeth. Cyn bod dim, yr oedd ym mwriad Duw iddo fod. Ffordd i fynegi bwriad yw dweud gair. Y mae Gair Duw yn dweud beth yw bwriad Duw. *Dywedodd Duw ... A bu felly* (Genesis 1).

Cariad yw Duw, a dengys ei Air a'i ewyllys i ail-greu. Nid gorchest pobl mo'r greadigaeth newydd ond rhodd Duw. *Rhoes iddynt hwy ... hawl i ddod yn blant Duw* (adnod 12).

Er i Dduw lefaru, araf oedd pobl i ddysgu. Gan hynny, y mae Duw yn llunio'i Air fel y bo'n haws i bobl ei ddeall. Mae'n gwisgo'r natur ddynol, yn siarad iaith ddynol, fel y gall pobl wybod mor fawr yw ei ras. *Oherwydd trwy Moses y rhoddwyd y Gyfraith, ond gras a gwirionedd, trwy Iesu Grist y daethant* (adnod 17).

I. Elfyn Ellis

EBRILL 10 • **Ioan 1:6–8, 15, 19–28**

LLAIS YN YR ANIALWCH

'Pwy wyt ti?' Llais – dienw, dinod, dim ond llais yn yr anialwch ysbrydol yn galw, cyhoeddi, rhybuddio. Llais yn rhagflaenu'r Gair, yn paratoi ffordd i'r Gair.

Tyst i ddyfodiad Un mwy a'i waith yn arwydd egwan o weithgarwch mwy nerthol. Blaenbrawf yw'r bedydd â dŵr o fedydd yr Ysbryd Glân â thân. Y mae'r naill yn glanhau oddi wrth y pechodau a'r llall yn egni bywiol at gyfiawnder a phurdeb.

Cannwyll yn llewyrchu yn y tywyllwch nes dod Goleuni na ddichon y tywyllwch mo'i drechu. Y mae'n dda wrth lewyrch y gannwyll, ond ni all gystadlu â'r seren ddydd.

Llais, tyst, cannwyll – y mae pellter dirfawr rhyngddo a'r Gair, y Bywyd, a'r Goleuni. Nid ei amcan yw cystadlu ond dangos i bwy y perthyn y flaenoriaeth. *Y mae'n rhaid iddo ef gynyddu ac i minnau leihau* (Ioan 3:30).

I. Elfyn Ellis

EBRILL 11 • Eseia 61:1–4; Luc 4:16–30

CYMERIAD GWEINIDOGAETH IESU

Profiad pryderus i bob cyw bregethwr yw mynd adref i'w eglwys ei hun i bregethu! Y bobl sy'n ei adnabod er dyddiau ei blentyndod yw ei gynulleidfa, a'r rheini'n cofio pethau y dymuna'r pregethwr eu hanghofio! Eto, y rhain, gan amlaf, yw ei gefnogwyr gorau.

Nid felly yr oedd hi yn hanes Iesu Grist, gwaetha'r modd. Yn y synagog yn Nasareth, ymhlith y bobl yr oedd wedi tyfu i fyny yn eu mysg, y rhannodd ei weledigaeth o natur ei weinidogaeth gan ddyfynnu'r proffwyd Eseia. Natur ei weinidogaeth oedd gwasanaethu eraill gan ddwyn gobaith a rhyddid i bobl yn eu hanghenion dyfnaf. Dangosir yma'n glir na ellir gweinidogaethu yn enw Crist ond mewn perthynas â phobl yn eu hanghenion, eu dioddefaint a'u caethiwed. Nid yn unig cydymdeimlad yw nodwedd ei weinidogaeth ond adferiad, a daw y caeth yn rhydd, a'r dall i weld. Cofiwn yr ymateb: 'Tydan ni'n ei 'nabod. Onid mab Joseff a Mair ydyw?' Pan mae'n ymddangos fel pe bai'n ffafrio'r cenhedloedd, yna maent yn ei wrthod yn llwyr ac yn ei erlid o'u plith, a chofiwn hefyd sylw'r Dr Bleddyn Jones Roberts wrth drafod Iesu Grist y Gwas: 'Dim ond un sydd yn ffitio'r darlun o was, a Iesu Grist yw hwnnw.'

GWEDDI

Cymorth ni i wasanaethu drwy estyn cymorth a chysur i eraill, ac i weld yn angen eraill gyfle i'th ogoneddu di a chyflawni cyfraith Crist y Gwas. Amen.

Harri Owain Jones

EBRILL 12 • **Marc 16:14–18**

COMISIWN IESU

Sut y mae gwasanaethu Iesu Grist? Trwy fynd allan a phregethu'r Efengyl i'r greadigaeth i gyd. Canlyniad hyn yw y bydd gwaith yr Arglwydd yn parhau ac yn lledaenu drwy fywydau ei ddilynwyr ymhob cenhedlaeth. Gwaith yr Eglwys yw pregethu Crist ac iacháu yn enw Crist, gan wybod bod Crist gyda'i Eglwys bob amser. Fedrwn ni ddim bod yn fodlon ein byd fel Cristnogion oherwydd dangosodd Crist y ffordd i wasanaethu, ac yn awr y mae'n galw arnom ninnau i'w wasanaethu ef.

Cofiwn am gomisiwn Iesu
   cyn ei fyned at y Tad:
"Ewch, pregethwch yr Efengyl,
   gwnewch ddisgyblion ymhob gwlad."
Deil yr Iesu eto i alw
   yn ein dyddiau ninnau'n awr;
ef sy'n codi ac yn anfon
   gweithwyr i'w gynhaeaf mawr.
         (John Roberts, Caneuon Ffydd 259)

Harri Owain Jones

EBRILL 13 • **Salm 121:1–8**

MYNYDDOEDD

Amlach nag addolwyr yn Nhremadog, ar b'nawn Sul, yw dringwyr mynyddoedd. Dônt yno, glaw a hindda, ha' a gaeaf, i ymarfer eu dawn ar Greigiau'r Dre. Beth am rai o fynyddoedd y Beibl?

Mae Pisga a Horeb, Carmel a'r Olewydd yn begynau yn hanes y genedl, ac yn gamau yn ymwneud Duw â'i bobl ar lwybr hanes.

Codaf fy llygaid tua'r mynyddoedd; o ble y daw cymorth i mi? (adnod 1). Ysgrifennwyd Gair Duw gan hil o fynyddwyr, a'r mynyddoedd yn rhan o'u ffydd yn ogystal â'u daearyddiaeth. Daeth y mynydd i'r Iddew yn symbol o bresenoldeb Duw ac yn ffynhonnell Nerth.

Roedd yn symbol cynefin a ddangosai agosatrwydd Duw at ei bobl a'i barodrwydd i helpu. Clywais gyfaill i mi sy'n weinidog ac yn hyfforddwr dringo yn dweud mai'r unig ffordd i ddarganfod mynydd yw ei ddringo. Yr unig ffordd i adnabod y Duw sy'n noddfa ac yn nerth, meddai'r Salmydd, yw troi ato.

GWEDDI

Dringo'r mynydd ar fy ngliniau
  geisiaf, heb ddiffygio byth. Amen.
  (Dyfed, Caneuon Ffydd 496)

Harri Parri

EBRILL 14 • **1 Brenhinoedd 17:7–9**

CYFRYNGAU OD

Darlleniad pellach: Luc 16:19–25

Seth, y bachgen gwirion, yn arwain Rhys Lewis i weddïo; merch fach ddi-Feibl o Lanfihangel-y-Pennant yn dangos i Thomas Charles yr angen am Feiblau; gwraig weddw o Sareffath yn digoni Elias y Thesbiad yn nyddiau newyn. Duw a'i gyfryngau od ac annisgwyl – *pethau ffôl y byd* (1 Corinthiaid 1:27) – yn foddion gras i broffwydi.

Stori ingol yn y Testament Newydd yw hon am y gŵr goludog a Lasarus. Lasarus gornwydlyd, yn ei holl angen am gymorth, yn gymorth i'r gŵr goludog i sylweddoli'i angen, ac yntau'n gwrthod dysgu.

Ein cyfrifoldeb noeth yw rhoi'r cymorth cyntaf i'r miloedd sy'n marw o eisiau, gan gofio'r un pryd y gall eu hangen hwy fod yn gyfle i ninnau adnabod yr angen sydd arnom ni yng nghanol ein digon.

'Fel bo i eraill drwof fi adnabod cariad Duw' meddai Eifion Wyn (Caneuon Ffydd 681). Beth am osod y frawddeg fel hyn? 'Fel bo i ni, drwy eraill, adnabod ei gariad ef.' Dim cystal barddoniaeth, ond cymaint synnwyr bob blewyn.

GWEDDI

Wrth adnabod angen arall, tywys fi i adnabod fy angen fy hun. Amen.

Harri Parri

EBRILL 15 • Galatiaid 5:16–26

Y NERTH SY'N EGNI

Un o'r geiriau Groeg am 'nerth' yng ngweddi Paul dros yr Effesiaid yw 'energeia', sef 'energy' yn Saesneg.

Grym ynom yw egni. Yr 'ewyllys i fyw' – dyna rym greddfol sy'n ein hysgogi o ddydd i ddydd. Cymeriad truenus yw hwnnw a gollodd 'yr ewyllys i fyw'. Fodd bynnag, grym hunanol ydyw yn aml – grym goroesiad y cymhwysaf a phawb drosto'i hun. Egni Duw yw'r Ysbryd Glân. A'r Ysbryd Glân sy'n tywallt Cariad Duw yn ein calonnau. Egni'r Ysbryd Glân ynom sy'n ychwanegu at yr 'ewyllys i fyw' yr 'ewyllys i garu'. 'Not where I breathe, but where I love and live', medd Robert Southwell mewn dywediad sy'n adlewyrchu rhybudd Paul: *Pwy bynnag sydd heb Ysbryd Crist, nid eiddo Crist ydyw* (Rhufeiniaid 8:9).

Grym yr Ysbryd sy'n *gweddnewid ein corff iselwael ni ac yn ei wneud yn unffurf â'i gorff gogoneddus ef, trwy'r nerth (energeia) sydd yn ei alluogi i ddwyn pob peth dan ei awdurdod* (Philipiaid 3:21).

Nid mympwy teimladol, diflannol yw Ysbryd Cariad Crist chwaith, ond egwyddor o ewyllys da a pharch at fywyd a gofal am ein gilydd. Mae gennym y dechnoleg i lanio ar y lleuad a mordwyo o gwmpas y planedau. Gweddïwn am egni'r Ysbryd Glân fel y gallom *gario beichiau ein gilydd, ac felly cyflawni Cyfraith Crist* (Galatiaid 6:2).

GWEDDI

Chwyth arnaf, Awel Iôr,
Dod fywyd ynof fi,
Nes caru'r hyn sydd wrth dy fodd
A gwneud a wnelit ti. Amen.
(Cyfieithiad J. Vernon Lewis)

D. Islwyn Davies

EBRILL 16 • Ioan 16:25–33

Y NERTH SY'N GONCWEST

Gair arall am 'nerth' a ddefnyddia Paul yn ei weddi dros yr Effesiaid yw 'kratos', sef yr elfen yn y geiriau 'autocrat' a 'democrat'. 'Gallu Dwyfol' yw ystyr hwn ac y mae'n cyfeirio at fawrion weithredoedd Duw yng Nghrist.

Nid delfrydau na damcaniaethau yw Cristnogaeth ond digwyddiadau grymus, buddugoliaethus.

Y GROES:

Buddugoliaeth cariad aberthol Crist ar y cabledd sy'n ei groeshoelio –

Wrth edrych, Iesu, ar dy groes,
a meddwl dyfnder d'angau loes,
pryd hyn 'rwyf yn dibrisio'r byd
a'r holl ogoniant sy ynddo i gyd.
    (Isaac Watts, efel. William Williams, Caneuon Ffydd 495)

YR ATGYFODIAD:

Buddugoliaeth bywyd Iesu ar bechod ac angau –

Cododd Iesu!
I wirionedd gorsedd fydd.
    (E. Cefni Jones, Caneuon Ffydd 550)

Y PENTECOST:

Buddugoliaeth Ysbryd Gras ar yr ysbryd dynol crebachlyd –

Fe gydiaist ynof drwy dy Ysbryd Glân, ...
'rwy'n teimlo'r ddwyfol ias sy'n bywiocáu;
mae'r Halelwia yn fy enaid i,
a rhoddaf, Iesu, fy mawrhad i ti.
    (W. Rhys Nicholas, Caneuon Ffydd 791)

Nid yw'r weddi Gristnogol yn gyflawn heb y profiad hwn o fuddugoliaeth (kratos) ein Harglwydd ar 'ddiafol, cnawd a byd'.

                                             D. Islwyn Davies

EBRILL 17 • Jwdas 8–10 (Philipiaid 2:1–9)

RHYFYG DRYGIONI

Adnod ryfedd iawn yw'r nawfed, ond cyfeirio y mae at hen chwedl Iddewig mai'r archangel Mihangel a gladdodd gorff Moses, a bod Satan wedi bod yn ymryson ag ef am gael y corff pan oedd yn torri'r bedd. Pwynt yr hanes rhyfedd yn y fan hon yw i ddangos rhyfyg y bobl ddi-barch a dilywodraeth hyn a ryfygai wneud yr hyn na feiddiodd yr archangel ei wneud wyneb yn wyneb â Satan. Sylwedd yr adnodau yw bod y bobl ddrwg hyn fel anifeiliaid yn gadael i'w greddfau isaf eu rheoli.

Y mae Jwdas yn disgrifio sefyllfa lle'r oedd pobl wedi esgeuluso pethau ysbrydol mor hir fel nad oedd ganddynt ddim dealltwriaeth ohonynt. Nid oeddent yn deall dim ond eu chwantau corfforol, ac yn byw i'w boddhau hwy. Y mae ystyr mewn dweud mai cosb pechod yw mwy o bechod, nes ein bod yn gwbl fyddar i alwad Duw ac yn gwbl ddall i burdeb a glendid, ac nid dewis hyn a wnawn ond dewis y ffordd a all arwain iddo. Mynd i grwydro fel defaid a wna llawer ohonom – mynd ar ôl y llu yn ddifeddwl i ddechrau, ond mor anodd yw troi yn ôl. Gwyliwn ein cam.

GWEDDI

Cadw ni, Arglwydd mawr, rhag colli blas ar y pethau gorau ac, o geisio rhyw fan gwyn fan draw, ymbellhau oddi wrthyt ti. Amen.

J. Henry Griffiths

EBRILL 18 • **Ioan 12:37, 42–43**

ARWYDD

Rho arwydd i ni, Arglwydd –
bellach,
'dyw'r golofn dân ddim digon gwynias
yn erbyn cefnlen lachar ein cyfnos,
na'r cwmwl mwg yn ddigon du
yn nüwch ein dyddiau.
Pa ryfedd mai cam yw ein cerdded?
Pa ryfedd nad oes i ni ddim gorwelion?
Arglwydd – rho eto arwydd:
'dyw hi ddim yn hawdd
i ni dderbyn y lleill.

Owain Owain

EBRILL 19 • **Amos 6:7–14**

BALCHDER A CHODWM

Adwaith Duw i hyder Israel na ddaw niwed iddi yw cyhoeddi nad oes ganddo unrhyw fwriad i amddiffyn y genedl ymffrostgar. Mae'n ffieiddio balchder y genedl, yn elyn i'w cheyrydd, ac ar fin gadael i ddinas Samaria a phopeth ynddi syrthio o flaen y gelyn. Mae'n darogan barn gyflawn, heb neb yn dianc rhag tranc. Y sawl na syrth o flaen y gelyn, fe drenga o bla. Cyfeirir at losgi cyrff – arfer cwbl estron i draddodiad Israel. Ond mewn achos o haint, a ystyrid yn gosb am bechod difrifol, roedd yn fater o lendid rhag i'r pla ymledu, a hefyd yn arwydd o ufudd-dod i Dduw drwy gydnabod cyfiawnder y gosb. Os gofynnir i rywun sy'n cuddio mewn tŷ a oes rhywun gydag ef, a deall nad oes, yna dywedir: *Taw! Nid yw enw'r Arglwydd i'w grybwyll* (adnod 10) rhag ofn iddo glywed a dwyn haint hefyd ar y llefarwyr.

Ychwanega'r proffwyd fygythiad y bydd dinistr ar blastai'r cyfoethogion a bythynnod y tlawd fel ei gilydd. Disgrifia ymddygiad treisgar y genedl fel gwallgofrwydd tebyg i aredig y môr, neu garlamu meirch ar wyneb craig. Cyfeirir at falchder y genedl yn ei llwyddiant yn trawsfeddiannu dau bentref yn ardal Gilead, gan ymffrostio mai eu nerth a enillodd y dydd. Am ei hymffrost, caniatâ'r Arglwydd i fyddinoedd Asyria ei gorthrymu o'r pegwn mwyaf gogleddol hyd ei ffin yn y de, ac y mae'r wlad gyfan i gael ei goresgyn.

GWEDDI

O Arglwydd grasol, trugarha
  a symud bla y gwledydd,
darostwng falchder calon dyn
  a nwydau'r blin orthrymydd;
a dysg genhedloedd byd o'r bron
i rodio'n isel ger dy fron,
  Iôr union, bydd arweinydd. Amen.
      (J. T. Job, Caneuon Ffydd 855)

J. Arwel Thomas

EBRILL 20 • **Amos 7:1–9**

TAIR GWELEDIGAETH

Dyma dri darlun o ddigofaint Duw i gosbi Israel, ac eiriolaeth y proffwyd ar ei rhan. Nid dangos maddeugarwch Duw yw'r amcan, na bod eiriolaeth pobl Dduw yn effeithiol, ond arddangos cyfiawnder y farn derfynol. Er i'r Arglwydd rybuddio'r genedl dro ar ôl tro o ganlyniadau ei gweithredoedd, a dangos amynedd mawr wrth oedi ei ddedfryd, yn y diwedd ni fynnai Israel edifarhau. Roedd y farn yn anochel.

Roedd amgyffred Amos o gymeriad Duw yn dra gwahanol i eiddo trwch y boblogaeth. Credent hwy fod Iahweh, fel y duwiau brodorol, yn digio am y peth lleiaf ond yn cymodi'n rhwydd os cyflawnent y seremonïau priodol. Ond gwelai Amos fod yr Arglwydd yn Dduw cyfiawn, ac yn disgwyl i'r bobl fod yn gyfiawn hefyd. Nid oedd yn digio'n rhwydd, ond disgwyliai i'r troseddwr newid ei ffordd er mwyn osgoi cosb. Os amgen, roedd ei dynged yn anochel.

Y weledigaeth gyntaf yw haid o locustiaid yn difetha'r cnydau, a gweddïa'r proffwyd am faddeuant i'r genedl fechan. Ymateb Duw yw addo na bydd hyn yn digwydd. Yna daw tân sy'n difa popeth, a'r proffwyd yn galw ar i'r Arglwydd ymatal rhag y gosb ar bobl ddiymadferth. Unwaith eto, cydsynia Duw. Yna daw'r drydedd weledigaeth am osod llinyn plwm. Dywed Duw ei fod am fesur uniondeb Israel, heb roi maddeuant mwy. Dyma rybudd o ddifodiad llwyr cenedl Israel pan ddêl y farn arnynt. Nid yw'r ffaith bod Duw'n dangos amynedd mawr yn rheswm i ninnau ddiystyru'r alwad i edifeirwch.

GWEDDI
Rhag temtio dy amynedd mawr, gwared ni, Arglwydd daionus. Amen.

J. Arwel Thomas

EBRILL 21 • Marc 1:16–20; Luc 5:1–11

DEWCH AR FY ÔL I

Gyda'i neges am deyrnas Dduw, nid gwrandawyr yn unig oedd ar Iesu ei eisiau ond disgyblion. Galwai bobl i gredu a dod dan lywodraeth Duw. Cynnil a thrawiadol yw portread Marc o alw'r pedwar disgybl cyntaf, ac am gefndir eu hufudd-dod a'u parodrwydd rhaid troi at hanes gafaelgar Luc neu bennod gyntaf Efengyl Ioan. Ond pwysleisio dau beth y mae Marc:

Awdurdod Iesu

Un cwbl sicr o'i genhadaeth sy'n rhoi galwad bersonol i'r bobl hyn. Gofyn iddynt ddod ar ei ôl, ac ni ofynnid iddynt fynd i unman oni bai ei fod ef ar y blaen, a byddai dilyn yn rhoi ei nod ef ar eu bywyd.

Blaenoriaeth ymateb i Grist

Daw ei alwad o flaen popeth arall: Pedr ac Andreas at eu gliniau yn y môr gyda rhwyd lawn yn rhoi'r gorau i bysgota a'i ddilyn; Iago ac Ioan yn mynd o long eu tad, gan adael Sebedeus gyda'r gweision – gadael teulu, bywoliaeth a gwaith. Dychwelent atynt, mae'n sicr, ond Crist biau'r gair olaf. Gwir dweud y buont wrthi wedyn yn pysgota, ond gwaith Crist a ddôi'n gyntaf, sef ennill pobl. Soniwyd llawer am gymwysterau pysgotwr medrus i ddal pobl – gormod efallai! Ond gwir ergyd geiriau Crist yw mai'r gwaith rhagoraf a wna neb yw cael pobl i deyrnas Dduw.

GWEDDI

Dwg ni, Arglwydd, i'th adnabod a'th garu, a'th ddilyn. Amen.

John Rice Rowlands

EBRILL 22 • Marc 1:21–28

AWDURDOD

Canolfan gwaith Iesu yn Galilea oedd Capernaum. Roedd cartref ei ddisgyblion yno, a hwy a'i cyflwynodd i bennaeth y synagog, gan roi'r cyfle cyntaf iddo siarad yno. Yma darlunnir argraff gyntaf rymus ei weinidogaeth ar bobl. Daw ei awdurdod i'r golwg mewn dwy ffordd:

Wrth ddysgu

Synnodd y bobl ato. Ni chofnodir beth a ddywedwyd, ond gwyddai pawb fod rhywun arbennig yn siarad. Nid dyfynnu traddodiadau a wnâi ond dweud ei feddwl yn bendant ac eglur. Trafod teyrnasiad Duw, nid mân reolau, a wnâi.

Wrth weithredu

Roedd dyn trwblus ei feddwl a rhanedig ei bersonoliaeth, *dyn ag ysbryd aflan ynddo* (adnod 23), yn y cyfarfod. Sut bynnag yr esboniwn ei gyflwr, credai'r cyfnod mewn ysbrydion aflan, a chredai'r trueiniaid hynny eu hunain. Adnabu hwnnw rhyw awdurdod goruwchnaturiol ar waith, ac yna gwaeddai mewn dychryn: *Beth sydd a fynni di â ni?* (adnod 24). Y mae a wnelo Iesu â'r drygau sy'n andwyo pobl, a gwae hwy o'i sylw! Ceryddodd y drwg, ac wedi bloedd uchel, tawelodd y dyn, a daeth ato'i hun.

Aeth syndod pobl yn syfrdanol. Dyma allu newydd ar waith! Roedd awdurdod Iesu yn gryfach na gafael ysbrydion drwg. Beth oedd yn digwydd yn eu plith? Dyna gwestiwn aeth fel tân gwyllt drwy'r gymdogaeth.

GWEDDI

Rho brofi grym dy air a'th hedd yn ein bywyd. Amen.

John Rice Rowlands

EBRILL 23 • **Jeremeia 12:1–13**

PAHAM Y LLWYDDA'R ANNUWIOL?

Dyma'r tro cyntaf inni gyfarfod â'r cwestiwn hwn yn yr Hen Destament. Ni chafodd y proffwyd erioed atebiad ar ei ben, yn hytrach rhybuddia Duw ef fod anawsterau a dyddiau o dywyllwch yn ei aros. Bu'n rhaid iddo adael ei dŷ a'i etifeddiaeth, ond oni bu'n rhaid i Dduw droi ei gefn ar ei deml a'i deulu? Na ryfedded y proffwyd meidrol os yw profiad yr Anfeidrol yn rhan fach o'i brofiad yntau hefyd.

Ai drwy ein dioddefiadau personol ni y down i amgyffred beth yw dioddefiadau Duw? Gallwn drin problemau'r ffydd â llaw sicr pan geisiwn eu trin hwy fel problemau diwinyddol, ond nid yw hyn gyfystyr â dweud ein bod ni'n eu deall hwy fel profiadau personol. Paham y poenir rhai o bobl orau Duw â gwahanol afiechydon? Nid yw'r ateb gennym, ond gallwn ddweud yn ddiragrith mai bendigedig yw'r gŵr neu'r wraig a ddysgodd sut i rodio gyda Duw yn y glynnoedd unig.

GWEDDI
Ti fu gynt yn gwella'r cleifion, cryfha ein ffydd, O Feddyg da. Amen.

T. Trefor Parry

EBRILL 24 • **Jeremeia 13:15–27**

GRYM PECHOD

Breintiwyd y proffwyd â'r gallu prin hwnnw i ddadansoddi grym pechod. Gall cenedl anwybyddu hawliau Duw a'i chael ei hun o dan awdurdod trahaus ei hen gyfeillion. Gall yr unigolion *a fagwyd mewn drygioni* (adnod 23) syrthio'n gaethion i'r arferion drwg, a cholli'r awydd am burdeb moesol. A allwch chwi wneud daioni? Y mae'n amhosibl i'r Ethiopiad newid ei groen ac i'r llewpard newid ei frychni, ac ni all y pechadur ei lanhau ei hun chwaith.

Dywed yr un bydol, pesimistaidd: 'Dyma yw'r natur ddynol.' Y mae'n pechodau ni ym mêr yr esgyrn ac yn y gwaed, ac nid oes allu ar y ddaear a all ein hiacháu ni. Neges yr Efengyl yw y gall gras Duw lanhau'r galon, torri'r maglau a rhyddhau ein traed. Ffansi ddiniwed? Rhamantiaeth delynegol? Na ato Duw.

GWEDDI

Diolch i ti, yr hollalluog Dduw,
   am yr Efengyl sanctaidd.
      Halelwia! Amen.
         (Y Salmydd Cymreig, priodolir i David Charles, Caneuon Ffydd 49)

T. Trefor Parry

EBRILL 25 • 1 Corinthiaid 1:3–9

CYFOETH YSBRYDOL

Ar waethaf eu hamgylchiadau, medr Paul ddiolch i Dduw dros y disgyblion hyn o Gorinth yn ei weddi. Y maent yn gyfoethog yn y ffydd, gyda gwybodaeth lawn a thystiolaeth gadarn. Dinas gwbl baganaidd oedd Corinth, ac fe ellid tybio y buasai anawsterau eu galwedigaeth yn haeddu'r sylw i gyd. I'r gwrthwyneb, diolch wna'r Apostol bod arwyddion amlwg o ras Duw yn gweithio ynddynt. Digon tlawd a chyfyng oedd eu cyflwr materol, ond yng Nghrist yr oeddent yn gyfoethogion. Pa gyfoeth mwy sydd na bod yn etifedd teyrnas nefoedd?

Yr oedd dysgedigion lawer yn y ddinas, ac yr oedd yn lle nodedig felly, ond haerai Paul fod y ffyddloniaid Cristnogol hefyd wedi'u cynysgaeddu â dawn *pob gwybodaeth* (adnod 5) drwy ras Duw. Trwy ansawdd arbennig eu bywyd yr oeddent yn medru dangos rhywbeth i'r byd fyddai'n fynegiant byw o'r gwirionedd a ddatguddiwyd gan Iesu Grist. Mewn dinas mor hoff o drin a thrafod pethau, nid dadlau oedd raid iddynt ei wneud, ond rhoi tystiolaeth fyw o'r gwirionedd.

Y mae digon o le i ninnau feddwl uwchben y weddi hon. Yr ydym yng nghanol byd materol, gyda'i fasnach a'i gyfoeth. Tueddwn i roi gwerth ar bethau sy'n dod ag elw a llwyddiant bydol, ac nid yw'r llo aur wedi'i gladdu. Ond myn Paul i ni gyfeirio ein meddyliau a'n diolch tuag at gyfoeth ysbrydol.

Nid ffordd lwfr o geisio osgoi realiti y presennol oedd edrych at *y diwedd* (adnod 8) i'r Cristnogion hyn. Yr oedd eu hyder cadarn yn dyfnhau eu cymeriad; yr oedd yn eu hannog i ddyfalbarhad, a hynny yn meithrin ynddynt wybodaeth lawnach, trwy ras oedd yn ffrydio beunydd o'r newydd.

GWEDDI
Cofia, O Arglwydd, yr hyn a wnaethost ynom, ac nid ein haeddiant ni. Amen.

Alun Jones

EBRILL 26 • **Philipiaid 1:3–11**

COFIO YN DDIOLCHGAR

Y mae dymuniadau y disgybl Cristnogol yn unol â dymuniadau ei Feistr. Mewn gwirionedd nid ydynt ar wahân. Yma, gwelwn fod calon Paul yn curo mewn cytgord â chalon Iesu Grist. Y mae yn gweddïo dros ei gyfeillion yn ffordd Iesu Grist ei hun.

Dywed yr adnodau hyn gymaint am ansawdd cyfeillgarwch Paul ag a ddywedir am ei weddi. Y mae yn synied yn uchel mewn cariad am y rhai sydd wedi derbyn Iesu Grist, ac y mae'n meddwl yn arbennig am y rhai y bu ef yn llafurio ac yn dioddef yn eu plith. Oherwydd ei gofio diolchgar amdanynt y maent yn destun gweddi iddo yn gyson. Onid oes rhyw duedd ynom ni, pan fyddwn yn cofio am eraill, i feddwl am y rhai sydd wedi'n rhagflaenu – yr ymadawedig? Da o beth yw gwneud hynny, ond yr oedd yr Apostol yn dra gofalus i gynnwys y byw yn ei weddi, a'u cadw yn wastad gerbron Duw felly.

Dengys y weddi mor fawr oedd ei ofal serchog drostynt. Felly, y mae'n gofyn am fendithion ysbrydol i'w gyfeillion:

(1) Am amlhau o'u cariad er dyfnhau eu gwybodaeth, fyddai'n agor y ffordd i wasanaeth Cristnogol newydd.

(2) Deisyf wna am iddynt gael dawn i wahaniaethu yn gywir (adnod 10), er mwyn medru dewis, nid yn gymaint rhwng drwg a da, ond rhwng da a gwell.

(3) Y mae'n gofyn iddynt fod mor ddilys yn eu proffes Gristnogol, fel na fyddant yn dramgwydd i eraill.

(4) Dymuna iddynt gael eu cyflawni â ffrwythau cyfiawnder, sef cynhyrchu'r hyn sy'n arwain i'r cyflwr perffaith o fyw, *er gogoniant a mawl i Dduw* (adnod 11).

Y mae gwahaniaeth enbyd rhwng delfrydau'r byd a rhai Eglwys Iesu Grist. Gwaith hanfodol yr Eglwys yw cynhyrchu saint. Pobl lawen yw'r saint – *halen y ddaear* (Mathew 5:13).

Alun Jones

EBRILL 27 • **Salm 107:1–16; Marc 5:1–10**

RHYDDID A GOLLYNGDOD

Rhyddid drwy ecsodus cenedl y cyfamod o gaethiwed yr Aifft;
i blant y gaethglud ddychwelyd o afael Babilon.
Rhyddid i ninnau o barlys ein heuogrwydd
i ryddid ac egni maddeuant Duw.
Rhyddid i blant ffydd o afael grym angau
i bosibiliadau tragwyddol buddugoliaeth atgyfodiad Crist.
Rhyddid – a ninnau oll yn gaethion:
i'n pechod a'n heuogrwydd ein hunain;
i'n hofnau, a'r parlys yn nyfnder ein bod;
i'n methiant cyson i gyflawni breuddwydion Duw.

Gollyngdod –

drwy rym gweddi a chyfeillgarwch, ymgyrchu a chydlyniad – i rai sy'n euog yn unig o sefyll dros hawliau'r Deyrnas;

i garcharorion cydwybod sy'n dioddef creulondeb llywodraeth ac amarch carchar erchyll am iddynt fynnu sefyll dros y gwir a'r cyfiawn.

Arglwydd, yn Iesu, y croeshoeliedig a atgyfodwyd, enillaist ryddid i bawb sy'n credu, a gelwaist ni i fod yn ymgyrchwyr dros ryddid o gaethiwed enaid ac o gell carchar.

Ac i fod yn oleuadau yn y tywyllwch, yn adlewyrchu dy oleuni di. Canys nid oes unrhyw garchar mor dywyll na all dy oleuni di ddisgleirio yno, nac unrhyw galon mor gaeth na all grym dy ras ddatod ei rhwymau.

Felly, heddiw, yng ngrym Iesu Grist, y Rhyddhäwr, fflamia gannwyll dy bresenoldeb – drwom ni; datod faglau carcharau – drwom ni.

Noel A. Davies

EBRILL 28 • **Lefiticus 25:8–14, 35–41**

BLWYDDYN FFAFR YR ARGLWYDD

(Blwyddyn y Jiwbili – 1995)

Darlleniad pellach: 1 Thesaloniaid 5:1–11

Ond tybed a fydd hi felly yn Rwanda, Sudan, Mozambique, Madagascar:
yn y Philipinas, Cambodia, Afghanistan;
yn Honduras, Cuba, Guatemala, Nicaragua;
yn Chile, Brasil a Bolifia?
Blwyddyn ffafr yr Arglwydd,
blwyddyn rhyddid o gaethiwed a thlodi ac angen ...?
A ydyw Duw yn oedi – ble mae *ffafr yr Arglwydd?* (Eseia 61:2).
Pa hyd, Arglwydd?
Ond ai Duw sy'n oedi ynteu ninnau a'n tebyg?
Oedi rhag ymdrechu dros gyfiawnder,
rhyddhau o orthrwm,
gwaredu o ddyled,
adfeddiannu'r tir i'w wir berchnogion,
bwydo meysydd y tlodion â gwrtaith nad yw'n difa
a'u rhyddhau o garchar di-dor y blynyddoedd digynnyrch, diobaith,
diddiwedd, flwyddyn ar ôl blwyddyn ar ôl ...
Tybed, felly, a yw hon nid yn flwyddyn jiwbili i ni
ond yn *ddydd dial ein Duw ni?* (Eseia 61:2).
A'r tlodion yn eiconau – yn ddarluniau treiddgar, cysegredig –
o ddialedd Duw ar ein cysur diddig,
o bosibilrwydd y dechrau newydd i'r tlodion.
Ac i ninnau hefyd!
Os mynni – mewn edifeirwch – adael i'r tlodion lefaru gair barn ac addewid Duw wrthym, gall fod yn *flwyddyn ffafr yr Arglwydd,* blwyddyn o ryddhad o gaethiwed eu pechod.

Noel A. Davies

EBRILL 29 • Eseia 25:1

TREFN DDI-ORMES DUW

Un o'r bobl y bûm i'n gwrando arno'n ddiweddar – diolch i'r chwaraewr casét sydd yn y car – oedd Walter Wink, diwinydd o America. Sôn yr oedd ef am deyrnas Dduw. Dim byd yn newydd yn hynny! Nac oedd. Ond yr hyn oedd yn newydd – i mi o leiaf – oedd ei fod yn dehongli'r ymadrodd 'teyrnas Dduw' fel 'God's domination free order', 'trefn ddi-ormes Duw'. A dyma risialu'n gryno yr hyn a'm trawodd i wrth ddarllen y bennod hon o broffwydoliaeth Eseia.

Trefn arferol y byd hwn yw 'trechaf treisied'. Ond yn nhrefn Duw, dim ond Un sydd yn ben – ef yn unig. Ef yw'r Arglwydd, ac yn ei deyrnas ef mae pawb yn gydradd, yn ddeiliaid iddo ef.

Sylweddoli hyn wnaeth Eseia, ac yn yr adnod gyntaf mae'n cydnabod hynny ac yn moli Duw fel yr unig Arglwydd. Ac y mae'n gwneud hyn am ei fod yn credu'n ddiysgog bod gan Dduw gynllun ar gyfer ei greadigaeth.

Amlygwyd y bwriad hwnnw'n gliriach fyth yn Iesu Grist. Ynddo ef gwelsom yn eglur sut un yw Duw, a gwelsom ei gynllun ar waith. Mae Paul yn disgrifio'r bwriad hwn mewn geiriau cofiadwy yn ei Lythyr at yr Effesiaid, sef dwyn yr holl greadigaeth i undod yng Nghrist, gan gynnwys pob peth yn y nefoedd a'r ddaear. Mae'n gynllun mawreddog, a does dim rhyfedd bod y cipolwg a gafodd Eseia wedi ysgogi mawl a diolchgarwch i'r unig Un sy'n Arglwydd!

Cynthia Saunders Davies

EBRILL 30 • **Eseia 25:2, 12**

DYMCHWEL MURIAU

Mae cestyll yn rhan o'n tirwedd ni yng Nghymru. O Fôn i Fynwy, mae eu muriau cadarn yn ein hatgoffa ni o frwydrau ffyrnig. Pwrpas codi cestyll a muriau yw amddiffyn y rhai sydd y tu mewn rhag ymosodiad, a'u galluogi hwythau i ymosod yn fwy effeithiol ar yr ymosodwyr. Symbolau o ormes ydynt.

Yn ôl yr archeolegwyr a fu'n cloddio yn y wlad a elwid Babilon gynt, doedd dim sôn am ddinasoedd caerog yno tan tua 3000 cc. Cyn hynny roedd y tai i gyd tua'r un maint, ac fe adeiladwyd y dinasoedd ar lan afonydd ar y gwastadeddau ffrwythlon. Ar ôl 3000 cc fe ddechreuodd y tai mawr ymddangos, a chodwyd dinasoedd caerog ar ben y bryniau. Dyna pryd y claddwyd llawer o gyrff yn yr un bedd hefyd, a'r rheini'n gymysg â saethau. Dyma'r adeg, mae'n amlwg, y dechreuodd y trigolion ryfela, am fod rhai wedi ceisio gormesu'r lleill.

Nid dyna drefn Duw. Mae Eseia'n dweud hynny heb flewyn ar ei dafod.

Nid yw ef am i'r naill ormesu'r llall am fod ganddo fwy o gyfoeth, mwy o addysg, mwy o rym, mwy o arfau. Mae Duw'n ewyllysio i bawb fod yn gyfartal, i bawb gael yr un cyfle, i bawb gydweithredu yn hytrach na chystadlu. Nid yw Duw wedi bwriadu i genhedloedd cyfoethog y gorllewin ormesu'r tlawd drwy sefydliadau fel Banc y Byd.

Mae darlun Eseia o fwriad Duw yn un byw iawn, a dylem roi sylw dyladwy iddo, oherwydd yr un yw ei fwriad ef heddiw.

Cynthia Saunders Davies

MAI 1 • Ioan 2:28; 3:10

YR ENW A ROED ARNOM

Dywedodd Chrysostom, un o dadau'r Eglwys Gynnar, mewn pregeth yn ymwneud â magu a meithrin plant, y byddai'n werth i rieni, wrth feddwl am enw (neu enwau) i'w roi ar blentyn, ystyried y posibilrwydd o roi iddo (iddi) enw un o arwyr mawr y Beibl – enw un sy'n ddrych ohono. (Fel y cafodd y Daniel a roes fod i'r myfyrdod hwn yn a thrwy ei fedydd, ac a gafodd Thomas yn ail enw!) Ac adrodd hanes y gwron hwnnw, drosodd a thro wrtho yn ystod blynyddoedd ei brifiant o blentyndod i'w laslencyndod. A thrwy hynny roi nod aruchel iddo ymestyn tuag ato, a delfryd fawr iddo ymdrechu i'w byw.

Cyngor gwerth ei ddwys ystyried, feddyliwn i, os nad yn llythrennol, yn sicr o ran ei ysbryd a'i egwyddor sylfaenol, gan y dylai'r enw a roir ar blentyn fod yn fwy na swyn, ffansi neu fympwy'r funud i rieni sy'n credu bod bywyd yn ystyrlon, a bod angen i'w plant ymdeimlo â'r fraint honno, ynghyd ag ysbrydoliaeth i ymddwyn yn dda a thyfu'n hardd. A dyna'r union bwynt a wna'r apostol Ioan yn y darlleniad a ddetholwyd ar gyfer heddiw. Ceisio cael ei gyd-Gristnogion ymhob oes a gwlad i weld mor unigryw o anrhydeddus yw'r enw a roed arnynt a'r fraint ddigymar a gânt o gael eu galw yn *blant Duw* (1 Ioan 3:10). A **bod** yn blant Duw, a'r modd y dylai hynny eu hysgogi i fyw'n deilwng o'u henw.

O! am fywyd o sancteiddio
Sanctaidd enw pur fy Nuw, ...
    (Ann Griffiths)

D. Gerald Jones

MAI 2 • Actau 9:31–42; Ioan 6:60–69

ATHANASIUS, ESGOB A DYSGAWDWR (373)

Ganed Athanasius yn y flwyddyn 296. Roedd ei rieni'n Gristnogion, ac fe'i hanfonwyd ef i ysgol Gristnogol yn Alexandria. Roedd yn bresennol yng Nghyngor Nicea ac yn sgil hynny daeth yn brif wrthwynebydd i gredoau Ariaidd a wadai ddwyfoldeb Crist. Pwysleisiai Athanasius yr angen i fod yn ffyddlon i athrawiaethau'r Eglwys. Roedd hefyd yn gefnogwr brwd i fynachaeth yn yr Eglwys, a hynny pan oedd y mudiad mynachaidd yn egino. Bu farw ar y dydd hwn yn y flwyddyn 373.

Un o gymwynasau Athanasius i'r Eglwys oedd ysgrifennu hanes bywyd Antwn o'r Aifft – arloeswr y mudiad mynachaidd yn yr anialwch. Geilw Athanasius yr anialwch yn 'wlad y rhai tirion' lle y gallai'r meudwyaid cynnar ymddihatru o'u holl adnoddau dynol, a chanolbwyntio ar ffrwythau'r Efengyl, yn arbennig ar edifeirwch a gostyngeiddrwydd.

Er bod Athanasius a'r mudiad mynachaidd cynnar yn perthyn i gyfnod tra gwahanol i'n cyfnod dyrys ni, maent yn ein hatgoffa bod Mab Duw wedi ei gnawdoli er mwyn i ninnau gael ei ddwyfoli. Ffydd yr Ymgnawdoliad yw'r Ffydd Gristnogol, a thrwy ei gariad y mae Duw yn dod yn rhan o bob cornel a chilcyn o'n bywyd.

GWEDDI

Bythfywiol Dduw, y tystiodd dy was Athanasius i ddirgelwch y Gair a wnaed yn gnawd er ein hiachawdwriaeth, cynorthwya ni a'th holl saint i ymladd dros y gwirionedd ac i dyfu'n debycach i'th Fab Iesu Grist, sy'n fyw ac yn teyrnasu gyda thi, yn undod yr Ysbryd Glân, un Duw, yn awr ac am byth. Amen.

Meurig Llwyd

MAI 3 • Iago 2:14–20

EIN BARA

Mae bara'n symbol o'n dibyniaeth ar Dduw ac o'n cydweithrediad ag ef hefyd. Meddai Awstin Sant: 'Heb Dduw, ni allwn ni; hebom ni, ni fyn Duw.' Heb Dduw, ni allwn ni gynhyrchu bwyd; hebom ni, ni fyn Duw.

Yn ogystal, y mae bara'n symbol o'r ffaith ein bod yn ddibynnol ar gydweithrediad a gwasanaeth ein gilydd. Ystyrir yr oll sy'n gynwysedig yn y dorth fara: y meysydd ŷd, y tractorau a fu'n eu haredig; y ffwrneisi a gynhyrchodd ddur yr erydr, y glo a'r olew i danio'r ffwrneisi, y llongau a'r trenau a'r lorïau a fu'n cludo'r glo a'r olew a'r ŷd; y melinau yn malu, y poptai yn crasu, y siopau yn gwerthu, a phob teulu'n gorfod ennill cyflog i brynu'r bara beunyddiol.

Mewn gair, y mae holl gymhlethdod byd busnes a diwydiant a llafur yn gynwysedig mewn torth o fara.

Y mae'r dorth fara yn dyst nad ydym yn annibynnol nac ar Dduw nac ar ein gilydd. Nid bodau unigolyddol, hunanddigonol mohonom ond cyd-weithwyr Duw a *goruchwylwyr dirgelion Duw* (1 Corinthiaid 4:1) – y dirgelion corfforol, diwylliannol ac ysbrydol.

D. Islwyn Davies

MAI 4 • Ioan 1:1–14; 7:25–31

ADNABOD Y MAB

Mor aml, ein Duw, yr ydym yn tybied ein bod yn gwybod, yn deall, yn adnabod:

Onid hwn yw Iesu fab Joseff? (Ioan 6:42).

Diolch i ti, Dduw, fod Iesu yn fab Joseff a Mair, yn un ohonom ni, yn rhannu'n cnawd, gyda'i wreiddiau ymhlith pobl arbennig mewn traddodiad arbennig.

Diolch am fab Joseff a Mair, plentyn ei gyfnod, am Iesu ein Brawd, brawd hynaf ein teulu.

Ond maddau i ni, ein Duw, am fethu gweld y tu hwnt i'r dyn dy ogoniant di yn wyneb Iesu Grist.

Agor ein llygaid i ganfod y Gair yng nghnawd hwn, y Gair oedd o'r dechreuad, ystyr y bydysawd a diben ein byw, a phob peth sy'n fyw – yn fyw â'i fywyd ef.

Pa ryfedd, Arglwydd, i ni fethu gweld yn y Brawd y Mab, ac yn y Mab y Tad?

Heddiw, yng nghwlwm dy deulu, agor ein llygaid, fel y gallwn ddechrau gweld a chredu.

Noel A. Davies

MAI 5 • Salm 14:1–7

YR YNFYD

Yr unig beth a ddywedodd yr ynfyd oedd: *Nid oes Duw* (adnod 1). Ond ei ddull ef o ddweud hynny a ddatguddiodd mai ynfytyn ydoedd. Fe gollwn ergyd yr haeriad os anghofiwn ni wthio i mewn i ganol y frawddeg chwerthin gwirion yr anghredadun. Y mae'r gŵr a all ddweud *Nid oes Duw,* a'i ddweud â sŵn gorfoledd yn ei lais a than chwerthin, yn ffŵl, meddai'r Ysgrythur, a chreadur annuwiol a di-ras ydyw. Gallwn barchu'r anffyddiwr gonest, ond pan geisiwn olrhain anghrediniaeth yr ynfyd i'w fan cychwyn, cawn mai canlyniad cydwybod a dreisiwyd, rhyw ddeddf foesol a dorrwyd ydyw.

Y mae gan bechod ddulliau cyfrwys iawn; crea awydd yng nghalon pobl i anwybyddu Duw, yna mae'r awydd yn troi'n ddymuniad a'r dymuniad yn argyhoeddiad. Ni thyfodd neb yn anghredadun dros nos. *Blinaist arnaf, Israel* (Eseia 43:22) meddai Duw yr hen genedl, ac yr oedd y blino'n dilyn y pechu. Ai'r blino hwn a roddodd ryddid i bryf y rhwd gropian i'n bryniau ni a difa'r hen gymdeithas? Ein hunig obaith ni yw cariad anfeidrol Duw.

T. Trefor Parry

MAI 6 • Marc 7:24–30

FFYDD GROEGES

Darlleniad pellach: Mathew 15:21–28

Yng ngwlad cenedl-ddynion y digwydd yr hanesyn hwn. Ai gweld mae Marc Iesu'n diddymu'r gwahaniaeth rhwng yr Iddewon a chenhedloedd eraill megis rhwng pethau 'glân' ac 'aflan'?

Yng nghyffiniau Tyrus nid oes sôn amdano'n pregethu, na gair bod ei ddisgyblion yno, er bod Mathew yn barnu'n wahanol. Ai ceisio llonydd oedd Iesu i feddwl a gweddïo ynglŷn â'r dyfodol?

Ond mae gwraig o'r lle, o genedl arall, yn deall ei fod yno. Syrthia wrth ei draed i geisio meddyginiaeth i'w merch, a pheintiodd Efengyl Mathew ddarlun o Iesu tawedog ac anfodlon iawn. Ond stori Marc yw'r un wreiddiol. Eto, beth wnawn ni o'r dywediad am flaenoriaeth y plant ar y cŵn? Blaenoriaeth Iddewon ar genedl-ddynion? Gwelodd rhai ddirmyg 'y cŵn', ond cŵn anwes mewn tai sydd yma, a thrueni na wyddem a oedd direidi yn llygad Iesu. Ai profi ffydd y wraig yr oedd, neu a oedd mewn gwewyr meddwl ynglŷn â lledaenu ffiniau'r genhadaeth? Ond hoffodd ateb ffraeth y wraig a'i thaerineb, a dywed y bydd y plentyn yn iawn.

Pam na fynnai Iesu genhadu yma? Ai ystyr mynd at Israel yn gyntaf oedd ennill pobl i Dduw i efengylu gweddill y byd? Ymhen cenhedlaeth byddai pobl eraill yn derbyn yn awchus y neges a wrthododd cymaint o'r Iddewon. Bu ffydd y Roeges hon yn flaenffrwyth.

GWEDDI

Gwna ein deisyfiadau yn rhai taer. Amen.

John Rice Rowlands

MAI 7 • Actau 13:13–25; Ioan 13:16–20

GWEINIDOGAETH A GWASANAETH

Mae cyhuddo'r Eglwys o fod yn rhwystr i genhadaeth yn gyhuddiad difrifol. Ond dyma a glywn ac a ddarllenwn hwnt ac yma. I'r rhai hynny sydd wedi treulio oes yn gweithio yn yr Eglwys, mae sôn amdani mewn termau mor negyddol yn mynd yn groes i'r graen. Os edrychwn yn ôl ar hanes a datblygiad yr Eglwys fe welwn pa mor drychinebus, ar brydiau, oedd ei hymgais i fyw yr Efengyl. Dichon mai yn y cysylltiad annatod rhwng gweinidogaeth a gwasanaeth yr aeth ar gyfeiliorn.

Mae'n hawdd i bawb ohonom gael ein tynnu i mewn i'r ras am bŵer, statws a llwyddiant bydol oherwydd dyma deithi meddwl ein cymdeithas ar hyn o bryd. Os ydym yn llwyddiannus, yna mae gennym dŷ a char i adlewyrchu hynny, ynghyd â'r trugareddau eraill y mae'r farchnad yn eu cynnig i ni. Yr hyn sy'n fwy truenus, efallai, yw fod yr Eglwys hithau wedi cael ei thynnu i mewn i'r un ras am bŵer bydol. Fe'i temtiwyd o dro i dro i dra-awdurdodi dros bawb a phopeth.

Ond darlun pur wahanol o weinidogaeth a gawn yn yr Efengyl – darlun o Grist yn golchi traed ei ddisgyblion. Y darlun hwn ddylai fod yng nghalon ac ar feddwl pawb ohonom mewn eglwys genhadol. Rhy hawdd yw i genhadaeth droi yn fater o dra-arglwyddiaethu dros eraill, yn hytrach nag yn gyfle i gydsefyll â thlodion a gweiniaid ein cymdeithas. Mae cael ein sugno i mewn i gemau pŵer y gymdeithas gyfoes yn gyfystyr â gwadu, ie bradychu, hyd yn oed, y Crist a ddaeth nid i'w wasanaethu ond i wasanaethu.

Meurig Llwyd

MAI 8 • Genesis 2:18–25

ADNABOD EIN GILYDD

Y mae'n dda cael bod 'ar fy mhen fy hun' weithiau, Arglwydd, a chael cyfle i feddwl, i ystyried, i edrych i mewn, i edrych o gwmpas; ac yng nghanol rhyfeddod a harddwch, gwyrth a gogoniant dy greadigaeth, i ddod i adnabod fy hunan:

'Pwy wyf fi? Pwy …?'

'O ble y deuthum? O ble …?'

'I ble rwy'n mynd? I ble …?'

Diolch, Arglwydd, am lonyddwch a thawelwch i chwilio ac i adnabod fy hunan; ac yn nyfnder fy ymwybod i ymdeimlo â grym dy faddau.

Ond dyna sy'n rhyfedd, Arglwydd; yn y llonyddwch cael darganfod gweledigaeth bardd y dechreuadau:

Nid da bod y dyn ar ei ben ei hun; gwnaf iddo ymgeledd cymwys (adnod 18).

Dyma wyrth bywyd mor aml, Arglwydd:

Yng nghwmni eraill y dof i fod yr hyn y gallaf fod, yr hyn ydwyf mewn gwirionedd;

Y mae tarddiad fy mywyd yng nghwlwm y perthyn … yng nghyfathrach yr adnabod;

Y mae ystyr fy mywyd yng nghymdeithas y perthyn, yn rhwymau teulu, cymdogaeth, cenedl;

Y mae diwedd fy mywyd yng nghymundeb y perthyn, yng nghwmni'r saint sydd wedi adnabod.

Felly, Arglwydd, rho i ni adnabod ein gilydd, yn rhwymau'r ymgeledd. Amen.

Noel A. Davies

MAI 9 • Genesis 3:1–13

ADNABOD DA A DRWG

Fe fyddai'n llawer haws cuddio o'th olwg, Arglwydd, na wynebu gwirionedd poenus ein noethni:

hunanoldeb ein dyheadau, twyll ein cymeriad, brad ein perthyn, anwiredd ein geiriau, llymder ein beirniadu.

Ond waeth i ni heb â chuddio, Arglwydd, oddi wrthyt ti, oddi wrthym ein hunain, oddi wrth ein gilydd.

Oblegid rwyt ti'n gwybod lle rydym, yn gweld yr hyn na welwn ni, na chyfaddefwn ni. Yn ei weld, ac yn ei faddau!

A does dim diben beio eraill, na'r sarff na thithau,

'Yr wyf fi fy hunan wedi pechu, ac wedi syrthio'n fyr...'

Yn rhyddid bendigedig dy adnabyddiaeth ohonof, agor fy llygaid i adnabod y da a'r drwg, ac i ildio'r cyfan oll i'th arglwyddiaeth di yn unig, rhag i minnau fod megis duw.

Agor fy llygaid i ganfod y drygioni sydd o'm cwmpas:

yn arfau grym i fygwth dinistr, y systemau didostur sy'n creu tlodi, y poenydio dieflig sy'n ceisio difa enaid a delfryd, y cyfalafu trachwantus sy'n gorthrymu'r diymgeledd.

Helpa fi i weld, i adnabod ac i ymdrechu â grym adnewyddol a chwyldro dramatig dy faddeuant, fel y delo'r deyrnas. Amen.

Noel A. Davies

MAI 10 • Galatiaid 5:16–26

ADNABOD Y FFRWYTHAU

Arglwydd, coed diffrwyth a di-fudd ydym, oni bai bod bywyd newydd dy Ysbryd yn adfywio hen goeden bwdr ein byw.

Bwyda ni, Dduw, â gwrtaith gwyrthiol dy Ysbryd,

gad i wreiddiau'n bod gael eu bwrw

i ddaear ddofn dy dragwyddoldeb di,

er mwyn i ni ddwyn ffrwythau cariad

mewn bywyd da llawn llawenydd.

Pan awn ni yn ysglyfaeth i eiddigedd a chenfigen sy'n chwerwi'n cymeriad ac yn difa'n perthyn, gad i ni adnabod dy gariad yn rhodd ein byw.

Pan gawn ein gyrru i ymgiprys â'n gilydd er mwyn dal meddiant ar ein grym, gad i ni adnabod dy dangnefedd yn ffordd o fyw.

Pan awn yn anoddefgar o'n gilydd, gan greu cweryl a chynnen, gad i ni adnabod dy oddefgarwch yn nerth i fyw.

Pan ildiwn ni i amhurdeb drwy adael i weithredoedd bas ein cymdeithas gyfoes buteinio'n gwerthoedd uchaf, gad i ni adnabod dy ddaioni yn batrwm i'n byw.

Pan adawn ni i'n llid lifo, pan beidia'n hamynedd, gad i ni adnabod dy addfwynder yn ffrwyno'n byw.

Pan fyddwn ni'n meddwi a gloddesta ar demtasiynau sy'n denu, disgybla ni â'th gariad, fel y dygom ffrwythau cariad mewn bywyd da llawn llawenydd. Amen.

Noel A. Davies

MAI 11 • Ioan 8:31–38

ADNABOD Y GWIRIONEDD

'Dyma'r gwirionedd!'
'Na, dyma'r gwirionedd!'
'Na, gennyf fi mae'r gwirionedd! Rhaid i chwi ei gredu.'
Arglwydd, mewn byd lle mae celwydd yn ffordd o fyw, sut y gallaf fi adnabod y gwir?
Mewn byd lle mae offer cudd a phoenydio creulon yn cael eu defnyddio i orfodi cyffesu'r 'gwirionedd' nad yw'n wir, sut mae glynu wrth y gwir amdanaf fi, am eraill, amdanat ti?
Diolch, Iesu, bod dy air di yn wirionedd i ddibynnu arno, i lynu wrtho, i'w gredu'n llwyr; yn wirionedd i farw drosto, i fyw iddo.
Helpa fi, felly, Arglwydd, i beidio â chuddio'r gwir, a'i wynebu'n agored yn sicrwydd dy ryddid di:
gwirionedd y trais yng nghalon pawb ohonom,
gwirionedd y creulondeb yng nghalon pawb ohonom,
gwirionedd y gorthrwm yng nghalon pawb ohonom,
a'i goncro yng ngwirionedd dy fuddugoliaeth. Amen.

Noel A. Davies

MAI 12 • **1 Ioan 4:7–21**

ADNABOD CARIAD, ADNABOD DUW

Carwch eich gilydd (Ioan 13:34).

Geiriau hawdd, Arglwydd, ond tasg anodd!

Wedi'r cyfan nid yw pawb yn hawddgar, yn hawdd eu caru; mae'n rhaid gweithio i garu rhai pobl, ac yn y diwedd ni allwn wneud yn well nag ymddwyn fel petaem yn eu caru, yn y gobaith y down i'w caru yn y diwedd.

Diolch, felly, Dad, y gallwn ddechrau nid gyda ni ond gyda thi: *Yn hyn y mae cariad ... ei fod ef wedi ein caru ni* (1 Ioan 4:10).

A diolch i ti, Iesu, dy fod yn brawf o'r cariad hwn: cariad sy'n clymu, cariad sy'n rhoi bywyd, cariad sy'n lladd ofn, cariad sy'n rym i garu eraill.

Felly, Arglwydd, yn rhwymau'r cariad hwn, gwna ni'n deulu dy gariad.

Ym myd yr anghofio sy'n gollwng dioddef erchyll dros gof, sy'n esgus nad oes a wnelo poen y miliynau â ni, sy'n medru arddel a diarddel yn ôl cyfleustra gwleidyddol, rhyddha i'n byd drwom ni rymoedd y cariad sy'n clymu, sy'n rym i leddfu dioddef a difa ei achosion, sy'n arf hollorchfygol i drechu arfau'r poenydio, sy'n gwlwm y perthyn nas rhwymir gan ffasiwn na chyfleustra.

Trecha arswyd y ddynoliaeth â buddugoliaeth y cariad perffaith sy'n bwrw allan ofn ym myd yr ofn sy'n bwrw allan gariad, a gwna deulu yr adnabod yn deulu dy gariad. A dechrau gyda mi. Amen.

Noel A. Davies

MAI 13 • Eseia 40:1–11

CYSURWCH, CYSURWCH

Yr oedd rhagrith a rhagfarn, anfoes ac anras wedi ynysu holl degwch preswylwyr Jerwsalem. Bu farw Saul a Jonathan ar fynydd Gilboa; collodd Dafydd frenin ei hen gariad at Dduw, ac yr oedd corff y genedl yn gaeth ym Mabilon. *Am ba hyd, Arglwydd?* (Salm 13: 1–2) gofynnai'r gweddill ffyddlon. Aeth y misoedd yn flynyddoedd, ond di-hid oedd Duw o'u gwae, neu felly y tybiai'r gweddill. Yn sydyn daeth yr atebiad drwy enau'r proffwyd: *Cysurwch, cysurwch fy mhobl* (Eseia 40:1).

Oni ddylem ni sy'n pregethu'r Gair daro nodyn cysur yn amlach? Da yw atgoffa'r gwrandawyr na watwarir Duw, ond pan yw pobl wyneb yn wyneb â phrofiadau torcalonnus bywyd, eu hangen pennaf yw cael clywed mai *Duw'r oesoedd yw eu noddfa* (Deuteronomium 33:27), a bod y breichiau tragwyddol oddi tanynt. Y mae geiriau moel yn methu cysuro'n aml, ond y mae Duw'n gallu troi'r tristwch yn llawenydd. A mwy eto – y mae'n hoffi maddau a chuddio bai. Ef yw'r Diddanydd Dwyfol.

T. Trefor Parry

MAI 14 • Luc 24:25–27, 44–48

ALEGORI'R GRONYN GWENITH

Ni wyddom a gafodd y Groegiaid weld Iesu ai peidio. Nid er mwyn hynny y dywedir yr hanes ond er mwyn arwain at eiriau Iesu am reidrwydd ei farwolaeth. Fel yr eneinio ym Methania, y mae dyfodiad y Groegiaid yn rhagfynegi'r Groes.

Eglura Iesu ei farwolaeth ag alegori'r gronyn gwenith. Y Groes yw'r esiampl uchaf o'r ddeddf gyffredinol bod yn rhaid marw i fyw.

(1) Y mae'n amod bywyd naturiol. Trwy farw ar y ddaear y dwg y gronyn gwenith ffrwyth.

(2) Y mae'n amod bywyd tragwyddol. Ni chedwir, heb sôn am ddatblygu, doniau bywyd uwch oni aberthir yr is – *y sawl sy'n casáu ei einioes yn y byd hwn, bydd yn ei chadw i fywyd tragwyddol* (Ioan 12:25).

(3) Y mae'n amod bod yn ddisgybl. Rhaid canlyn Iesu, a hynny mewn bywyd o hunanaberth: *lle bynnag yr wyf fi* – mewn dioddefaint a marwolaeth, *yno hefyd y bydd fy ngwasanaethwr* (Ioan 12:26).

GWEDDI

O am nerth i ganlyn Iesu mewn amynedd a chysondeb ffydd. Amen.

I. Elfyn Ellis

MAI 15 • Luc 10:25–37

SAMARIAD TRUGAROG

Un o'r teitlau a dderbyniai Iesu amdano'i hun, ac yn wir a ddefnyddiodd amdano'i hun yw 'Athro'. Mae'n deitl addas oherwydd mae'n amlwg fod ganddo ddawn arbennig fel athro. Mae'r ddameg gofiadwy o'i eiddo sy'n faes ein myfyrdod heddiw yn tanlinellu maint y ddawn. Mae'n dechrau gyda'r cyfarwydd, ac yna drwy'r 'cyfarwydd' hwnnw yn cyfleu dyfnder. Rhan ganolog y dyfnder hwnnw yma yw pwysleisio'r hyn wnaeth y Samariad Trugarog, sef ymateb yn syth ac ymarferol i'r angen, a'i wynebu. Dyma hefyd un pwyslais canolog yng ngwaith Cymorth Cristnogol, yr hyn a elwir yn 'Gymorth Cyfnod Byr'. Mae'r mudiad yn ymateb yn syth i argyfyngau megis daeargrynfeydd, llifogydd, newyn neu sefyllfa enbydus ffoaduriaid. Cydweithia Cymorth Cristnogol gyda mudiadau dyngarol eraill i rannu dillad, bwyd, meddygaeth ac ati, er mwyn ceisio, hyd y gallant, leddfu ychydig ar ing a phoen a dryswch anffodusion byd.

GWEDDI

Ydi, Arglwydd, mae'r stori'n un gyfarwydd ac yn un hawdd ei chofio, ond anos yw ei gweithredu. Ond dyma dy air di i ni: *Dos, a gwna dithau yr un modd* (Luc 10:37). Amen.

Irfon Jones

MAI 16 • Actau 1:9–11

DYDD IAU DYRCHAFAEL

Darlleniad pellach: Datguddiad 4:9–11; 5

Defnyddir y gair Saesneg 'breathtaking' yn aml heddiw i gyfeirio at olygfa, digwyddiad neu brofiad. Yn anffodus nid yw'n air y buasai'r mwyafrif o bobl ein gwlad yn ei gysylltu ag addoliad. Nid felly awdur Llyfr y Datguddiad. Byddai ef yn gweld addasrwydd y gair, oherwydd mewn rhannau o'i lyfr mae'n llwyddo i gyfleu inni drwy ambell ddarlun ac anthem odidowgrwydd y gwir addoliad. Mae'n sôn am fil o filoedd, myrdd myrddiynau yn dweud â llef uchel: *Teilwng yw'r Oen* (Datguddiad 5:12). Ac am bopeth a grewyd mae'n dweud: *I'r hwn sy'n eistedd ar yr orsedd ac i'r Oen y bo'r mawl a'r anrhydedd a'r gogoniant a'r nerth byth bythoedd!* (Datguddiad 5:13). Onid dyma ran o bwyslais y dydd hwn? Mae'n dilyn wedyn mai godidowgrwydd y gwir addoliad yw rhyfeddu at hyn. O ryfeddu fe blygir a *bwrw eu coronau* (Datguddiad 4:10) gerbron Duw yng Nghrist. Ydi, mae neges y dydd hwn yn arwain i addoliad (adoration). Mae Evelyn Underhill mewn un myfyrdod ar 'adoration' yn dweud mai Perffeithrwydd ei Symffoni Arbennig ef, nid ein perfformiad clyfar ni o unrhyw ddarn anodd i'r ddegfed ffidil, sy'n bwysig. Ef, y Duw yng Nghrist sy'n ganolbwynt yr addoliad.

Diolchwn mai'r Arglwydd Dyrchafedig – y Duw yng Nghrist – sy'n deilwng o'r mawl.

GWEDDI

Arglwydd, Y Dyrchafedig Un, plygwn mewn rhyfeddod i dderbyn dy arglwyddiaeth. Amen.

Irfon Jones

MAI 17 • Esther 9:30–32

GWLEDD PWRIM

Sefydlwyd y wledd flynyddol hon i gadw'r waredigaeth mewn cof. Dyma'r disgrifiad a geir o'r ŵyl: *a'r mis pan drowyd eu tristwch yn llawenydd a'u galar yn ŵyl. Yr oeddent i'w cadw'n ddyddiau o wledd a llawenydd, a phawb yn anfon anrhegion i'w gilydd ac i'r tlodion* (Esther 9:22).

Daeth yr ŵyl yn boblogaidd iawn erbyn dyddiau Josephus (OC 37–100). Yn yr Oesoedd Canol, daeth Pwrim yn dymor llawenhau, ac yn y synagogau trywanai'r dynion a'r bechgyn ar y seddau â morthwylion pren ac arnynt yr enw 'Haman' wedi ei ysgrifennu mewn sialc. Gwelwn fod cysylltiad y wledd Pwrim â buddugoliaeth y Macabeaid yn ddiweddarach, oherwydd gair Hebraeg am 'un sy'n taro â morthwyl' yw 'Macabead'. 'Maccab' yw morthwyl, ond, ysywaeth, ceir rhai yn amau'r eglurhad.

Mae dirgelwch gyda'r gair 'Pwrim' ei hun, ac nid oes eglurhad boddhaol iddo.

Daeth yr ŵyl o lawenydd yn y diwedd yn ŵyl o ympryd a galarnad (adnod 31).

GWEDDI

O holl waredigaethau'r byd, cofiwn am y waredigaeth fwyaf yn Iesu Grist. Amen.

Eifion Griffiths

MAI 18 • Amos 5:10–15

GORTHRYMDER A BARN

Un peth yw argyhoeddi pobl i ymateb i'r tlawd a'r anghenus, peth arall yw argyhoeddi llywodraethau o'u cyfrifoldeb. Dywedir mai canran fechan iawn o gyfoeth Prydain Fawr sydd yn cael ei neilltuo i helpu'r gwledydd tlawd, ac os yw llywodraeth yn llusgo traed yn y cyfrifoldeb, mae tuedd i drigolion y wlad hefyd anwybyddu eu cyfrifoldeb. Sawl amlen wag a ddychwelwyd yn ystod Wythnos Cymorth Cristnogol gyda'r sylw bod yn rhaid i bawb edrych ar ei ôl ei hun yn hytrach na chofio'r tlawd? Prin, gobeithio! Eto, y mae'r tlawd yn cael eu hanwybyddu, nid yn unig yn y gwledydd tlawd, ond o fewn ein cymdeithas ni'n hunain. Rhaid i'r Eglwys Gristnogol barhau i ymdrechu drwy asiantau fel Cymorth Cristnogol ac eraill i argyhoeddi pobl o angen parch a chariad tuag at y tlawd.

Harri Owain Jones

MAI 19 • 1 Samuel 25:35–42

ABIGAIL

Yn blwmp ac yn blaen, roedd Nabal yn ffŵl o ddyn! Yn ôl pob tebyg roedd ganddo fwy o arian na synnwyr. Tra oedd ar ffo, yn cuddio rhag Saul, bu Dafydd yn gwarchod bugeiliaid Nabal a'i breiddiau. Onid rhesymol oedd disgwyl ychydig o fwyd a diod fel arwydd o werthfawrogiad? Pan glywodd Dafydd fod Nabal yn mynd i gynnal gwledd, anfonodd Dafydd negeswyr ato. Gwylltiodd Nabal; pan glywodd Dafydd fod Nabal wedi gwylltio, gwylltiodd yntau.

Fel sydd yn wir yn aml, roedd gan y gŵr ffôl wraig gall: Abigail. Wedi clywed am ffolineb Nabal, ni wastraffodd eiliad; casglodd, pentyrrodd a llwythodd bob math o fwyd a diod a chychwyn allan i gyfarfod Dafydd. Pan welodd Dafydd yn agosáu, brysiodd i ddisgyn oddi ar ei hasyn a syrthio wrth ei draed. Dyma glasur o gyfarfod! Gyda geiriau dethol a chymedrol, mae hi'n tawelu'r storm; gyda'i mwyneidd-dra yn lleddfu llid. Cafodd Dafydd ei swyno ganddi, yn llwyr ac yn gyfan. Cymerodd y rhodd, ac addo na fyddai niwed yn dod i gartref Nabal.

Pan gyrhaeddodd Abigail yn ôl adref, roedd Nabal yn feddw dwll. Penderfynodd Abigail beidio â dweud dim wrtho tan y bore. Wel, pan glywodd Nabal, cafodd gymaint o fraw a daeth salwch sydyn drosto. Bu farw ddeg diwrnod yn ddiweddarach.

Gwnaeth dyfeisgarwch a gonestrwydd, craffter a phrydferthwch Abigail argraff go fawr ar Dafydd. Roedd rhywun allasai leddfu ei dymer wyllt a'i gadw rhag gwneud ffŵl ohono'i hun yn berson gwerth ei chael wrth ei ochr. Pan glywodd fod Nabal wedi marw, aeth yn ôl ati a phriododd hi. Faint o ddylanwad gafodd Abigail ar Dafydd, wyddom ni ddim. Ond, fe wyddom i sicrwydd nad aelwyd hapus oedd aelwyd Dafydd; mae'n siŵr bod digon o alw ar Abigail i leddfu tymer wyllt a thawelu storm.

Owain Llyr Evans

MAI 20 • 2 Samuel 21:1–14

RISPA

Am wn i, o holl wragedd yr Hen Destament, Rispa ddioddefodd fwyaf. Trwy dymor y cynhaeaf, o Ebrill i Hydref, arhosodd hon i warchod cyrff ei meibion a phum ŵyr Saul. Mae'r peth yn anodd ei ddychmygu; Rispa, ar ei phen ei hun, o ddydd i ddydd, wythnos i wythnos yn gwarchod cyrff na chleddir.

Dechreua'r hanes pan drosglwyddodd Dafydd y saith i'r Gibeoniaid, i wneud iawn am bechod Saul yn eu herbyn. Ni chawn fanylion yn y Beibl am beth yn union oedd y drwg a gyflawnodd Saul; ond o ddarllen rhwng y llinellau, mae'n amlwg fod tywallt gwaed difrifol wedi bod. Crogwyd y saith i ddangos bod Duw yn *cosbi'r plant am ddrygioni'r rhieni hyd y drydedd a'r bedwaredd genhedlaeth* (Exodus 20:5). Gordderchwraig (concubine) Saul oedd Rispa. Doedd a wnelo hi ddim â phechod Saul yn erbyn Gibeon ond bu'n rhaid iddi ddioddef y canlyniadau. Gan wybod mai marw a wnaethant oherwydd ffolineb a phechod rhywun arall, mynnodd aros gyda'r cyrff. Gwrthododd anghofio amdanynt a gwrthododd ganiatáu i neb arall anghofio chwaith.

O dipyn i beth daeth hynt a helynt Rispa i sylw Dafydd. Fe gofiodd yntau fod esgyrn Jonathan a Saul yn gorwedd heb eu claddu yn Jabes-Gilead ac aeth a chymryd yr esgyrn oddi yno, a chasglwyd gweddillion Armoni a Meffiboseth a phum ŵyr Saul a'u claddu'n barchus yn Sela yn nhir Benjamin. Mae Rispa'n diflannu o'r hanes.

Hyd yn gymharol ddiweddar roedd stori ryfedd Rispa yn anghyfarwydd i mi. Heb os nac oni bai mae'r stori'n werth aros uwch ei phen, oherwydd cawn yma enghraifft arall gan yr awdur o'r dioddef mawr a fu wrth i Dafydd hawlio'r orsedd.

Owain Llyr Evans

MAI 21 • 2 Samuel 11:10–14

BATHSEBA

Darlleniad pellach: 1 Brenhinoedd 1:15–21

Syllodd Dafydd yn ofalus arnl ... mwyaf yr edrychai, mwyaf y dymunai ei chael. Heb oedi dim galwodd amdani a gorwedd gyda hi. Yna aeth Bathseba adref ...

Beth a wyddom amdani? Pwy oedd Bathseba? Yn wraig briod mewn cymdeithas batriarchaidd, rhaid ei bod hi'n gwybod mai'r gosb am odineb oedd marwolaeth. Pam ildio mor hawdd i Dafydd? Beth am Ureia? Oedd ei farw yntau yn dristwch iddi neu'n rhyddhad? Wn i ddim. Wrth i ni gyfarfod â hi am y tro cyntaf mae Bathseba'n gymeriad dyrys, dirgel. Ni sy'n gorfod penderfynu – ai gwraig ddiniwed yn ysglyfaeth i rym a chwant brenin oedd hi, neu meistres ei ffawd?

Gawn ni fentro ymlaen ychydig flynyddoedd. Mae Dafydd bellach yn wan, a haul ei frenhiniaeth yn prysur fachlud. Mae cwestiwn pigog ei olyniaeth heb ei benderfynu. Mae'r mab, Adoneia, cryf a phenstiff (rhyfedd o debyg i'w dad), yn hawlio'r orsedd, a Joab, cadfridog y fyddin, ac Abiathar, offeiriad Dafydd, yn gefn iddo. Mae Nathan o blaid Solomon. Nathan sydd yn perswadio Bathseba i achub y blaen ar Adoneia a'i garfan. Aeth Bathseba i mewn at Dafydd a'i atgoffa ei fod wedi addo'r deyrnas i Solomon. Mae hi'n cydio yn awenau eu bywyd a bywyd ei mab, a chyda cefnogaeth hollbwysig Nathan, yn sicrhau'r orsedd i Solomon.

O ferch ifanc hardd yn cael ei galw i bresenoldeb brenin, i fam frenhines gall a chraff, mae mwy i hon nag a welir. Cymeriad dyrys, dirgel – ni waeth beth ddigwyddodd iddi, mynnodd oroesi.

Owain Llyr Evans

MAI 22 • Actau 18:9–18; Ioan 16:20–24

NATUR GWEDDI

Mae'r darlleniadau uchod o'r Efengyl yn ein hannog i ystyried natur gweddi. Pan ddarllenwn ni'r geiriau: *Gofynnwch, ac fe gewch* (Ioan 16:24), ac edrych o'n cwmpas ar gyflwr y byd, mae'n naturiol bod cwestiynau mawr yn codi ynghylch effeithiolrwydd gweddi. Mewn cyfnod pan fo pobl yn ailddarganfod ffynonellau ysbrydoledd, da yw i ninnau ofyn y cwestiwn: A yw gweddi'n gwneud gwahaniaeth?

Yn gyntaf, mae gweddi'n gwneud gwahaniaeth i'r person sy'n gweddïo. Os ydym yn mynegi'n hunain a'r cyfan ydym trwy weddi, mae disgwyl i hyn effeithio'n ymarferol ar ein ffordd o weithredu. Os ydym yn gweddïo dros gyfaill sydd mewn trafferth, tebyg y byddwn yn barotach i'w helpu'n ymarferol.

Yn ail, mae'n gweddïau'n gwneud gwahaniaeth i Dduw. Sut y gall Duw sydd a'i gonsyrn mor ddwfn am y byd hwn anwybyddu ein gweddïau, hyd yn oed ein gweddïau salaf? Wrth gwrs nid yw ein gweddïau yn peri i Dduw wneud rhywbeth na fyddai wedi ei wneud hebddynt. Ond pan weddïwn *Gwneler dy ewyllys* (Mathew 6:10), mae Duw'n llawenhau yn ufudd-dod ei blant.

Yn olaf, mae'n haws credu bod gweddi'n effeithio ar gwrs y byd na bod gweddi'n gwbl amherthnasol ac aneffeithiol. Mae bod yn fanylach ynghylch effaith gweddi yn anodd. Ond er ein cwestiynu angenrheidiol ynghylch pwrpas gweddi, profiad real i bobl ar hyd yr oesoedd yw bod gweddi'n dod yn gwbl naturiol, heb orfodaeth, ac yn aml heb anogaeth hyd yn oed.

Meurig Llwyd

MAI 23 • 1 Brenhinoedd 3:1–15

GWEDDÏAU SOLOMON

Rhaid i ni gyfaddef yn onest mai defnyddio gweddi i geisio cael rhywbeth wnawn ni yn reit aml. Dyma a wnawn wrth wneud ein *deisyfiadau yn hysbys i Dduw* (Philipiaid 4:6). Dywedodd Iesu Grist yn blaen y dylem ofyn i'n Tad Nefol am yr hyn sydd yn angenrheidiol, ond dylem hefyd ddysgu gofyn am y pethau iawn, hynny yw, y pethau sy'n ymwneud â gogoniant Duw, yn hytrach nag i foddhau ein dymuniadau hunanol.

Fe all sylwi ar weddi Solomon fod yn dipyn o help i ni. Ymddengys bod rhan olaf brenhiniaeth Solomon yn dangos dirywiad mawr oddi wrth ddelfryd cyfiawnder Brenin Israel. Ond ar y dechrau, prif nodwedd ei frenhiniaeth oedd bod Solomon yn ceisio ewyllys Duw yn safon ei waith.

Gweddïodd Solomon am ddoethineb, nid am wybodaeth academaidd, ond hoffai gael *calon ddeallus* (adnod 9) i farnu pobl Duw. Yn yr Hen Destament, ac mewn bywyd yn gyffredinol, mi dybiwn, mae doethineb yn llawer mwy na gwybodaeth eang am y byd a'i bethau – y mae'n cynnwys rhyw ddimensiwn moesol ac ysbrydol sy'n ymwneud â'n dyletswydd at Dduw a phobl. Mynegir dyhead Solomon am ddoethineb yn ei awydd i wybod mwy am ewyllys Duw a cheisio ei chyflawni i ddeall rhagor rhwng da a drwg (adnod 9).

Nid yn unig tyfu mewn doethineb wnaeth Iesu Grist, ond ef oedd *doethineb Duw* ei hun yn y cnawd (1 Corinthiaid 1:24).

Y mae addewid i ninnau hefyd: *Ac os oes un ohonoch yn ddiffygiol mewn doethineb, gofynned gan Dduw, ac fe'i rhoddir iddo, oherwydd y mae Duw yn rhoi i bawb yn hael a heb ddannod* (Iago 1:5).

GWEDDI

Gwna ni yn ddoeth, O Arglwydd, i wybod yr hyn sy'n lles i ni ei wybod – i wneud yr hyn yr hoffet ti i ni ei wneud, a bod yr hyn y mynni di i ni fod, er mwyn Iesu Grist. Amen.

Alun Jones

MAI 24 • **Luc 11:14–26**

AWDURDOD IESU

Nid yw pobl heddiw yn credu mewn 'cythreuliaid' – hynny yw nid pobl 'synhwyrol' a 'chytbwys'. Ac eto mae mwy a mwy o bobl yn ymhél â swyngyfaredd …

Ar yr ochr arall mae pobl feddylgar ddwys yn teimlo mai siarad yn nhermau ei oes yr oedd Iesu wrth iacháu, ac yn defnyddio geiriau ei oes, a pheryglus, meddir, yw i ni heddiw siarad am gythreuliaid fel pe baen nhw'n bod.

Beth wnaiff y Cristion syml sy'n caru Iesu ac yn ceisio'i ddilyn, ac sy'n derbyn hanesion fel hwn yn yr Efengyl, ac eto sy'n gwybod yn iawn bod arbenigwyr heddiw yn priodoli achosion meddygol a seicolegol i lawer o'r pethau y byddai pobl oes Iesu yn eu disgrifio fel meddiant gan gythraul?

Prif neges y darn hwn yw nid dysgu am ddiafol a'i weision ond dysgu am Iesu a'i awdurdod. Mae'n sôn am bobl eraill a oedd yn bwrw allan gythreuliaid drwy ddefodau a swyngyfaredd gymhleth. Fe weithredai Iesu yn rhinwedd ei awdurdod ei hun, a'r awdurdod hwnnw sy'n cael ei ddangos i bobl; yr awdurdod hwnnw yr ydym yn ei gydnabod yn ein profiad ni.

Beth am y cythreuliaid yma felly? Ydyn nhw'n bod neu ddim?

Oes rhaid ateb? Gwyddom fod drygioni yn bod, ac os oes arnom lai o ofn drygioni nag oedd o ofn cythreuliaid ar bobl, yna ni sydd fwyaf ffôl. Y mae i ddrygioni, fel i ddiafol, rym a dawn i'n drysu a'n difetha. Awdurdod Iesu a all ein gwared rhag drygioni o bob math.

GWEDDI

Ymddiriedwn yn dy allu di yn fwy nag yn ein gwybodaeth ni. Arwain ni i bob gwirionedd. Amen.

Enid Morgan

MAI 25 • Salm 84:6

DYFFRYN BACA

WRTH IDDYNT FYND TRWY DDYFFRYN BACA FE'I CÂNT YN FFYNNON (Salm 84:6)

Mor brydferth yw dy breswylfod, O Arglwydd y Lluoedd (Salm 84:1) meddai'r adnod gyntaf sy'n cyfleu'r darlun o brydferthwch y deml, neu'r 'pebyll' fel yr awgryma William Morgan yn ei gyfieithiad. Y 'pebyll' yma oedd man cyfarfod addolwyr Israel, a does dim amheuaeth am brydferthwch y pebyll – roeddent yn ysblennydd, ac yr oedd yr addolwyr yn cael bendith fawr o gyfarfod Duw yn y lleoedd yma.

Ond, pwyslais y Salmydd yn yr adnod dan sylw ydi bod yn rhaid i'r addolwyr yma fynd adref o'r deml, ac yn rhaid iddynt fynd drwy'r lle yma Dyffryn Baca, a oedd yn ddim byd ond anialwch, a milltiroedd helaeth ohono. Roedd hi'n wlad boeth a does dim amheuaeth nad oedd yr addolwyr yn flinedig a lluddedig ac yn awchu am ddiod o ddŵr. A'r hyn a wnânt ydi cloddio am ffynhonnau, ac wrth gloddio amdanynt maent yn cael gafael ar sawl ffynnon. Ystyr y gair 'ffynnon' yma ydi 'spring' – fel yr oedd un yn codi roedd dwy a thair ohonynt yn dilyn, a dyma gynhaliaeth yr addolwyr ar eu taith adref o'r deml.

Ar y daith adref roedd yr addolwyr yn benderfynol o gloddio am ffynhonnau, sy'n arwyddo gwneud rhywbeth positif ynglŷn â'r daith.

Onid dyna wnaeth Iesu Grist? Roedd y groes yn edrych yn ddiwedd ar bopeth, ond fe drowyd y Dyffryn Baca hwnnw ar Galfaria yn obaith a llawenydd yn yr atgyfodiad. A'r un neges sydd i ninnau i wynebu popeth mewn llawn hyder ffydd ac i wneud rhywbeth cadarnhaol o bob sefyllfa.

GWEDDI

Rwyt ti, Arglwydd, yn ein harwain yn a thrwy bopeth. Helpa ni, trwy weinidogaeth yr Ysbryd Glân, i droi sefyllfaoedd anodd yn ffynhonnau byw trwy Iesu Grist. Amen.

Y Golygydd

MAI 26 • Effesiaid 1:15–23

CRIST YN BEN AR BOB PETH

Ymhlyg yn nelwedd ac athrawiaeth y Dyrchafael y mae'r gred bod Duw wedi gosod yr Arglwydd Iesu Grist yn ben ar yr Eglwys (adnod 22).

Y mae Paul yn diolch am ffydd a chariad y saint yn Effesus, ac ar yr un pryd yn gweddïo ar i Dduw eu harwain i ganfod y goleuni, y gobaith a'r gallu sydd ar eu cyfer yn y Crist atgyfodedig, dyrchafedig sy'n drech na phob tywysogaeth ac awdurdod arall ac sydd wedi ei roi yn ben ar yr Eglwys, ei gorff ef ar y ddaear.

Bellach, drwy ei Eglwys y mae'r Crist dyrchafedig yn cyflawni ei weinidogaeth yn y byd. Yr Eglwys yw ei gorff, ond Crist ei hun yw pen y corff. Y mae pen heb gorff yn ddiwerth. Ni all y meddwl na'r ymennydd galluocaf gyflawni dim heb gorff i weithredu drwyddo. Yr Eglwys yw dwylo a thraed a llygaid a genau Crist yn y byd. Ond y mae'r gwirionedd cyferbyniol hefyd yn bwysig. Rhaid i'r corff gydnabod arglwyddiaeth y pen a chymryd ei arweiniad oddi wrtho. Nid oes unoliaeth na threfn i weithgarwch y corff onid yw'n unol â meddwl ac ewyllys y pen. Yn wir, onid yw'r Eglwys yn ufuddhau i'w phen y mae'n peidio â bod yn gorff Crist.

Eglwys sy'n gorff Crist ac yn ei gydnabod ef yn ben yw Eglwys mewn perthynas agos â Christ; Eglwys yn rhoi lle canolog yn ei bywyd i weddi a defosiwn; Eglwys sy'n ceisio canfod beth yw ewyllys Crist ar ei chyfer a beth yw'r dasg y mae ef yn galw arni i'w chyflawni. Un peth yw canu'n hwyliog: 'Coronwch ef yn ben' (Edward Perronet, cyf. Ieuan Glan Geirionydd, Caneuon Ffydd 235), peth arall yw gweithredu'r athrawiaeth hon ym mywyd yr Eglwys o ddydd i ddydd.

GWEDDI

O Grist, ein Gwaredwr, cynorthwya ni, nid yn unig i'th gyffesu'n Arglwydd ac yn Ben, ond i gerdded yn dy gwmni, i ganfod dy ewyllys ac i ufuddhau i'th ofynion. Amen.

Elfed ap Nefydd Roberts

MAI 27 • Habacuc 1

CWESTIYNAU HABACUC

Yn ôl Jeremy Taylor, rheol gyntaf y bywyd Cristnogol yw 'Peidiwch â dweud celwydd wrth Dduw'.

Proffwyd felly yw Habacuc. Mae'n holi'r cwestiynau mwyaf sylfaenol. A yw Duw'n gwrando gweddi? *Am ba hyd, Arglwydd, y gwaeddaf am gymorth* (adnod 2). A yw Duw'n teyrnasu? A yw Duw'n ddihidio am dynged y bobl dda? – *Pam y goddefi bobl dwyllodrus, a bod yn ddistaw pan fydd y drygionus yn traflyncu un mwy cyfiawn nag ef ei hun?* (adnod 13).

Wrth nesáu'n onest at Dduw caiff Habacuc ei ateb. Na, nid yw Duw'n dawedog nac yn anghyfiawn. Mae Duw ar gerdded yn y byd i farnu'r trachwantus a'r hunanol: *Gwae'r sawl a gais enillion drygionus i'w feddiant* (Habacuc 2:9). Mae'n dod i farnu'r treiswyr a'r eilunaddolwyr: *Gwae'r sawl a ddywed wrth bren, 'Deffro', ac wrth garreg fud, 'Ymysgwyd'* (Habacuc 2:19). Y neges i'w bobl yw: *Ond bydd y cyfiawn fyw trwy ei ffyddloneb* (Habacuc 2:4), sef y ffyddlondeb hwnnw sy'n deillio o ymddiriedaeth gadarn a disgwylgar yn sofraniaeth y Duw cyfiawn. Gwawriodd argyhoeddiad Habacuc ar yr Apostol Paul: *Trwy ras yr ydych wedi eich achub, trwy ffydd. Nid eich gwaith chi yw hyn; rhodd Duw ydyw; nid yw'n dibynnu ar weithredoedd, ac felly ni all neb ymffrostio* (Effesiaid 2:8–9).

'Cyfiawnhad trwy ffydd' oedd neges orfoleddus y Diwygiad Protestannaidd yn yr unfed ganrif ar bymtheg. Ac ateb Duw i gwestiwn gonest Habacuc yw'r ffaith sylfaenol hon yn Efengyl ein Harglwydd Iesu Grist.

D. Islwyn Davies

MAI 28 • Habacuc 3

GWEDDI HABACUC

Yr oeddwn yn darllen Llyfr Habacuc pan dorrodd y newydd am y ddaeargryn echrydus yn nhalaith Gogledd Maharashtra, India ddechrau mis Hydref 1993. Amcangyfrifir bod dros 30,000 o bobl wedi'u lladd a nifer cyffelyb wedi'u hanafu. Dinistriwyd pob adeilad bron mewn deuddeg o drefi bach. Yn nhrefi Khilari a Sasdur tystiwyd bod Hindwaid a Moslemiaid yn cyd-balu yn y rwbel i achub y rheini oedd yn dal yn fyw a hefyd yn cludo cyrff meirwon ei gilydd i gladdfa'r Moslemiaid neu i goelcerth angladdol yr Hindwaid. Yn eu cyni a'u galar y mae selogion y naill grefydd a'r llall yn cydnabod eu dynoliaeth gyffredin. Y mae eu profiad o'u dynoliaeth yn drech na'u hamgylchiadau.

Yn ei weddi y mae Habacuc yn cyffesu arglwyddiaeth Duw ar fyd natur a hanes. Ond fe all byd natur ein bradychu, a hanes ein drysu. Mae'n ofni bod treialon eraill ar ei oddiweddyd ef a'i bobl: *eto llawenychaf yn yr Arglwydd, a llawenhaf yn Nuw fy iachawdwriaeth. Yr Arglwydd Dduw yw fy nerth* (adnodau 18–19).

Mae Duw ei brofiad yn drech na digwyddiadau ac amgylchiadau byd natur a hanes.

Ac felly ninnau. Yn Nuw a Thad ein Harglwydd Iesu Grist y mae ein hyder – yr hyder a'r ymddiriedaeth sy'n peri inni herio'r amgylchiadau a bod yn fwy na choncwerwyr *trwy'r hwn a'n carodd ni* (Rhufeiniaid 8:37).

D. Islwyn Davies

MAI 29 • 2 Brenhinoedd 5:15–19

DANGOS Y GWAHANIAETH

Ym Mhorthmadog mae 'na fynd da ar 'souvenirs', a 'Saeson hinon ha' ' yn mynnu mynd â thameidiau o Ddyffryn Madog a Pharc Cenedlaethol Eryri adref gyda hwy. Diwerth yw amryw o'r taclau ynddynt eu hunain ond iddynt hwy maent yn warant o'r hwyl ryfeddol a gawsant yn ein plith.

Cais rhyfedd yw un Naaman – cais am 'souvenir'. Gwrthododd Eliseus dâl am ei weinidogaeth, ond mynn Naaman fynd â *llwyth cwpl o fulod o bridd* (adnod 17) yn ôl gydag ef i Syria. Byddai'r allor fechan a godai yng nghanol y wlad baganaidd honno yn warant beunyddiol o'r bywyd newydd a ddaeth iddo.

Eithafiaeth hwyrach fyddai troi ein gorchwylion beunyddiol yn genhadaeth Gristnogol, a throi ein cartrefi yn eglwysi, ond dylem ddwyn i'n gwaith ac i'n haelwydydd ryw warant fechan o'r bywyd newydd a ddaeth i ni drwy Iesu Grist. Dylai pawb gael gwybod i bwy y perthynwn. Tra yn Llundain unwaith bu i Howell Harris wylio rhai yn dod allan o theatr ac eraill o eglwys. Meddai: 'Ni fedrwn weld y gwahaniaeth rhyngddynt!'

GWEDDI

Hoffem i'n bywyd fod yn ddinas ar fryn yn hytrach na channwyll dan lestr. Amen.

Harri Parri

MAI 30 • **Luc 17:5–6**

FFYDD

Darlleniadau pellach: Hebreaid 12:1–3; Colosiaid 1:23; 2:6–7

O am y ffydd nad yw'n lleihau
Dan bwysau'r gelyn-rai;
Ac nad yw'n crynu uwch y glog
O dlodi neu o wae.

Y ffydd nad yw yn achwyn dim
Dan lach y fflangell friw;
Ond yn yr awr o ing neu boen
Yn pwyso ar ei Duw.

Y ffydd lewyrcha'n fwyfwy clir
Pan rua'r storm o fas;
Ac mewn enbydrwydd, sydd heb ofn,
Mewn caddug, heb air cas.

Y ffydd fynn rodio'r llwybr cul
Nes dod o'r daith i ben;
A chyda'i llafn o heulwen gref
Yn gloywi'r gwely pren.

O Grist, rho ffydd o'r fath i mi,
A'm cyfyd uwch pob braw,
A phrofaf 'nawr o wynfyd sanct
Y bythol gartref draw.

Rhyddgyfieithiad D. Gerald Jones o emyn William Hiley Bathurst

MAI 31 • Jeremeia 34:8–22

TORRI ADDEWID

Pan oedd y gelyn yn gwarchae dinas Jerwsalem atgoffodd Sedeceia ei ddeiliaid o'u dyletswydd yn ôl deddf Moses. Arweiniodd Duw eu hynafiaid allan o'r Aifft, a'u rhesymol wasanaeth hwy oedd rhyddhau eu gweision a'u morynion. A dyna a wnaeth y meistriaid. Ond pan giliodd y gelyn o gyffiniau'r brifddinas torrodd y meistriaid y cyfamod â'u caethion, â'r brenin ac â Duw. Yr oedd yr anffyddlondeb hwn i'r cyfamod i gostio'n ddrud iddynt. *Fe'u rhof yn llaw eu gelynion ac yn llaw y rhai sy'n ceisio'u heinioes* (adnod 20) meddai Duw.

Y mae'r addewidion a wnawn ni i'n cymdeithion mewn amser o heddwch neu mewn amser o gyfyngder yn addewidion i Dduw yn y pen draw, meddai'r proffwyd. Efallai y dylem heddiw atgoffa ein hunain bod y cytundebau rhwng cenedl a chenedl, rhwng yr undebau llafur a'r gweithwyr, rhwng meistr a gwas, rhwng gŵr a gwraig, yn sanctaidd, yn gysegredig. Ffyddlondeb i'n haddewidion sy'n creu llawenydd yng nghalon Duw, meddai Jeremeia.

GWEDDI

Yr wyt ti, Arglwydd, yn abl i gyflawni'r hyn yr wyt wedi ei addo. Yn ôl d'addewid, anfon yr Ysbryd Glân i'n calonnau ninnau. Amen.

T. Trefor Parry

MEHEFIN 1 • Galatiaid 5:16–26

FFRWYTHAU'R YSBRYD

Yn ôl yr Apostol Paul mae gwrthgyferbyniad llwyr rhwng *ffrwyth yr Ysbryd* (adnod 22) a *gweithredoedd y cnawd* (adnod 19). Rhwng yr hyn, dyweder, a wneir mewn ffatri a'r hyn a wneir ar y fferm. Yn y naill, pobl sy'n gwneud y cyfan; o'r dechrau i'r diwedd ffrwyth eu dwylo eu hunain ydynt – hyd yn oed pan ddefnyddir robots! Ond yn y llall, er i'r ffermwr ddefnyddio technoleg fodern o bob math, eto mae'r *had yn egino ac yn tyfu* (Marc 4:27) heb ddwylo pobl. Rhodd Crist dyrchafedig i'w bobl yw ffrwythau'r Ysbryd, ac nid hunan-gynnyrch pobl.

Yn yr ystyr hon, y mae'r Apostol yn cyfeirio at 'ffrwyth' yr Ysbryd, sef cymeriad Crist-debyg a grëir ynom ni gan yr Ysbryd Glân. Wrth gwrs, fel gyda'r amaethwr sy'n aredig a braenaru'r tir, rhaid i'r Cristion yntau weithio'n ddyfal er mwyn medi cynhaeaf yr Ysbryd yn ei fywyd. Ambell dro mae angen chwynnu oherwydd y mae gweithredoedd y cnawd yn mygu pob ffrwyth daionus ynom. Cawn nerth a chymorth yr Ysbryd ar gyfer y dasg honno. A chofiwn hefyd fod byw yng nghwmni Cristnogion eraill yn gymorth amhrisiadwy. Bywyd yr Eglwys yw un o'r sianelau pwysicaf a ddefnyddir gan yr Ysbryd er mwyn aeddfedu ei ffrwythau ynom. Y nod yw creu delw Crist ynom inni fod *yn unffurf ac unwedd â'i Fab* (Rhufeiniaid 8:29). Gwaith Duw yw hyn oll!

Euros Wyn Jones

MEHEFIN 2 • 1 Corinthiaid 13

CARIAD DUW

Nid yw Paul yn Galatiaid pennod 5 yn sôn am 'ffrwythau' yn y lluosog, ond am 'ffrwyth' yn yr unigol. Awgryma hyn y gellir crynhoi'r naw ffrwyth i un – cariad. Hwn yw'r ffrwyth sylfaenol, ac agweddau arno yw'r wyth arall. Yn wir, diwerth yw'r holl ddoniau eraill os nad ydynt wedi eu sylfaenu mewn cariad – *efydd swnllyd ydwyf, neu symbal aflafar* (1 Corinthiaid 13:1).

Cofier nad pethau i'w dewis a'u dethol fel pe baem yn siopa mewn archfarchnad yw'r doniau hyn. Nid oes gennym hawl dewis un ffrwyth gan anwybyddu'r lleill gan eu bod i gyd, gyda'i gilydd, yn rhan annatod o'r cyfan. Os cariad yw'r ffrwyth sylfaenol, y mae'n mynegi ei hun yn yr agweddau allweddol hyn.

Gesyd Paul 'gariad' yn gyntaf er mwyn nodi pwyslais, a defnyddia'r gair annisgwyl 'agape'. Gair arall am gariad oedd yn ffasiynol ymhlith Groegwyr oes yr Apostol oedd 'eros', neu gariad cnawdol, erotig. Mae lle i gariad felly yn nhrefn y cread, ond o'i gamddefnyddio try'n anifeilaidd. Y camddefnydd hwn sy'n nodweddiadol o'n hoes ni. Awgryma 'agape' rywbeth hollol wahanol. Defnyddir ef yn y Testament Newydd i fynegi mawredd chwyldroadol ymwneud Duw â'r byd yn Iesu Grist er gwaredigaeth pobl. Nid disgrifio camp pobl yn esgyn at Dduw y mae ond disgrifio rhyfeddod Duw yn 'disgyn arnom ni' (Daniel Iverson, cyf. Iddo Ef, Caneuon Ffydd 601).

Cariad Iesu Grist,
   cariad Duw yw ef:
cariad mwya'r byd,
   cariad mwya'r nef.
      (Ben Davies, Caneuon Ffydd 387)

Euros Wyn Jones

MEHEFIN 3 • Mathew 22:34–40

Y GORCHYMYN MAWR

Rhydd Iesu'r pwyslais yn ddiamwys ar garu Duw fel y gorchymyn cyntaf. Hwn yw sail ein cariad tuag at ein gilydd. O gredu hynny, fe gwymp popeth arall i'w lle. Nid rhywbeth greddfol neu naturiol i bechaduriaid yw caru Duw ... carodd pobl *y tywyllwch yn hytrach na'r goleuni* (Ioan 3:19). Gelyniaeth tuag at Dduw sydd yng nghalon pobl ac nid cariad. Oni bai i Dduw yn gyntaf ein caru ni a symud y rheswm dros ein gelyniaeth, ni allwn ddod ato. Yn Iesu Grist rhoddodd ei hun yn llwyr er ein mwyn.

Am iddo ef roi'r cyfan i'n gwaredu y mae'n disgwyl i ninnau ei garu ef â'n holl galon. Y galon yw canolbwynt ein holl bersonoliaeth ac yn llywio ein holl agwedd tuag at fywyd. Wrth garu Duw â'n holl galon rhown y flaenoriaeth iddo ef ymhob agwedd o'n bywyd, a golyga hynny fod hunan-gariad a hunanoldeb yn cael eu tanseilio.

Cariad sanctaidd yw cariad Duw, a geilw hynny am sancteiddrwydd yn ein bywydau ninnau. Nid rhywbeth sentimental yw cariad Duw, ond purdeb a glendid llwyr. Geilw ei gariad ef arnom ninnau i ymsancteiddio ger ei fron.

GWEDDI

Ysbryd Sanctaidd, rho i mi
fod yn sanctaidd fel tydi.
   (T. T. Lynch, cyf. Elfed, Caneuon Ffydd 589)

Pura fy serchiadau oll, ac arwain fi i garu Duw gyda'm holl galon. Amen.

Euros Wyn Jones

MEHEFIN 4 • Marc 12:28–34; 1 Ioan 4:7–21

CARU CYD-DDYN

Dyma'r ail orchymyn yn ôl Iesu Grist yn Efengyl Marc. Ond cariad Duw yw sylfaen ein cariad at ein gilydd. *Os yw Duw wedi ein caru ni fel hyn, fe ddylem ninnau hefyd garu ein gilydd* (1 Ioan 4:11). Mynegiant o'n diolchgarwch i Dduw am ryfeddod ei gariad yn ei Fab yw ein cariad tuag at ein cymydog. Fel y canodd Dafydd Jones o Gaeo:

... gwir ddymuniad llawn
dyrchafu cyfiawn glod
am iti wrthyf drugarhau
ac edrych arna' i erioed.
(Charles Wesley, efel. Dafydd Jones, Caneuon Ffydd 752)

Nid ceisio gwobr neu glod pobl y mae'r Cristion wrth garu cymydog, na gweithredu mewn ofn, ond ei unig fwriad yw gogoneddu Duw. Dyma'r unig gariad a all ymestyn tuag at yr hwn sydd islaw ein sylw. Ein cymydog yw'r sawl a wnaeth drugaredd â ni, nid yr un a'n cymhellodd i roi elusen iddynt. Holl wendid y gyfundrefn elusennol yn ein hoes yw bod pawb am gael eu gweld yn estyn cymorth. I'r gwrthwyneb, y tlawd a'r anghenus sy'n gwneud cymwynas â ni. '**Ni** ddylai ddiolch iddynt hwy. **Nhw** yw ein cymwynaswyr ni,' medd R. Tudur Jones.

Nid dyletswydd na baich yw'r cariad hwn, ond cyfle i ymateb yn llawen i ddrugaredd Crist wrthym yn caniatáu inni'r gallu i ysgafnhau baich eraill.

GWEDDI

O Dad, y Cariad Sanctaidd, a'n ceraist ni yn gyntaf ac wyt yn para i'n caru. Pan godaf yn y bore a throi atat ti, yr wyt yno'n barod; pan orweddaf i gysgu a chyflwyno fy hun i ti, yr wyt eisoes yn fy nisgwyl. Pura fy nghariad innau o bob hunanoldeb a balchder, er mwyn i minnau garu fy nghymydog fel y dylwn. Amen.

Euros Wyn Jones

MEHEFIN 5 • Rhufeiniaid 8:31–39

CARU CRIST

Oherwydd gwaith Crist drosom fel pechaduriaid ni allwn lai na ffoli ar ei Berson. Rhoddwyd mynegiant godidog i'r 'ymddifyrru yn ei Berson' hwn gan ein hemynau, yn enwedig 'Golwg ar Deyrnas Crist' Williams Pantycelyn.

Mae'r Iesu'n fwy na'i roddion,
   mae ef yn fwy na'i ras, ...
ond arno'i hun yn wastad
   edrycha' i'n llawer mwy.

Gweld wyneb fy Anwylyd
   wna i'm henaid lawenhau
drwy'r cwbwl ges i eto
   neu fyth gaf ei fwynhau.
(Caneuon Ffydd, 325)

Disgleiria cariad Duw yn y lle rhyfeddaf – ar y Groes. Sylwer ar y siarad beiddgar am 'dwyfol waed'.

Dacw gariad nefoedd wen
   Yn disgeirio ar y pren; ...
Iesu gollodd ddwyfol waed,
   Minnau gafodd wir iachâd.

Cans yn ei groes mae coron,
   Ac yn ei wawd mae bri,
A thrysor yn ei gariad
   Sy fwy na'n daear ni.

Gweddi am sancteiddhad yw'r pennill hwn, ac ni cheir gwell mynegiant yn unman o waith y Drindod – Trindod Cariad.

O! Ysbryd sancteiddiolaf,
   Anadla arna' i lawr
O'r cariad anchwiliadwy
   Sy 'nghalon Iesu mawr;
Trwy haeddiant Oen Calfaria,
   Ac yn ei glwyfau rhad,
'R wy'n disgwyl pob rhyw ronyn
   O burdeb gan fy Nhad.

Euros Wyn Jones

MEHEFIN 6 • Eseia 6:1–13

CARIAD TRINDOD

Darlleniadau pellach: Effesiaid 1:3–14; Mathew 11:25–30

Cariad yw Duw, ac fel cariad perffaith mae'n gyflawn ynddo'i hun, ac nid oes na gwendid nac eisiau ynddo. Nid oes arno angen unrhyw wrthrych arall i'w gariad ond ef ei hun. Nid er mwyn y byd y mae'n caru, ond er ei fwyn ei hun. Pe bai pob un o'i greaduriaid yn diflannu, parhâi ei gariad mor ogoneddus ag erioed. Priodol y darluniodd Awstin Fawr y Drindod fel y Carwr (Y Tad), yr un a gerir (Y Mab) a'r cwlwm cariad rhyngddynt (Yr Ysbryd). Dysg yr ysgrythurau nad oes dim yn fwy gwerthfawr a gogoneddus na chariad y Tad tuag at y Mab, a'r Mab tuag at y Tad, a chariad yr Ysbryd at y ddau (Mathew 11:27). Yn ei hanfod dirgelwch yr hwn na all geiriau ei fynegi'n llawn.

Dyma yw sail ein haddoliad heddiw. Iesu yn Dduw ac yn ddyn sy'n ein huno ni yn ei gymundeb ef ei hun â'r Tad. Calon ein haddoliad yw y fraint a'r rhodd aruthrol o gael ymuno drwy'r Ysbryd yng ngweddi a chymundeb Crist â'r Tad. Gan hynny, nid rhywbeth sy'n gynnyrch ein hymdrech ni yw'n haddoliad, ac yn sicr nid baich i'w gyflawni o Sul i Sul, ond braint aruthrol cael ymuno drwy'r Ysbryd yn eiriolaeth gostus y Crist dyrchafedig ar y Tad.

> Cariad Tri yn Un
>   at yr euog ddyn,
> cariad heb ddechreuad arno,
> cariad heb ddim diwedd iddo;
>   cariad gaiff y clod
>   tra bo'r nef yn bod.
>   *(Gwilym Hiraethog, Caneuon Ffydd 38)*

GWEDDI

Bendigedig fyddo Duw, yr Unig Dduw, Tri Pherson mewn cariad tragwyddol. Bendigedig fyddo Duw, Carwr pobl, eu Creawdwr, Gwaredwr a Sancteiddiwr. Bendigedig fyddo Duw, ffynhonnell y cariad dynol, lle ffrwythlonir pob dylanwad daearol. Amen.

Euros Wyn Jones

MEHEFIN 7 • Philipiaid 2:14–18; 3:1–8; 4:4–7

LLAWENYDD

Egyr emyn mawr Charles Wesley 'Love Divine' gyda molawd i gariad, ond dilynir hynny'n gwbl briodol gan 'Joy of heaven'. Mae llawenydd yn perthyn yn agos i gariad. Nid ein cynnyrch ni ein hunain ydyw ond mae'n ffynhonnell o adnabod cariad Duw. Y mae'r gair Groeg am lawenydd yn perthyn yn agos i'r gair am ras – 'chara' a 'charis'. A gras Duw yw gwir destun ein llawenydd.

Ni ddaeth Iesu Grist i ganol publicanod a phechaduriaid gyda gwg a dirmyg, ond fel y dywed un diwinydd cyfoes, daeth gyda gwahoddiad llawen i bawb i ymuno yn nheyrnas Dduw. Oni ddywedodd wrthym am fynd i mewn i lawenydd ein Harglwydd? Ni all unrhyw un ein hamddifadu o'r llawenydd hwn.

Mae gwir lawenydd yn tarddu o Dduw ac nid yw'n dibynnu ar ein hemosiynau na'n teimladau anwadal ni. Y mae'n para'n ddigyfnewid am mai'r Duw cadarn yw ei sail. Hefyd, mae'n rym heintus, yn denu pawb ato ef. Am hynny, cymdeithas o bobl lawen yw cymdeithas pobl Dduw bob amser: *Llawenhewch yn yr Arglwydd bob amser* (Philipiaid 4:4) meddai Paul, ac yntau ar y pryd mewn carchar. Felly, mynegiant o'r cariad rhwng Duw a'i bobl yw llawenydd, a rhwng pobl a'i gilydd. Y mae'n parhau cyhyd ag y cadwn berthynas ag ef.

GWEDDI

Dyrchafaf fy nghalon atat ti, O Dduw oherwydd dy gariad anfesuradwy yn Iesu Grist. Gorfoleddaf ynot ti beth bynnag a ddaw i'm rhan – adfyd, poen neu wynfyd. Amen.

Euros Wyn Jones

MEHEFIN 8 • **Effesiaid 2:14–18**

HEDDWCH

Golyga'r gair Groeg gwreiddiol lawer iawn mwy nag absenoldeb rhyfel neu gadoediad mewn brwydr. Yn ei hanfod mae 'eirene' yn awgrymu perthynas. Ffrwyth heddwch yw clymu pobl ynghyd, ond nid pobl yn unig a unir. Y ffrwyth cyntaf oll yw heddwch gyda Duw: *Oherwydd ein bod wedi ein cyfiawnhau trwy ffydd, y mae gennym heddwch â Duw trwy ein Harglwydd Iesu Grist* (Rhufeiniaid 5:1). Yr heddwch hwn rhwng Duw a dyn sy'n esgor ar heddwch rhwng pobl a'i gilydd. Hwn yw sail tangnefedd rhwng cenhedloedd, dosbarthiadau, llwythau ac enwadau!

Dyma air sy'n codi pontydd rhwng carfanau a'i gilydd a rhwng gelynion drwgdybus o'i gilydd. Ond cwymp y bont os nad yw wedi ei hadeiladu ar sylfaen gadarn cymod Duw a'i fyd. Rhy rwydd o lawer yw telynegu am 'ewyllys da ymhlith pobl' adeg y Nadolig gan anghofio mai gwir sylfaen hynny yw gwaith Duw yn Iesu Grist.

Er i fur Berlin gael ei ddymchwel, erys ofnau ac amheuon a drwgdybiaeth pobl yr Almaen tuag at ei gilydd yn broblem real iawn, ac anodd iawn yw maddau ac anghofio. Dim ond drwy gael gwir dangnefedd Duw yn ein calon y goresgynnir ein hofnau a'n hamheuon. Fel yr awgryma'r gair Cymraeg 'tangnefedd' – 'tanc' = 'heddwch' + 'nefoedd' – dim ond drwy gael heddwch y nefoedd ei hun ynom y ceir gwir heddwch.

GWEDDI

Arglwydd da, dangos imi yr heddwch y dylwn ei geisio,
yr heddwch y dylwn ei roi,
yr heddwch y dylwn ei gadw,
yr heddwch y dylwn ei osgoi,
yr heddwch a roddaist yn Iesu ein Harglwydd. Amen.

Euros Wyn Jones

MEHEFIN 9   •   Luc 9:51–56; 13:6–9

GODDEFGARWCH

Perthyn yn agos i heddwch mae goddefgarwch neu amynedd. Yn anffodus, diffyg amynedd ac anoddefgarwch yw'r ffasiwn yn ein cymdeithas gyfoes. Yn lle pwyll ceir byrbwylledd; yn lle mawrfrydigrwydd ceir hunanoldeb; yn lle dyfalbarhad ceir anffyddlondeb. Dyma'r clefyd sy'n ymledu drwy'n cymdeithas gan erydu seiliau ymwneud pobl â'i gilydd. Amlyga ei hun yn y chwalfa sydd i'w gweld ym mherthynas parau priod, gydag un ymhob dwy briodas yn methu.

Yng nghanol holl amgylchiadau anodd bywyd, dyfalbarhad ddylai nodweddu'r Cristion. *Ond y sawl sy'n dyfalbarhau i'r diwedd a gaiff ei achub* (Mathew 24:13). Dyma, yn wir, yw ystyr credu: dal ati ar waethaf holl amgylchiadau anodd bywyd.

Ar ddeial y gwres canolog ceir botwm sy'n darllen: 'cyson' (constant). Cysondeb yw rhinwedd mawr amynedd neu oddefgarwch, a'r bobl hynny sy'n wir gymwynaswyr yr Eglwys yw'r rhai sy'n amyneddgar yn disgwyl am ei hadfywiad drwy fod yn gyson mewn gweddi, yn rheolaidd yn yr addoliad, ac yn barod i weithio. Nid y rhai hynny sy'n rhuthro yma a thraw ac yn meddwl mai eu prysurdeb hwy sy'n mynd i sefydlu Teyrnas Dduw yfory! Mae angen amynedd i aros yn ddisgwylgar, yn llawn gobaith cael gweld Duw'n dod â'i gynlluniau i aeddfedrwydd llawn.

GWEDDI

Arglwydd, buost yn amyneddgar yn fy nisgwyl i ddychwelyd atat. Dyro i mi faddeuant am fy niffyg amynedd tuag at eraill, a dyro i mi ffydd sy'n dyfalbarhau a pharodrwydd i ddisgwyl yn obeithiol ynot ti. Amen.

Euros Wyn Jones

MEHEFIN 10 • Mathew 5:43–48

CAREDIGRWYDD

Daw'r ffrwyth hwn ar ganol rhestr Paul o ffrwythau'r Ysbryd. Yn y gwreiddiol y gair yw 'chrestotes', ac fel y gwelir mae'n ymdebygu i enw Crist. Ef yw tarddiad ein caredigrwydd tuag at eraill. Awgrymodd R. A. Cole mai un o'r geiriau mwyaf cyffredin i ddisgrifio caethweision oedd 'chrestos'. Dyma un o rinweddau'r caethwas delfrydol, ac oni ddaeth Iesu Grist ei hun i weini ac nid i gael ei weini arno?

Yn Luc 5:39 defnyddir yr un gair i ddisgrifio hen win. Dyma'r gwin sydd wedi aeddfedu dros y blynyddoedd ac y mae'n flasus oherwydd y broses honno. Nid rhinwedd sy'n dod yn rhwydd yw hwn, ond un sy'n aeddfedu dros flynyddoedd lawer ym mhrofiad y Cristion.

Oherwydd haelioni Duw ei hun wrthym ni, ni allwn ninnau lai na bod yn hael ein hysbryd, ein cymwynasau a'n caredigrwydd tuag at eraill. Yn ôl Llyfr y Diarhebion: *Llwydda'r un a wasgar fendithion, a diwellir yr un a ddiwalla eraill* (Diarhebion 11:25).

Aeth Iesu mor bell â'n cymell i fod yn gymwynasgar wrth y rhai sy'n ein casáu ac yn ein herlid, a chymwynasau felly sy'n torri ar gylch dieflig dial a tharo'n ôl. Dyma esiampl ryfeddol Crist ei hun i bawb ohonom.

GWEDDI
Maddau i mi am fod eisiau dial ar y rhai a droseddodd yn fy erbyn, ac am gasáu fy ngelynion. Amen.

Euros Wyn Jones

MEHEFIN 11 • Jona 4

Y DUW GRASLON A THRUGAROG

Duw'r Cenhadwr yw thema Llyfr Jona, a phortreadir cenhadaeth rasol Duw ar gefndir gweinidogaeth anfodlon Jona. Ym mywgraffiad Jona gwelwn mor rymus yw rhagluniaeth Duw a hefyd mor eang yw ei iachawdwriaeth. Cenhadaeth ydyw i bawb o bobl y byd – i'r morwyr paganaidd a thrigolion Ninefe yn ogystal ag i bobl Israel. Yng ngeiriau Llythyr Pedr: *Bod yn amyneddgar wrthych y mae, am nad yw'n ewyllysio i neb gael ei ddinistrio, ond i bawb ddod i edifeirwch* (2 Pedr 3:9).

Priod waith cenhadwr yw galw pobl y byd crwn i berthynas bersonol a chyfrifol â Duw drwy Iesu Grist. Ffocws yr Efengyl yw Iesu Grist a'r newyddion bod Duw yng Nghrist *yn cymodi'r byd ag ef ei hun* (2 Corinthiaid 5:19).

Diffyg Jona oedd cyfyngu ar wahoddiad a 'chyfamod' Duw i bobl ddethol Israel ac anwybyddu'r morwyr fel dieithriaid, a thrigolion Ninefe fel gelynion. *Gwyddwn dy fod yn Dduw graslon a thrugarog, araf i ddigio, mawr o dosturi ac yn edifar ganddo wneud niwed* (Jona 4:2).

Megis Jona, mae'n rhaid i ninnau gofio'n barhaus bod iachawdwriaeth Duw 'fel y môr' (William Williams, Caneuon Ffydd 680) ac yn cwmpasu pobl y mae eu tras hiliol a'u cefndir diwylliannol yn wahanol i'n heiddo ni.

D. Islwyn Davies

MEHEFIN 12 • Luc 16:1–18

DWEUD Y GWIR

Er bod symlrwydd gwych yn llawer o ddamhegion Iesu, y mae eraill yn ddigon anodd eu dehongli. Ac mae hon yn un o'r rhai mwyaf anodd. Un ffordd sy'n gwneud synnwyr yw ystyried bod Dameg y Goruchwyliwr Anghyfiawn wedi ei hanelu at y Phariseaid y dywedir yn adnod 14 eu bod wedi bod yn gwrando ar y cwbl. Os felly, hwy yw'r goruchwyliwr gwastraffus, ac y mae'n hen bryd iddynt fwrw ati er mwyn agosáu at y werin y buont yn eu gorthrymu.

Y peth anoddaf oll yn y ddameg yw adnod 8 lle y dywedir mai peth 'call' yw trin arian yn ôl arferion y byd hwn. Y maent yn arbennig o anodd o geisio eu cysoni â'r hyn a ddywedir yn adnod 15, ac y mae digon o bobl ddiegwyddor wedi bod yn barod i ddefnyddio'r geiriau hyn i'w cyfiawnhau eu hunain, eu harferion a'u huchelgais. A dyna beth mae'r Phariseaid yn euog ohono.

Allwn ni ddim gwasanaethu Duw ac Arian (Mamon). Eto, ymhlith pethau bach, fel yn y pethau mawr, y mae'n rhaid bod yn fanwl onest.

Dydi geirwiredd a manylrwydd ariannol ddim yn cael eu hystyried yn rhinweddau ffasiynol iawn heddiw. Mae modd cyfiawnhau anwiredd am fod gonestrwydd llwyr yn ein hymdrin â'n gilydd yn amhosibl. Mae llawer yn ystyried bod celwydd rhagrith yn gwbl hanfodol os yw cymdeithas i redeg yn esmwyth – allwn ni ddim bod yn gwbl onest â'n gilydd. Y mae'r gwirionedd ffasiynol yn ein harwain i'r gors pan yw callineb cyffredin yn dweud bod gonestrwydd yn angenrheidiol.

Y mae'r ddeddf Iddewig yn gosod y rheolau i gyd, ac eto heb fedru rhwystro'r arweinwyr rhag bod yn anonest. Nid dileu'r rheolau a wna Iesu ond ein galw yn ôl at hanfod y ddeddf.

GWEDDI

Arwain ni, O Arglwydd, at y Gwirionedd sydd ynot ti. Amen.

Enid Morgan

MEHEFIN 13 • Iago 1:9–11

Y TLAWD A'R BALCH

Darlleniad pellach: Mathew 19:16–26

Mae'r gymhariaeth mewn mwy nag un ystyr yn un 'ddeifiol'. Wedi cawod hyfryd y bore mae blodeuyn bach y glaswelltyn yn bygwth tyfu yn ffwrnes yr anialwch; ond yr eiliad nesaf, a haul-canol-dydd yn llenwi'r ffurfafen, mae o'n crino yn y gwres, *felly hefyd y diflanna'r cyfoethog yng nghanol ei holl fynd a dod* (Iago 1:11). Ydi, mae hi'n gymhariaeth ddeifiol.

A'r tlawd? Mae Iago yn cyffwrdd hwn hefyd â blaen ei chwip, i'w ysgwyd o'i iselder a'i hunandosturi. Gall tlodion a chyfoethogion fod mor uchelael â'i gilydd – y naill a'r llall yn ymfalchïo yn eu cyflwr. Ymffrostiai yr hen bobol – 'Rydw i'n dlawd ... a balch.'

Mae llawer blwyddyn er pan glywais i y sylw hwn. Brendan Behan, y llenor rhempus o Iwerddon fu'n hwylio mor gyson rhwng tlodi a chyfoeth a chyfoeth a thlodi. Y fo ddywedodd: 'I seem to sleep in better beds these days, but somehow I don't seem to sleep any better.'

Nid yw Bywyd neb, Bywyd efo B fawr, yn dibynnu ar amlder, nac, yn wir, ar brinder y 'pethau' sydd ganddynt.

GWEDDI

Cymorth fi, Ddwyfol un, i garu y pethau sy'n cyfrif yn hytrach na chyfrif pethau, a'u caru. Amen.

Harri Parri

MEHEFIN 14 • **1 Thesaloniaid 5:12–24**

ANGEN A THAERNI

Lliwen! Enw rhyfedd i'w roi ar gath. Rwyt ti'n hardd. Dy flew yn ddu a'i sglein fel glo, a phedair pawen wen. A'r diwrnod hwnnw – diwrnod Chernobyl – ti oedd yr olaf i gyrraedd. Y tair arall yn ddu a thithau a'th bawennau gwynion yn crafangu dod i'r golwg. Dy fam yn llesg gan wewyr hir yr esgor a thithau mor wantan, mor oer, mor wlyb.

Roeddem yn credu y byddet farw cyn cael dechrau byw. Ond drannoeth dyna ti'n cysgu yng nghylch y teulu, yn gynnes a chlyd ... a byw. A phatrwm o fam yn eich gwarchod a'ch meithrin, a hen flwch yn aelwyd. Am ei bod yn feichiog y cafodd hi ei gadael ar y palmant o flaen y tŷ. Y car yn aros eiliad a hithau'n cael ei gollwng yn llechwraidd. Eisteddodd ar fy nhroed a'i hewinedd yn gafael yng nghareiau fy esgidiau. Nid oedd modd ei hosgoi. Cafodd aros yma ac yn ei sgil y cefaist tithau loches.

Chico. Dyna dy enw cyn i ti gael dy ollwng i grwydro, yn ôl plant y gymdogaeth. Diogyn disymud wyt ti, bwyteig a boliog. Ond daeth i ben ddyddiau'r cardota blin o ardd i ardd gydag ymbil a'r braw yn dy lygaid croesion. Fe gei dithau lety bellach. Rwyt yn haeddu cael dy gadw am fod mor daer.

GWEDDI
Dysg inni adnabod anghenion ein cymdeithas a'n byd, ac i weddïo arnat ti'n ddi-baid. Amen.

Robin Coetmor Williams

MEHEFIN 15 • Luc 19:1–10

TODDI

Mis Chwefror diwethaf (1990) roedd gwewyr Rwsia'n cael ei amlygu i'r byd. Ar y sgrin deledu gwelsom ei phobl yn dadlau, yn gorymdeithio ac yn prostestio. A gwelsom yr eira.

Daeth i'm cof ddarn o farddoniaeth yn sôn am Napoleon Bonaparte a'i Fyddin Fawreddog yn cilio o Moscow: 'Roedd hi'n bwrw eira. Roedd hi'n bwrw eira'n ddi-ball.' Yr eira a ddarostyngodd yr Ymerawdwr ac a dorrodd asgwrn cefn yr Almaenwyr yng ngwarchae Stalingrad. Troes y concwerwyr trahaus yn garcharorion esgyrnog.

Yn ddolen yng nghadwyn fy meddyliau daeth yr atgof am Eira Mawr 1947 pan oeddwn ar drothwy fy llencyndod. Rhew ac eira am dri mis. Hen bobol surbwch yn chwilio am y tapiau dŵr. Chwarelwyr yn gofidio am fod y chwarel wedi cau. Prifathrawon yn poeni am fod plant yn colli gwersi. A ninnau'n cael hwyl yn ddifeddwl. Yna, yn araf, fe dduodd yr eira, fe ballodd y miri ac fe oerodd ein traed. Daeth hiraeth am y glaw a'r glaswellt.

Yna un min nos ddiwedd mis Mawrth clywsom lais fy nhad yn galw o gefn y tŷ. Yn yr ardd gallem deimlo'r awel ar ein hwynebau:

'Y toddwynt wedi cyrraedd,' meddai. 'Clywch!' O'r pellter daeth sŵn cerrig yn llithro ar bonciau'r chwarel.

'Diolch byth,' meddai Mam.

GWEDDI

'Ysbryd y gwirionedd, tyred ...' Amen.
    (Glanystwyth, Caneuon Ffydd 573)

Robin Coetmor Williams

MEHEFIN 16 • Salm 39

Y MAE FY NGOBAITH YNOT TI

Y mae rhai sy'n barod i haeru mai hon yw'r salm brydferthaf sydd yn y Sallwyr. Yn addas iawn fe'i defnyddir yng Ngwasanaeth Claddedigaeth y Meirw.

Ymddengys bod yr awdur mewn penbleth o achos ei ddioddefaint, a metha ddeall paham y cosbir ef. Tuedda i ymresymu fel Job, ond yn petruso rhag dweud dim rhag i'r rhai annuwiol gael lle i lefaru yn erbyn Duw. Felly y mae yn rhoi ffrwyn ar ei enau, ac yn hytrach na chwyno, gofyn a wna am gael sylweddoli'n well fyrder a breuder bywyd.

(1) Er nad yw'r weddi yn un anhepgorol, y mae yn un ddoeth iawn. Gall y bywyd cryfaf dorri fel edau, neu ddadwreiddio fel coeden mewn storm.

(2) Y mae'r Salmydd yn gwybod ei gyflwr ei hun. *Pâr imi wybod fy niwedd, a beth yw nifer fy nyddiau* (adnod 4). Nid gofyn am wybod ffaith sy'n hysbys i bawb a wneir, ond am gael dysgu'r gwersi sydd mor hawdd eu hanghofio.

(3) Pa beth sy'n dilyn o gofio breuder bywyd? Fe'n helpa ni i fyw fel *ymdeithydd ... a phererin* (adnod 12) yn y byd hwn.

GWEDDI

Dad nefol, a roddaist i ni yn dy Fab Iesu Grist wir ffydd a gobaith diogel; cymorth ni i fyw fel y rhai sy'n credu ac yn ymddiried yng nghymun y saint, maddeuant pechodau, a'r atgyfodiad i fywyd tragwyddol, a chryfha ynom y ffydd a'r gobaith hwn holl ddyddiau ein bywyd, trwy Iesu Grist ein Harglwydd. Amen.

Alun Jones

MEHEFIN 17 • Mathew 5:1–12

GŴYL LLAWN HWYL I'W HAU

Darlleniad pellach: Galatiaid 5:22–23

MEWN GŴYL LLAWN HWYL I'W HAU – RHOWN WAEDD AM GNWD RHINWEDDAU

Yn ystod fy ngweinidogaeth ym Maenclochog a'r cylch, mi gefais lawer o brofiadau cyffrous a erys yn fyw yn y cof. Yn eu plith y profiadau a gefais ddydd Sul 24 Chwefror 1980. Yn un peth, roedd hi fel dydd o haf, a ninnau yng nghanol gaeaf! Dyma un Sul y gwelais gapel y Tabernacl yn llawer rhy fach i gynnwys y dorf a ddaeth ynghyd i addoli ynddo. Yn wir, roedd y dorf a ddaeth ynghyd gymaint fel y bu'n rhaid cynnal dwy oedfa. Un yn y Tabernacl a'r llall yn yr Hen Gapel gerllaw, a'r naill yn dilyn y llall o ran ryw chwarter awr i'w gilydd gyda'r rhai oedd yn cymryd rhan yn symud o un addoldy i'r llall. Digwyddiad unigryw yn fy mhrofiad. Yn eu plith yr oedd y siaradwr gwahoddedig – y Parchedig T. J. Davies, Gwaelod y Garth, ac anodd gen i gredu i neb weld pregethwr mor lliwgar ag ef y diwrnod hwnnw. Caed penwisg Affricaniadd am ei ben a gwaywffon a tharian yn ei ddwylo – rhoddion a gafodd yn ystod ei bererindod hyd lwybrau David Livingstone. Darlun bythgofiadwy oedd ei weld yn camu'n gadarn drwy ganol y pentref y Sul hwnnw dan blu mor lliwgar, ac arfogaeth mor filwriaethus yn ei ddwylo.

Eto mor briodol i T. J.! Beth oedd ar gerdded i greu cymaint o gyffro? Gŵyl i ddathlu rhinweddau'r Efengyl ac Efengyl y rhinweddau. Yr unig un o'i bath yng Nghymru.

Gŵyl Rhinwedd a Moes. Gŵyl sy'n llawn hwyl i hau grawn y foeseg Gristnogol ac yn waedd orfoleddus ym mro'r Preselau am gnwd rhinweddau rhyddid plant Duw – y math ar ŵyl y dylid ei sefydlu ym mhob ardal yng Nghymru er arfogi'r ifanc rhag y rhai sydd â'u bryd ar lygru'u cyrff a lladd eu heneidiau, a'u galluogi i fod yn benaethiaid ar fywyd.

D. Gerald Jones

MEHEFIN 18 • **Philipiaid 4:8, 9**

YN NHEYRNAS MOES A RHINWEDD

Yn nheyrnas moes a rhinwedd
Mae pawb o feddwl pur,
Cheir neb yn twyllo'i gilydd
Na neb yn amau'r gwir.

Yn nheyrnas moes a rhinwedd
Mae'r patrwm byw yn deg,
Does neb yn well na'i gilydd
Na neb dan lw a rheg.

Yn nheyrnas moes a rhinwedd
Mae cariad Duw yn rym,
Does neb uwchlaw ei ddigon
Na neb heb fawr o ddim.

Yn nheyrnas moes a rhinwedd
Mae'r bobloedd yn gytûn,
Does neb yn mynd i ryfel
Na neb yn ennyn un.

Yn nheyrnas moes a rhinwedd
Does neb yn llygru'r glân,
Mae buchedd dyn yn weddus
A'r gyfraith oll yn gân.

Yn nheyrnas moes a rhinwedd
Cawn hawliau gwâr yn nod,
Cheir neb yn gwisgo balchder
A'r lleiaf peth yw clod.

Yn nheyrnas moes a rhinwedd
Try'r cryf i helpu'r gwan,
Does neb dan drais a gorthrwm
Tra phawb yn gwneud eu rhan.

Yn nheyrnas moes a rhinwedd
Fydd neb ond Iesu'n ben –
Daioni Duw trwy'r ddaear
A'r byd yn nefoedd wen.

GWYNFYD Y CRISTION

Ei ias? Cael byw i'r Iesu, – a'i olud?
   Cael calon i'w garu,
A'i holl glod – cael bod lle bu
Ein Cymar wrthi'n camu.

D. Gerald Jones

MEHEFIN 19 • Luc 1:67–80

Y WAWRDDYDD

Gwyddom yn dda am bwerau'r tywyllwch. Y mae'r dychymyg yn fyw ac ysbrydion yn llechu ym mhob cornel o'r ystafell. Gormodiaith ar un llaw, a chamddehongli ar y llaw arall. Cyn i Iesu ddod i'r byd yr oedd ffydd pobl yn Nuw wedi crino a'u dychymyg yn wyllt ac annisgybledig. Yr oeddent yn eistedd mewn tywyllwch, a chollasant y gallu i fesur a phwyso pethau, a'r canlyniad oedd camesbonio.

Wedi i Iesu gael ei eni ym Methlehem (Mathew 2:1) torrodd y wawr ar fyd a boenid gan dywyllwch a chysgodion ofnau. Daeth y *wawrddydd oddi uchod* (Luc 1:78). Nid yr haul yn ei anterth ond gwawr y dydd, a gall y llygad gwannaf edrych ar y wawr yn torri.

Ni fynnai Duw ddallu ei blant byr eu golwg â gogoniant mawr, ond syrthiodd ei olau tyner ar lygaid dolurus yn fwynaidd a thirion. Gwyddai'r Arglwydd y byddai'n rhaid i blant y tywyllwch gerdded i oleuni canol dydd drwy oleuni tyner y wawrddydd.

GWEDDI

Diolch i ti am fynd i fyd ein cysgodion ni a datguddio inni wir ystyr bywyd. Amen.

T. Trefor Parry

MEHEFIN 20 • Iago 2:1–9

COWTOWIO

Mae 'na fyd o wahaniaeth, meddai Iago, rhwng *caru cymydog* (adnod 8) a *ffafriaeth* (adnod 1) neu *derbyn wyneb* yn ôl Beibl William Morgan. Syndod y byd yw darganfod snobyddiaeth grefyddol ymhlith pechodau yr eglwys fore, ond dyma gefndir yr adnodau hyn. Dro ar ôl tro, mae dilynwyr Crist wedi bod yn euog o osod sêt i bobol fawr, a phrotestio yn erbyn hynny roedd rhai o'r sectau a wreiddiodd yng nghyfnod y Diwygiad Protestannaidd – pobol fel y Lefelwyr a'r ail-Fedyddwyr.

Stori liwgar yw honno am Catherine Edwards o Blas Nanhoron yn Llŷn yn mynd i Portsmouth i gyfarfod ei gŵr. Pan gyrhaeddodd y porthladd, cafodd y newydd trist fod ei gŵr wedi marw ar y môr. Bu Anghydffurfwyr cynnar Portsmouth mor dyner wrth y weddw ifanc ymhell o'i thref, fel iddi, wedi dychwelyd, ymuno â'r Annibynwyr a addolai yn y Capel Newydd (hen dŷ cwrdd a anfarwolwyd gan Cynan ar gân). Dagrau pethau yw gweld heddiw yn yr hen addoldy sêt uwch na'r cyffredin, mewn man mwy dewisol, yn arbennig ar gyfer teulu Nanhoron. Gair Llŷn am y peth yw cowtowio.

Harri Parri

MEHEFIN 21 • **1 Corinthiaid 1:25–31**

FFOLINEB DUW

Ar ddiwedd y bennod hon mae Paul yn dangos nad yn ei nerth a'i chyfoeth a'i ddoethineb ei hun y mae'r Eglwys yn llwyddo i gyflawni ei gwaith. Yn wir ychydig iawn o aelodau'r Eglwys Fore oedd yn bobl amlwg eu galluoedd meddyliol neu'n bobl flaenllaw neu gyfoethog. Perygl eglwys o bobl felly, wrth reswm, fyddai troi'n eglwys falch, yn eglwys a ymffrostiai yn ei chryfder. Llwyddiant 'bydol' yn unig fyddai ei llwyddiant. Clywsom oll am eglwysi felly!

Pobl gyffredin sy'n sylweddoli eu gwendid a'u diffygion yw aelodau'r Eglwys. Mae lle i bobl alluog, wrth reswm, ond rhaid i'r rheini blygu hefyd a gweld nad eu gallu eu hunain sy'n eu hachub! Gweision anfuddiol ydym i gyd.

Ond drwy ei Eglwys – er gwanned fo – gall Duw gyflawni pethau mawr. Ein tuedd ni heddiw yw anghofio hynny. Gweld yr anawsterau a'r problemau a'r gwendid, ac anghofio bod Arglwydd Dduw y Lluoedd gyda ni. *Nid trwy lu ac nid trwy nerth, ond trwy fy ysbryd* (Sechareia 4:6) yw neges Duw i ninnau heddiw.

George W. Brewer

MEHEFIN 22 • Datguddiad 1:4–20

ALFFA AC OMEGA

Trown at Lyfr y Datguddiad. Bu tuedd i anwybyddu'r llyfr hwn am fod rhannau ohono'n anodd i ni sy'n meddwl mewn termau pur wahanol i dermau'r awdur ac am fod rhai wedi mynnu dehongli'r llyfr yn eu ffyrdd eu hunain er mwyn ategu rhyw gred arbennig am ddiwedd y byd.

Ond llyfr ar gyfer Eglwys Iesu Grist yw hwn – llyfr i'w chyfarwyddo a'i chysuro ar adeg anodd yn ei hanes. Llyfr hefyd i'w harwain i weld ei diffygion ac i droi'n ôl at Grist. Trwy astudio'r llythyrau at y saith eglwys ym mhenodau 1–3 cawn ddeall yn well beth yw ewyllys Duw i'w eglwys heddiw.

Sylw i ddechrau fod Ioan (pwy bynnag yn union oedd hwn) fel Paul yn dechrau drwy sôn am ras, awdurdod, gallu a galwad Duw. Onid yn y fan honno y dylem ninnau ddechrau, nid gydag anawsterau ac nid gyda'n syniadau sut i'w datrys, ond gyda Duw ei hun – y Duw tragwyddol, y cyntaf a'r diwethaf?

George W. Brewer

MEHEFIN 23 • Datguddiad 2:1–7

EGLWYS EFFESUS

Roedd i'r eglwys yn Effesus lawer o nodweddion da. Roedd cryn weithgarwch yno; roedd yn eglwys amyneddgar yn wyneb anawsterau ac erledigaeth; yn eglwys oedd yn fodlon dioddef dros ei Harglwydd; yn eglwys oedd yn glynu wrth y Ffydd ac yn gwrthod gwrando ar y gau-apostolion a'r Nicolaiaid – pwy bynnag yn union oedd y rheini!

Ond nid yw'n eglwys berffaith. Nid yw uniongrededd a gweithgarwch yr eglwys yn ddigon, na hyd yn oed barodrwydd i ddioddef dros yr Achos. Beth bynnag arall a wnaf, meddai Paul yn 1 Corinthiaid pennod 13, hyd yn oed rhoi fy nghorff i'w losgi, nid yw'n cyfrif DIM heb fod gennyf gariad. Felly yma. Roedd gwreiddyn bywyd yr eglwys – ei chariad tuag at Dduw yng Nghrist – wedi mynd. Heb wreiddiau, nid oes obaith i'r canghennau a'r dail a'r ffrwythau barhau yn hir.

A oes perygl i ni, yng nghanol ein prysurdeb a'n gweithgareddau a'n cynlluniau, golli golwg ar y peth pwysicaf oll, ac ymadael â'n cariad cyntaf?

George W. Brewer

MEHEFIN 24 • Datguddiad 2:8–11

EGLWYS SMYRNA

Yr eglwys yn Smyrna yw'r patrwm. Eglwys dlawd, ddirmygedig. Eglwys oedd yn wynebu erledigaeth ffyrnig a ffiaidd, ac a oedd yn mynd i ddioddef yn y dyfodol hefyd.

Ond yng nghanol ei thlodi materol a'i dioddefiadau a'i gwendid, gŵyr yr eglwys hon am wir gyfoeth yr Efengyl. Ac, fel llawer o Gristnogion ar hyd y canrifoedd, ac ym mhob rhan o'r byd, roedd yn fodlon dioddef dros ei Harglwydd o wir gariad tuag ato.

Sylwer fel y mae'r awdur yn cyfeirio at yr Arglwydd fel *y cyntaf a'r olaf, yr hwn a fu farw ac a ddaeth yn fyw* (adnod 8). Dyna'r neges bwysicaf i eglwys Smyrna. Peth dros dro oedd erledigaeth a dioddef dros y Ffydd. Yn llaw Duw yr oedd hanes y byd, ac yr oedd sicrwydd buddugoliaeth yn aros y sawl oedd yn credu o ddifrif yn yr Un a orchfygodd angau a'r bedd.

George W. Brewer

MEHEFIN 25 • Datguddiad 2:12–17

EGLWYS PERGAMUS

Eglwys mewn lle anodd oedd yr eglwys yn Pergamus hefyd. Roedd y dref honno yn ganolfan y duw paganaidd Aescwlapios. Tu ôl i'r ddinas roedd mynydd ac arno lu o ddelwau paganaidd ac allor i Sews, brenin duwiau'r Groegiaid.

Er gwaetha'r awyrgylch paganaidd roedd Cristnogion Pergamus yn dal yn ffyddlon, ac un ohonynt o leiaf, sef Antipas, wedi ei ferthyru. Ond eto, nid yw Duw yn fodlon. Nid da lle gellir gwell. Roedd tuedd yno i ddilyn athrawiaethau gan y Nicolaiaid (efallai mai'r un peth yw athrawiaeth Balaam; nid oes sicrwydd pendant beth oedd y naill na'r llall yn union). Roeddent yn cyfaddawdu gormod â bywyd paganaidd y dref drwy odinebu a thrwy *fwyta pethau a aberthwyd i eilunod* (adnod 14). Peth anodd ei osgoi heb ymwahanu'n llwyr oddi wrth fywyd yr ardal, ond roedd amgylchiadau'r cyfnod yn galw am safiad pendant.

George W. Brewer

MEHEFIN 26 • Datguddiad 2:18–29

EGLWYS THYATIRA

Yr un broblem oedd yn wynebu'r eglwys yn Thyatira. Gan mai tref fechan oedd hi, roedd yn hawdd i unrhyw un na chydymffurfiai ag arferion a safonau'r gymdeithas gael eu beirniadu. Gan mai tref fasnach oedd hi, ac aelodaeth yn y cymdeithasau neu'r urddau masnach yn golygu ymuno mewn gwleddoedd paganaidd, nid oedd yn hawdd i'r Cristnogion sefyll.

Roedd llawer yn dilyn Jesebel, ond ni wyddom yn sicr at bwy yr oedd Ioan yn cyfeirio.

Ond nid oedd hon yn eglwys heb obaith, neu o leiaf nid oedd pob aelod ohoni heb obaith. Rhaid oedd iddi ddal ei gafael ar yr hyn oedd ganddi (adnod 25), ac addewir bendith a llwyddiant yn y diwedd i'r rhai a fyddai'n gorchfygu (adnod 26).

A ydym ni yn sefyll dros Iesu Grist?

George W. Brewer

MEHEFIN 27 • **Datguddiad 3:1–6**

EGLWYS SARDIS

Yn y llythyr yma at yr eglwys yn Sardis y gwelwn gondemniad mwyaf llym Ioan. Ond nid oes sôn am athrawiaeth gyfeiliornus nac am ofn erledigaeth. Ymddengys mai gorffwys ar ei rhwyfau yr oedd. Roedd ganddi enw ei bod yn fyw, ond marw oedd hi. Ac am mai eglwys farw oedd hi, doedd dim rhaid i neb drafferthu ei herlid! Gwyddom am eglwysi heddiw sy'n pwyso ar ogoniant eu gorffennol, a hyd yn oed os oes digon o 'weithgareddau' yn yr eglwysi hynny heddiw, nid oes ynddynt wir fywyd Cristnogol. Ar y gorau clybiau cymdeithasol ydynt.

Er hynny roedd rhai ffyddloniaid yn Sardis. Nid 'cadw pethau i fynd' a mynychu oedfaon oedd argyhoeddiad y rhain – roedd ganddynt wir gariad tuag at yr Arglwydd a'i waith achubol yn y byd.

Gofynnir i'r eglwys gofio, nid cofio er mwyn byw ar waddol y gorffennol, ond cofio'r Ffydd, y sêl a'r cariad a oedd yn ei nodweddu gynt a cheisio'r pethau hyn o'r newydd.

A ydym ni yn byw yn y gorffennol, yn bobl a chennym enw ein bod yn fyw heddiw, ond eto mor farw â hoelion?

George W. Brewer

MEHEFIN 28 • **Datguddiad 3:7–13**

EGLWYS PHILADELFFIA

Yn Philadelffia roedd yr eglwys yn wan, ond roedd hi'n dal yn ffyddlon. Yr Iddewon oedd yn ei phoeni hi fwyaf. 'Synagog Satan' oedd enw Ioan ar yr Iddewon arbennig yma – pobl oedd yn hawlio eu bod yn 'Synagog yr Arglwydd' ond yn dangos yn eglur nad oeddent yn barod i dderbyn Gair Duw. Cofiwn, cyn inni ymffrostio gormod wrth gystwyo'r Iddewon gynt, y gall yr un peth ddigwydd i eglwys Gristnogol – troi'n synagog Satan yn hytrach na chynulleidfa'r Arglwydd.

Er bod yr eglwys hon yn wan roedd ganddi *ychydig nerth* (adnod 8). Gallwn ninnau ddweud yr un peth am lawer o'n heglwysi heddiw. Ac os byddwn yn ffyddlon i Grist yn ôl ein gallu, nid ein gallu bach pitw ni fydd yn penderfynu faint fedrwn ni ei wneud. Gan yr Arglwydd y mae *allwedd Dafydd* (adnod 7) a gall ef agor drws *na fedr neb ei gau* (adnod 8). Ganddo ef y mae'r awdurdod a'r nerth.

George W. Brewer

MEHEFIN 29 • Datguddiad 3:14–22

EGLWYS LAODICEA

Bai yr eglwys yn Laodicea oedd ei bod hi'n glaear, a gwell bod yn hollol oer na hynny! Gwell cydnabod mai paganiaid rhonc ydym na chwarae efo'r Ffydd Gristnogol heb fod o ddifrif.

Dinas gyfoethog iawn oedd Laodicea, yn ganolfan ariannol, yn ganolfan i'r diwydiant gwlân ac yn gartref ysgol feddygol enwog (adlewyrchir y pethau hyn i gyd yn llythyr Ioan). Tybiai'r Cristnogion hyn eu bod hwythau yn gyfoethog ac yn hunangynhaliol, ond colli'r gostyngeiddrwydd sylfaenol a wnaethant a cholli golwg mai oddi wrth Grist y daw pob daioni a chyfoeth i'r Cristion.

Ond ceryddu am ei fod yn eu caru y mae Crist, ac y mae'n dal i gynnig gobaith ac achubiaeth. Ond rhaid oedd i bobl Laodicea ymateb.

Sefyll wrth y drws y mae Crist – wrth ddrws ei eglwys ei hun. Ond nid yw'n treisio'i ffordd i mewn; rhaid i ni agor y drws iddo a'i groesawu. Ac er mai llythyr at eglwys yw hwn, rhaid i bob unigolyn yn yr eglwys fod yn barod i ymateb (adnod 20).

George W. Brewer

MEHEFIN 30 • Datguddiad 21

Y JERWSALEM NEWYDD

'Trwy golli golwg ar ddinas Duw, aethom yn ddinasyddion anfuddiol yn ninasoedd dyn,' meddai un arweinydd eglwysig yn ddiweddar. Priodol yw tynnu'r gwys i'r pen drwy edrych ymlaen at y ddinas nefol ei hun. Eglwys filwriaethus sydd ar yr ddaear; eglwys amherffaith, gan mai meidrolion amherffaith fel ni yw ei haelodau; eglwys wan; eglwys sy'n cyfeiliorni yn aml. Ond yr Eglwys fuddugoliaethus yn y nef – bywyd o gymdeithas ddi-dor â Duw yw honno. Dinas lle nad oes deml (adnod 22) am fod presenoldeb Duw a'r Oen yn brofiad beunyddiol i bawb.

Darllen y bennod hon yw'r peth gorau, heb ormod o sylwadau, ond gan gofio mai iaith bardd sydd yma – bardd sy'n ceisio cyfleu rhywfaint o olud ei weledigaeth drwy iaith a delweddau dynol annigonol.

Yn wir, *tyrd Arglwydd Iesu!* (Datguddiad 22:20).

George W. Brewer

GORFFENNAF 1 • Mathew 6:25–34

BYW MEWN FFYDD

Y mae'n gwbl amlwg yn yr Efengylau y disgwyliai yr Arglwydd Iesu weld pobl yn byw mewn ffydd. Gresynai at ddiffyg ffydd, a rhyfeddai dro arall pan welai ffydd gadarn, gref. Pan welodd ffydd y Canwriad yng Nghapernaum y gallai Iesu iacháu ei was oedd yn glaf, meddai: *Rwy'n dweud wrthych, ni chefais hyd yn oed yn Israel ffydd mor fawr* (Luc 7:9).

Pobl yn pryderu yw pobl heb ffydd, a dyma un o glefydau ysbrydol mwyaf ein dyddiau ni.

Dyma rai dyfyniadau gan bobl a welodd pa mor werthfawr yw ffydd:

'Y mae credu yn ennyn nerth; y mae amheuon yn crebachu egni. Grym yw credu.' (F. W. Robertson)

'Pe dilëid o hanes y ddynoliaeth yr egwyddor o ffydd, ni fyddai gan bobl fwy o hanes na gyrr o ddefaid.' (Bulmer)

'Yr hyn a edmygaf yn Columbus yw nid ei fod wedi darganfod byd newydd, ond iddo fynd i chwilio amdano mewn ffydd.' (Turgot)

'Mwy buddiol na grym byddin
Yw gŵr o ffydd ar y ffin.' (Robert Eifion Jones)

'Ni ddaw fyth i ddeifio hon – golli ffydd
Na thro cywilydd, na thorri calon.' (T. Gwynn Jones)

Trebor Lloyd Evans

GORFFENNAF 2 • Ioan 5:1–5

DIODDEF CYSTUDD A PHOEN

Bydd llawer ohonom yn bryderus o orfod ymweld â'r deintydd, gan y byddwn yn cysylltu'r lle gyda phoen. Serch hynny, pan fyddwn mewn gwir boen, yna byddwn yn falch o weld yr arbenigwr sydd â'r modd i'n rhyddhau o'r fath boen. Pan oedd Virgilina yn dioddef y ddannodd, nid oedd ganddi ond y driniaeth hynafol a gofiai ei hen famgu o'r Eidal yn ei harfer, sef clymu cadach o gwmpas ei gên a throi ei phen. Gobeithiai y byddai'r rhwymyn yn cadw ei gên yn gyfforddus ac yn gynnes. Eglurai y byddai ei dant drwg naill ai yn gwella neu yn disgyn allan rhyw ddydd. Nid oedd ganddi ddewis ond dioddef dros gyfnod hir, a byw mewn gobaith o ryddhad rhyw ddydd. Gallwn uniaethu â'i phoen, ond tybed a allwn sylweddoli ei hamgylchiadau anobeithiol? Pryd bynnag y byddwn yn dioddef poen, gweddïwch dros bobl fel Virgilina sy'n dioddef heb obaith o barasetamol na thriniaeth gan ddeintydd.

GWEDDI

Arglwydd, trugarha wrthym, a ninnau yn ei chael yn anodd i ddioddef poen. Gwyddost ein bod yn achwyn ar yr elfen leiaf o boen, ac yn ei chael yn anodd dirnad bywyd o dan ormes poen parhaol. Gweddïwn y daw trefn ar fyd sydd mor barod i arfer dolur fel arf cymdeithasol. Cofiwn am deuluoedd fel un Virgilina yng nghanol tlodi a phoen, a heb fodd i geisio gwell amgylchiadau byw. Amen.

Denzil I. John

GORFFENNAF 3 • Mathew 2:1–12

Y MAWREDD SY'N YMOSTWNG

Yn ymgnawdoliad y Mab y mae Duw yn dymchwel ein syniadau ni am fawredd a doethineb, gan ddatguddio *pethau na welodd llygad, ac na chlywodd clust, ac na ddaeth i feddwl neb* (1 Corinthiaid 2:9). Ar wahân i'r Ysbryd sy'n ein harwain i Fethlehem, meddwl yr ydym o hyd mai mesur ein mawredd yw ein llwyddiant i ymddyrchafu, ac mai ffynhonnell doethineb yw'r ymennydd oddi mewn. Rhown ein bryd, felly, i godi'n uwch nag eraill er mwyn meddiannu awdurdod ac ennill edmygedd. Byddwn yn cymysgu rhwng gwybodaeth ddynol a doethineb dwyfol, a'r canlyniad yw ein bod yn anelu at fod yn dduwiau, ac yn yr ymdrech yn colli ein dynoliaeth.

Neges i'r byd cyfoes, ac nid stori am fyd gwahanol ugain canrif yn ôl, yw'r hanes a geir yma am Herod a'r sêr-ddewiniaid a'r Meseia. Y mae'r hanes yn portreadu dwy ffordd o fyw: dau gyfeiriad gwahanol. Ffordd distryw yw un, a'r ffordd dragwyddol yw'r llall. Pan fydd Ysbryd y gwirionedd yn goleuo ein hunain i ni, gwelwn pam mai drwy ddarostwng ei hun i'r dyfnderau yn unig y gallai Duw weithredu.

Heb y weledigaeth oddi uchod *llawn cenfigen, llofruddiaeth, cynnen, cynllwyn a malais* (Rhufeiniaid 1:29) yw'n calonnau ninnau, fel calon Herod. Cyfeirio'u golygon i fyny a wnaeth y Doethion, ac oddi yno yr arweiniwyd hwy i ymostwng ac offrymu gerbron *yr hwn a wnaed yn ddoethineb i ni oddi wrth Dduw, yn gyfiawnder a sancteiddhad a phrynedigaeth* (1 Corinthiaid 1:30).

Dyma'r Hollalluog
   heddiw inni'n Frawd;
dyma holl drysorau
   Duwdod yn y cnawd.
Moroedd rhad drugaredd
   lanwodd dros y llawr,
perlau gwlad gogoniant
   heddiw ddaeth i lawr.
(Ieuan Gwyllt, Caneuon Ffydd 454)

Rheinallt Nantlais Williams

GORFFENNAF 4 • Marc 14:53–65

MYFI YW

Os gochelgar oedd Duw'r Hen Destament i ddatgelu'i enw, gochelgar oedd Iesu i'w ddadlennu'i hun yn Fab Duw. Byddai gwneud hynny, wrth gwrs, yn gabledd yng ngolwg yr Iddewon. Ceisio dod i wybod pwy'n union yw Iesu y mae'r archoffeiriad yn yr adran hon, ac yn ôl Marc (nid yw'r Efengylau eraill yn rhoi'r peth lawn mor bendant), ateb Iesu i'r cwestiwn *Ai ti yw'r Meseia, Mab y Bendigedig?* (adnod 61) yw *Myfi yw* (adnod 62).

I'r archoffeiriad, yr oedd yr ateb ynddo'i hun, wrth gwrs, yn gabledd. Os ystyriwn ymhellach mai Aramaeg oedd iaith y llys, yr oedd y geiriau *Myfi yw* yn sicr o swnio'n debyg i 'Iafe', enw a oedd yn rhy sanctaidd yng ngolwg yr Iddewon hyd yn oed i'w ynganu. A dyna Iesu'n ei gysylltu ei hun yn nes fyth â Duw, ac yn euog o gabledd dwbl.

Sylwn, fodd bynnag, fod rhan arall i'r ateb: *fe welwch Fab y Dyn yn eistedd ar ddeheulaw'r Gallu ac yn dyfod gyda chymylau'r nef* (adnod 62). Yn union fel yn achos cwestiwn Moses i Dduw, a oedd i'w ateb yn llawn yn y waredigaeth o'r Aifft, yr oedd cwestiwn yr archoffeiriad i Iesu i'w ateb yng ngwaredigaeth syfrdanol y Groes a'r Atgyfodiad. Y mae'n union fel pe bai'r Duw Fab yma yn dadlennu'i enw ond yn cyhoeddi bod y prawf terfynol o'i hunanaberth eto i ddod.

Myfi yw'r Atgyfodiad mawr,
   Myfi yw gwawr y bywyd;
Caiff pawb a'm cred, medd f'Arglwydd Dduw,
   Er trengi, fyw mewn eilfyd.
               (Ellis Wynne)

Gwynn ap Gwilym

GORFFENNAF 5 • Salm 104:5–9

YMDDANGOSED TIR SYCH

YMDDANGOSED TIR SYCH ... (Genesis 1:9)

Marmor a llechen, carreg grud a charreg galch, muriau'r capel a hen ffaldau, beth sy'n gyffredin rhyngddynt? Un peth, carreg ydyn nhw i gyd – carreg a grëwyd ar drydydd dydd Genesis pan alwodd Duw y tir i fodolaeth. Pethau oer ydynt mae'n wir, oni bai eu bod yn torheulo allan dan awyr las a haul tanbaid yr haf. Bryd hynny mae adlais y gwres yn aros ynddynt hyd yn oed wedi iddi fachlud. Ac mae adlais arall ynddynt hefyd, wrth gwrs – adlais o'u gwneuthurwr, adlais o Dduw, y cadarn, y dibynadwy, yr un sefydlog nad yw'n newid – 'y graig ni syfl ym merw'r lli' (David Jones, Caneuon Ffydd 76). Mae nodweddion artist yn y darn. Pa mor ddisylw bynnag yw'r graig, hyd yn oed os nad yw hi'n ddim ond cilbost giât neu faen hir, mae hi'n rhan o artistwaith y crëwr. Sylwch ar garreg eto – edrychwch yn iawn arni. Wyddoch chi beth welwch chi?

GWEDDI

Diolch i ti am adael pob math o gliws i ni, Arglwydd, am dy fodolaeth. Mae dy greadigaeth yn siarad â ni bob dydd. Gad i ni wrando ar lais y meini heddiw. Amen.

Einir a John Talfryn Jones

GORFFENNAF 6 • Marc 1:35–39

YMHELL O SŴN Y BYD ...

Mae'n rhyfedd meddwl am Iesu yn cuddio rhag pobl. Ond roedd yn rhaid iddo weithiau, er mwyn iddo gael heddwch i weddïo yn un peth. Nid oedd Iesu am fyw ei fywyd ar ras wyllt yng nghanol pobl o hyd ac o hyd. Roedd ei fywyd yn gytbwys iawn. Gwyddai am yr angen i fod ei hunan gyda'i Dad a byddai'n manteisio ar oriau'r nos i fyfyrio a gweddïo ar ei Dad nefol. Yn y fan yma encilio i le unig y mae o, oherwydd gŵyr fod ei gymdeithas â Duw'r Tad yn rhywbeth byw y mae'n rhaid ei drysori a'i fyw bob dydd.

Cawn awgrym yn yr hanesyn hwn hefyd am reswm arall pam fod Iesu am ymneilltuo. Nid oedd am i bobl wneud gormod o sylw ohono. Pan ddywed y disgyblion fod pawb yn ei geisio, penderfynu symud ymlaen y mae o, i drefi eraill. Byddai gwirioni ar boblogrwydd yn gam gwag, ac unwaith y mae rhywun yn gwirioni ar boblogrwydd y mae wedi ei gaethiwo gan ei gynulleidfa, a rhaid gwneud yr hyn sy'n plesio'r dorf wedyn. Mae Iesu am fod yn rhydd i wneud ei waith, ond gŵyr hefyd y bydd ei waith yn ei dywys i gael ei wrthod a'i wawdio, ac yna ei anfon i'r groes. *Nid yw f'awr i wedi dod eto* (Ioan 2:4) fyddai ei frawddeg bwysig cyn hir. Iesu ei hun oedd i benderfynu pryd y byddai'n mynd i'r groes, nid yr archoffeiriad, na'r Phariseaid na'r Sadwceaid na'r bobl. Iesu ei hun roes ei fywyd.

John Roberts

GORFFENNAF 7 • **1 Timotheus 3:8–13**

CYMWYSTERAU DIACON

Rhai dyddiau cyn fy ngwneud yn ddiacon yn Eglwys Gadeiriol Bangor yn 1979, cefais fy hun yng nghwmni fy nghyd-ymgeiswyr am urddau sanctaidd yn gwrando ar gyfarwyddyd yr Archesgob G. O. Williams. Yn unol â threfn yr Anglicaniaid, roeddwn i a dau gyfaill arall i'n gwneud yn ddiaconiaid flwyddyn cyn ein hordeinio'n offeiriaid.

Fel sawl ymgeisydd arall mae'n debyg, cefais y teimlad fy mod yn blasu tamaid i ddisgwyl pryd. Dymuniad cyntaf fy nghalon oedd cael fy ordeinio'n offeiriad. Efallai i'r Archesgob synhwyro'r anniddigrwydd hwn yn ei ymgeiswyr. Ond erys ei eiriau'n fyw yn fy nghof: 'Efallai fy mod yn offeiriad, yn esgob, ac yn archesgob erbyn hyn, ond cefais innau fy ordeinio'n ddiacon yn gyntaf. Rwyf yn parhau'n ddiacon. Yn was sy'n barod i wasanaethu.'

Gweision yr Arglwydd yw gweinidogion yr Efengyl yn y bôn. Pobl sydd wedi'u neilltuo i fod yn wasanaethgar yng ngwaith yr Arglwydd. Wedi dweud hyn, dichon mai da o beth fyddai i ambell aelod ym mhraidd y bugail ddirnad gwahaniaeth rhwng bod yn wasanaethgar a bod yn wasaidd. Rhaid i hyd yn oed y diacon ennill ei le.

Aled Edwards

GORFFENNAF 8 • Mathew 1:19–24

YN Y CEFNDIR

Ni yw dwylo a thraed Duw yn y byd, ac yn wir gwelwn hyn yn amlwg iawn yn y fan yma. Dyma Dduw yn dibynnu ar Joseff, y saer o Nasareth, ac yn wir ni bu ar neb fwy o angen cymorth na Mair y pryd hwn. Gallwn ddeall sut y gweithiai meddwl Joseff. Yr oedd am guddio Mair. Un o brif ddiddordebau rhai pobl yw siarad am bobl eraill, ac y mae llawer o gymdeithasau Cristnogol yn euog iawn o hyn. Sgwrs uwchben paned o de a thrin a thrafod anffodusion y fro yw'r drefn! A dyma bentref bach Nasareth, a phawb yn sôn am Mair, a hithau'n eneth mor ddymunol. Ond daeth Joseff a rhoi ei fraich dros ei hysgwydd, a diflannodd y cwmwl o'i bywyd.

Ychydig iawn o sôn am Joseff a gawn ni yn y Testament Newydd wedi hyn. Gwelwn ef bob Nadolig yn sefyll yn y cefndir yn syllu dros ysgwydd Mair ar y baban yn y preseb. Y gwir amdani ydi mai yn y cefndir y bu ar hyd ei fywyd, ond fel llawer arall, yn y cefndir yn gwarchod Gwaredwr y Byd.

Beth fyddai hanes y Ffydd heddiw oni bai am ychydig ffyddloniaid sy'n fodlon gweithio'n dawel, y rhai na ŵyr y byd amdanynt?

GWEDDI

Pan fo pawb yn cadw draw ac yn ysgwyd pennau, bydded i ni estyn ein llaw agored i gynorthwyo ac i ddangos cydymdeimlad. Amen.

Edgar Jones

GORFFENNAF 9 • Deuteronomium 4:6–9

AGOSRWYDD DUW

Am ein bod yn bobl y Testament Newydd, gwelwn yn eglur iawn gyfyngiadau'r Ddeddf. Ein perygl yw methu gweld ei mawredd ar yr un pryd ag y gwelwn ei gwendid. Ni ddylid ysgaru'r Ddeddf oddi wrth y Proffwydi. Gweledigaeth y proffwydi wedi ei haddasu i fywyd byw bob dydd yw'r Ddeddf, yn rhannol beth bynnag. Dyrchafwyd Israel uwchlaw'r Cenhedloedd gan ddylanwad y Ddeddf, a rhoes iddynt foesoldeb uwch a dyngarwch dyfnach na'r rhelyw a'i gwnaeth yn safon i'r byd. Dweud mae'r awduron bod Israel yn ymwybodol o agosrwydd Duw, ac o ganlyniad, ei deddfau'n gyfiawn.

Felly ninnau, er mwyn pwysleisio pwysigrwydd datguddiad Duw yng Nghrist, dweud yr ydym bod Duw yn agos atom yng nghanol bywyd ac na allwn wynebu byw mewn byd ansicr heb bwysleisio bod safonau Crist yn gyfiawn a digyfnewid.

GWEDDI

Rho i ni, O Dad, ymwybyddiaeth o'th agosrwydd yng Nghrist Iesu, a'r argyhoeddiad di-droi'n-ôl bod ei safonau ef yn deg ac yn ddibynadwy. Amen.

John T. Young

GORFFENNAF 10 • Salm 119:1–16

O NA ALLWN GERDDED YN UNIONSYTH!

'Rhyfel Anweledig' yw teitl un o glasuron ysbrydol Eglwys y Dwyrain. Mae pob un sy'n ceisio dilyn y llwybr Cristnogol yn ymwybodol pa mor galed y gall y brwydro fod yn y rhyfel hwn. *Yr wyf yn cael y ddeddf hon ar waith: pan wyf yn ewyllysio gwneud daioni, drygioni sy'n ei gynnig ei hun imi* (Rhufeiniaid 7:21), cyffesodd Paul i'r Rhufeiniaid, gan ddatgelu dyfnderoedd ing mewnol. Gwaetha'r modd, yr ydym i gyd yn yr un sefyllfa ag ef. Ond, yn ffodus iawn, nid ydym heb gymorth ac ymgeledd. I ddyfynnu John Dafydd o Gaio:

Mae Iesu Grist o'n hochor ni,
fe gollodd ef ei waed yn lli;
trwy rinwedd hwn fe'n dwg yn iach
i'r ochor draw 'mhen gronyn bach.
   (John Dafydd, Caneuon Ffydd 308)

Mae gennym gydymaith ar y llwybr sy'n medru ennill ein brwydrau mewnol drosom ni.

Patrick Thomas

GORFFENNAF 11 • **Marc 9:2–8**

DAL I EDRYCH

Mae hanes am ŵr yn mynd i Eglwys Gadeiriol i wasanaeth cymun. Roedd y gwasanaeth braidd yn ddieithr iddo gan mai Ymneilltuwr oedd ef a Phabyddol oedd y gwasanaeth. Fe sylwodd ar henwr yn y gynulleidfa a golwg mor ddefosiynol ar ei wyneb. Dyma ddechrau sgwrs ag ef:

'Wyt ti'n deall yr hyn sy'n digwydd?'

'Na, ddim mewn gwirionedd.'

'Beth wyt ti'n ei wneud felly?'

'O, mi ydw i'n edrych ar gerflun o'r Crist croeshoeliedig.'

'Ie, ond beth wedyn?'

'O, dal i edrych.'

Erbyn hyn roedd yr holwr yn teimlo nad oedd ei gwestiynau'n cyrraedd unman. 'Ond beth wedyn?' meddai wedyn.

A'r ateb: 'Dal i edrych "until my heart grows bonny".'

Onid dyna gyfle'r Sul a'i wasanaethau? Yng nghanol trafferthion bywyd, rhoi cyfle i ni, a rhai o gyffelyb fryd, i syllu ar Iesu nes bod profiad mynydd y Gweddnewidiad a'i *ni welsant neb mwyach ond Iesu yn unig* (adnod 8) a phrofiad yr henwr yn yr Eglwys Gadeiriol yn dod yn brofiad i ninnau hefyd.

R. W. Jones

GORFFENNAF 12 • Llyfr y Pregethwr 5:1

YR ADDOLDY

Darlleniad pellach: Hebreaid 9:1–5

Y mae gan bob mudiad mewn cymdeithas eu man cyfarfod. Gadewch inni geisio canfod pwrpas y lle y deuir iddo i addoli.

Patrwm syml iawn oedd patrwm y Tabernacl yn yr Hen Destament, ac yna fe ddaeth y Deml yn ganolfan ac yn ganolbwynt bywyd y genedl. Dyddiau tywyll yn ei hanes oedd y dyddiau pryd yr ysgrifennwyd 'Ichabod' sef 'y gogoniant a ymadawodd' uwchben y Deml honno. Doedd ryfedd iddynt deimlo'n drist ym Mabilon wrth iddynt gofio am Seion.

Erbyn heddiw, ysywaeth, y mae drysau addoldai wedi eu cau oherwydd y newid ym mhatrwm y gymdeithas, neu'r difaterwch affwysol sydd wedi gafael ynom. Yr unig gyfarfod bellach mewn rhai o'n capeli ydi ambell oedfa yn achlysurol. Ond diolch bod canolfannau lle y mae pobl Dduw yn mawrhau'r fraint o addoli.

Un o'r llyfrau gorau sydd wedi ymddangos yn Gymraeg ar Ymneilltuaeth yw llyfr R. Ifor Parry yn 1962. Mae ei gynnwys yn arbennig o berthnasol wrth inni wynebu patrwm yr addoldy ar gyfer y dyfodol. Yn y bennod 'Y Capel a'r Gwasanaeth Cyhoeddus' mae'n ein hatgoffa mai rhywbeth dros dro ydi pob cysegr daearol, a bod Crist yn llawer mwy nag unrhyw addoldy. I egluro hynny, â'r awdur â ni i Eglwys Gadeiriol Llandaf i weld y cerflun o Iesu Grist yn Ei Fawrhydi. Cerflun yw hwn sy'n ymddangos yn rhy fawr i'r adeilad. Rhaid mynd yn ôl wysg ein cefn at y drws i weld y cerflun yn iawn. 'Hwyrach,' meddai'r awdur, 'mai dyna'r neges yr oedd Epstein am ei chyfleu, sef bod Crist yn fwy nag unrhyw adeilad.'

Ieuan Lloyd

GORFFENNAF 13 • 1 Samuel 9:1–14

SAUL

Gŵr ifanc golygus nad oedd ei well ymysg yr Israeliaid (adnod 2) yw'r disgrifiad o'r brenin cyntaf. Mor wahanol gyda'r ail pan rybuddir Samuel mai *Yr hyn sydd yn y golwg a wêl meidrolyn, ond y mae'r Arglwydd yn gweld beth sydd yn y galon* (1 Samuel 16:7). Yr oedd brenin talïaidd a thelediw yn dra phwysig i'r meddwl Oriental. Nid ydym wedi newid llawer.

Mor amlwg yw perthynas y seciwlar a'r ysbrydol yn y Beibl. Wrth geisio asynnod ei dad daw brenin cyntaf Israel at y gweledydd i'w eneinio yn Rama. Trwy fodloni i fynd ar daith lafurus ond heb anghofio'i dad, daw, ar gais ei was, at Samuel i geisio arweiniad.

Nid yn y Cwrdd Gweddi y cwrddwn y Crist bob tro, ond yng nghanol gwaith a dyletswydd. Nid yr allanolion sy'n plesio'r hwn sy'n adnabod *calonnau pawb* (Actau 1:24) ond yr hyn a gwyd i'r wyneb o gymysgwch a chymhlethdodau ein brethyn brith, chwedl R. Williams Parry:

Rwy'n wych, rwy'n wael, rwy'n gymysg oll i gyd;
Mewn nych, mewn nerth, mewn helbul, ac mewn hedd
Rwy'n fydol ac ysbrydol yr un pryd.

GWEDDI
Boed inni addoli heddiw ar lwybr dyletswydd. Amen.

Dafydd H. Edwards

GORFFENNAF 14 • Jeremeia 5:30–31

HOFFI CELWYDD

Yr oedd Jeremeia'n hoff iawn o bobl gyffredin. Ar eu harweinwyr y gosodai'r bai mwyaf am y gwrthgilio mawr, yn arbennig felly eu harweinwyr crefyddol, yn broffwydi ac offeiriaid, oedd *wedi malurio'r iau, a dryllio'r tresi* (Jeremeia 5:5).

Y gau broffwydi yw gelynion mwyaf y gwir broffwyd, a bu raid i Jeremeia ddioddef eu gwrthwynebiad hwy gydol ei yrfa, a gwaeth na hynny, cael ei gyhuddo o fod yn gau broffwyd ei hun. Bodloni ar ddweud yr hyn sydd wrth fodd ei wrandawyr yw pechod parod y gau broffwyd, a gwell gan lawer cynulleidfa yw neges at ei dant na chlywed y gwir poenus. Ond ni ellir gwneud mwy o gam â gwrandawyr na bodloni ar ddweud celwydd wrthynt er mwyn ennill poblogrwydd.

Fe'n dysgir heddiw bod statws y proffwyd gynt cyfuwch, os nad yn uwch nag eiddo'r offeiriad. Oddi wrth y proffwydi y disgwyliai'r offeiriaid am gyfarwyddyd, a hynny am y credid bod ganddynt adnabyddiaeth fwy personol o Dduw. Cyfrifoldeb arswydus felly oedd cyfrifoldeb arweinydd crefyddol. Hawdd deall Jeremeia yn gofyn: *Ond beth a wnewch yn y diwedd?* (adnod 31).

GWEDDI

O Dduw, cadw gariad at y gwir yng nghalon pob un a faidd siarad yn dy enw, ac ynof fi wrth wrando. Amen.

Walter P. John

GORFFENNAF 15 • Datguddiad 1:13–15

EMYN: Y DDELWEDD O IESU

Rhosyn Saron yw ei enw,
 gwyn a gwridog, teg o bryd; ...
   (Ann Griffiths, Caneuon Ffydd 319)

Nid oes yr un disgrifiad o Iesu yn y Testament Newydd. Rhaid inni ddibynnu ar ymateb ei gyfoeswyr iddo er mwyn cael rhyw fath o ddarlun yn ein meddwl. Wnaeth yr un artist cynnar geisio gwneud llun ohono; cymerodd artistiaid y canol oesoedd eu cyfoedion yn fodelau. Lluniau ffurfiol, hollol annaturiol yw darluniau'r meistro, at ei gilydd. Nid dangos realaeth oedd eu pwrpas, ond dyrchafu eu Harglwydd drwy ddarluniau godidog.

Ond aeth ein hemynwyr ni i bortreadu Crist yn ôl eu dychymyg, a defnyddio ymadroddion a delweddau'r Beibl. 'Mawr ei degwch a'i hawddgarwch, gwyn a gwridog, teg ei lun' meddai Titus Lewis (Caneuon Ffydd 323). Mae 'gwyn a gwridog' a 'Rhosyn Saron' yn emynau Pantycelyn hefyd. O Lyfr Sechareia y cafodd Ann Griffiths y syniad o berson yn sefyll rhwng y myrtwydd, ond ei dawn farddonol hi a'i gwnaeth yn gyfystyr â Iesu. Wedi gweld ei 'gwrthrych teilwng' nid oedd angen creu delw arall. *Beth sydd a wnelo Effraim mwy ag eilunod?* gofynnodd y proffwyd Hosea (pennod 14, adnod 8), a benthycodd Ann Griffiths y cwestiwn i gychwyn ei phennill trawiadol.

Y mae gennym i gyd ein darlun o Iesu yn ein dychymyg, er gwaethaf y lluniau neis, neis ohono mewn llyfrau plant. Y Beibl yw ein harweinlyfr, os ydym am ei ddisgrifio. Fel Ann Griffiths a'r emynwyr mawr, wrth chwilio'r ysgrythurau y mae gweld ei wyneb grasol.

Mari Ellis

GORFFENNAF 16 • Genesis 2:18, 21–25

CYCHWYN CWMNI

Darlleniad pellach: Marc 3:13–15

Nid un actor a osodwyd ar y llwyfan ac nid un rhyw chwaith. Caed Adda ac Efa, gwryw a benyw, y naill yn gwmni i'r llall. *Nid da bod y dyn ar ei ben ei hun* (Genesis 2:18). Wrth greu merch, daeth elfen newydd i'r ddrama.

Gyda dau gymeriad yn y ddrama yr oedd cyfle i fynegi perthynas drwy gymdeithas a deialog. Bwriadwyd hwy i fod yn un cnawd, ond eto maent yn ddau berson ar wahân gydag athrylith wahanol, gydag ewyllys annibynnol a chyda phersonoliaeth unigryw. Nid yn unig y mae yma bosibilrwydd priodas hapus, ond hefyd y mae yma bosibilrwydd gwrthdaro trist.

Gwyddom ers tro byd fod un rhan o dair o briodasau yn chwalu a bod un rhan o dair arall yn gwegian. Ar ôl uno, gwahanu; ar ôl caru, casáu; ar ôl hapusrwydd, tristwch. Dyna brofiad chwerw i lawer. Bwriadwyd i ŵr a gwraig fod yn un cnawd, yn un berthynas glòs er rhannu breintiau a rhannu cyfrifoldebau. Dyma sylfaen a chonglfaen teulu a chymdeithas. Mae priodas iach yn creu cymdeithas iach. Os tuedd pobl ydi ymrannu, chwalu, gwahanu, dryllio a malurio, am uno y mae Duw – dwyn ynghyd, cymodi, cyfannu a thrwsio. Dyma ddeunydd drama Duw, a stori pobl.

Tydi a drefnodd yn yr ardd
Yn Eden gynt, O Dduw
I fab a merch gael bod ynghyd
I rannu antur byw.
      (Eirian Davies)

John Owen, Rhuthun

GORFFENNAF 17 • Exodus 20:1–17

Y DEG GORCHYMYN

Yr Achubydd sydd yn siarad. Rhyddhaodd ei bobl er mwyn iddynt ei wasanaethu. Ganddo ef y mae'r hawl i'w gorchymyn a'u cyfeirio at y ffordd ddilys o fyw. Eu braint hwythau mewn diolchgarwch iddo yw ufuddhau.

Nodwn fod y gorchmynion wedi eu cyfeirio at y person unigol o fewn y genedl. *Na wna* **iti** (adnod 4) ... Dyna danlinellu cyfrifoldeb moesol yr unigolyn. Sylwn hefyd ar y ffurf negyddol. I genedl yn ei phlentyndod roedd hi'n bwysig gweld yn glir beth oedd y pethau drwg y dylid eu gochel. O ran hynny ni all unrhyw genedl fforddio bod yn glustfyddar i'r rhybudd 'na'.

Diogelu ymagwedd gywir at Dduw ei hunan yw byrdwn y tri gorchymyn cyntaf. Fe fyn Duw ffyddlondeb diamod. Mae'n Dduw eiddigeddus na chaniatâ i'r un duw na'r un eilun rannu teyrngarwch ei bobl. Crefydd anoddefgar yn yr ystyr orau yw crefydd yr Hen Destament.

Temtasiwn cyson Israel oedd nid cefnu ar Dduw yn gymaint, ond mabwysiadu duwiau eraill ochr yn ochr ag ef. Gwyddom ni hefyd am fformiwla 'Duw a ... Mamon ... Moloch, Rhyw, Pleser' ac ati.

Un ffordd arbennig o bwysig o ddiogelu a dyfnhau ein teyrngarwch i Dduw yw drwy neilltuo amser iddo, a dyma odid ein trysor pennaf. Wrth neilltuo un gyfran o amser iddo mae'n rhwyddach cofio mai ef piau'r cyfan ohono. Dyna nod pob munud dawel a phob awr addoliad sy'n Saboth i ninnau heddiw.

Y mae parch at ein gilydd yn mynd law yn llaw â'n parch at Dduw. Gorchmynnir parch at rieni, at einioes pobl, at eiddo, at gyfamod priodasol, ac at enw da. Dyma seiliau sicr i gymdeithas wâr.

Yn glo i'r cyfan daw gorchymyn gyda'r pwysicaf am ei fod yn cyffwrdd â chraidd ein bywyd. Mae'n rhybudd rhag y trachwant sy'n codi o falchder a hunangariad. Awgryma Pantycelyn yn ei emyn mai'r ateb i ddrwg-chwennych ydi chwennych yr uchaf y gwyddom amdano. Ac mor addas oedd disgrifiad R. Williams Parry o 'drachwant sanctaidd' yr emynydd.

'Rwy'n chwennych gweld ei degwch ef ...
    (William Williams, Caneuon Ffydd 295)

M. Islwyn Lake

GORFFENNAF 18 • Mathew 6:19–24

BANC Y NEFOEDD

Darllenais unwaith am blant wedi torri i mewn i siop oedd yn cynnwys dipyn o bopeth a thaflu pethau at ei gilydd gan wneud cryn ddifrod a chymysgu prisiau'r nwyddau heb drefn na synnwyr. Felly, gwelech label a deg ceiniog arno yn gorffwys ar rywbeth gwerth deg punt, ac yn y blaen.

Un arwydd o ddirywiad dynoliaeth yw'r modd y bydd yn cymysgu gwerthoedd. Bydd yn rhoi ei serch ar y gweledig a'r arwynebol, ac yn cymryd fawr o sylw o'r ysbrydol na dyfnion bethau Duw. O ganlyniad, bydd ysbryd trachwantus fel llygad afiach yn rhwystro iddo adnabod y gwirionedd a sylweddoli'r gwahaniaeth rhwng trysor real ac efelychiad di-werth. Ni all brofi bendithion y llygad iach – yr haelioni sy'n puro'r enaid ac yn rhyddhau'r ysbryd, heb gynhyrchu balchder a hunanddigonolrwydd.

Un demtasiwn gref yw ceisio bargeinio â'r gwir gyfoeth yn ogystal â'r ffug, gan geisio etifeddu yn y diwedd yr hyn nad oes gennym hawl arno. Mewn geiriau eraill, meddwl am y nefoedd fel rhywbeth i syrthio'n ôl arni wedi i'r busnes fethu ar y ddaear yma. Ond nid oes polisi yswiriant felly'n bod; lledrith y diafol ydyw. Y mae'r ymgais i gyfaddawdu yn farwol. Dyna pam, â chariad heb gymrodedd, y rhoes Duw ei Drysor tragwyddol i'r byd yn yr efengyl.

Rheinallt Nantlais Williams

GORFFENNAF 19 • Eseia 33:15; Salm 19:7–14

COLOFNAU CYMDEITHAS – DWEUD Y GWIR

Traethu uniondeb yw dweud y gwir. Dyma sylfaen cyfiawnder a phob cymdeithas wâr. Dyma'r llw a gymerir mewn llys barn, i ddweud y gwir, yr holl wir, a dim ond y gwir. Y fath anfri ar gymeriad yw na ellir dibynnu ar ei air! Y fath bydredd mewn cymdeithas yw pobl yn mynd i fyw ar gelwydd!

Y mae hwn, bid siŵr, yn un o hen hen wendidau'r natur ddynol, mor hen â gardd Eden. Dywedodd Adda nad arno ef yr oedd y bai, *Y wraig a roddaist i fod gyda mi* (Genesis 3:12). Dywedodd Efa nad arni hithau yr oedd y bai, *Y sarff a'm twyllodd* (Genesis 3:13). Ffurf ar lwfrdra yw'r anwiredd hwn.

Un peryglus yw'r tafod, yn ôl Epistol Iago: *Ystyriwch fel y mae gwreichionen fechan yn gallu rhoi coedwig fawr ar dân. A thân yw'r tafod; byd o anghyfiawnder ydyw, wedi ei osod ymhlith ein haelodau, yn halogi'r corff i gyd, ac yn rhoi holl gylch ein bodolaeth ar dân wrth iddo ef ei hun gael ei roi ar dân gan uffern. Y mae'r hil ddynol yn gallu rheoli pob math o anifeiliaid ac adar, o ymlusgiaid a physgod; yn wir, y mae wedi eu rheoli. Ond nid oes neb sy'n gallu rheoli'r tafod. Drwg diorffwys yw, yn llawn o wenwyn marwol* (Iago 3:5b–8).

Mae'n siŵr bod Iago yn cofio geiriau'r Arglwydd Iesu: *Ond y mae'r pethau sy'n dod allan o'r genau yn dod o'r galon, a dyna'r pethau sy'n halogi rhywun. Oherwydd o'r galon y daw cynllunio drygionus, llofruddio, godinebu, puteinio, lladrata, camdystiolaethu, a chablu. Dyma'r pethau sy'n halogi rhywun* (Mathew 15:18–20a).

To thine own self be true,
And it must follow, as the night the day,
Thou canst not then be false to any man.
  (Shakespeare, Hamlet)

Trebor Lloyd Evans

GORFFENNAF 20 • **1 Corinthiaid 11:23–26**

CRIST EIN BARA

Duw, ymborth y tlodion,
Crist ein bara,
dyro i ni flasu bara tyner
oddi ar fwrdd y greadigaeth;
bara newydd ei godi
allan o bopty dy galon,
bwyd sy'n ein bodloni a'n digoni,
torth y frawdoliaeth sy'n ein gwneud yn bobl
a'n dwylo ynghyd,
yn gweithio a rhannu.
Torth gynnes sy'n ein gwneud yn deulu,
sacrament dy gorff di
i'th bobl glwyfedig.

Denzil I. John - Gweddi Cymuned y Gegin yn Lima Peru, allan o 'Salmau Bywyd a Heddwch'

GORFFENNAF 21 • Mathew 7:7–14

GWOBR DYFALBARHAD

Os yw Duw yn ddigon agos atom i glywed ein llais pan fyddwn yn gofyn ganddo, ac yn ddigon parod i'w ddatguddio'i hun pan fyddwn yn chwilio amdano, ac yn ddigon croesawgar i agor y drws pan fyddwn yn curo arno, pam y mae gweddïo yn gymaint o broblem i ni? Clywn y gwyn yn fynych nad yw gweddi yn gweithio. 'Ni allwn byth fod wedi gweddïo'n fwy taer, ac eto ni ddigwyddodd dim,' meddem.

Ateb Iesu yw cwestiwn arall sef gofyn a ydym yn barnu ein bod yn well nag yw Duw. Y mae'r cwestiwn yn ei ateb ei hun. Ai ar y ffordd yr ydym yn gofyn y mae'r bai? Neu ai gofyn am bethau anghyfreithlon yr ydym? Y mae Duw o ddifrif ar fater gweddi, ac felly, i gael ei ateb, rhaid i ninnau hefyd fod o ddifrif. Un prawf ar ein difrifwch yw maint ein dyfalbarhad. Fel plant byddem yn curo drysau pobl weithiau, a rhedeg i ffwrdd wedyn. Ond chwarae'n ddireidus yr oeddem, ac nid chwilio'n ddisgwylgar.

Y mae Duw hefyd am roi pethau da i ni, ond gwneud drwg y byddai llawer o bethau y gofynnwn amdanynt, er nad pethau drwg ydynt ynddynt eu hunain, o bosibl. Babanod ysbrydol ydym, ac i faban y mae popeth sy'n ei atynnu yn 'dda'. I'r geg y mae'r cwbl yn mynd os caiff ei ffordd ei hun – y mae carreg a bara yn cael croeso i'w geg.

Rhaid i ninnau ddysgu dewis hefyd rhwng y drwg a'r da. Y drwg sydd haws; y mae'r da yn galw am ddisgyblaeth, ymroddiad ac ymwrthod, nid o gulni ysbryd ond o gariad at y Tad.

GWEDDI

Nid ceisio 'rwyf anrhydedd byd,
nid gofyn wnaf am gyfoeth drud;
O llwydda f'enaid, trugarha,
a dod i mi dy bethau da. Amen.
(Moelwyn, Caneuon Ffydd 691)

Rheinallt Nantlais Williams

GORFFENNAF 22 • 2 Brenhinoedd 2:19–22

Y DŴR BYWIOL

Gŵr gwahanol iawn i Elias oedd ei olynydd, Eliseus. Dywedir mai dyn moel ydoedd (2 Brenhinoedd 2:23); gwisgai ddillad cyffredin (2:12), a hoffai dreulio'i amser mewn trefi a dinasoedd. Ac eithrio'r weithred wleidyddol yn peri dymchwel llinach frenhinol Omri (penodau 9–10), ei brif nodwedd yw ei gymwynasgarwch. A'i gymwynasgarwch a welir yn y darn darllen am heddiw, lle mae'n puro dyfroedd a oedd wedi'u gwenwyno.

Dywed traddodiad mai'r ffynnon dan sylw yw Ain Sultan ger Jericho. Yn ôl Josua 6:26, melltithiwyd hi gan Josua, ond myn ysgolheigion bellach iddi gael ei gwenwyno oherwydd symudiadau daearegol neu ryw weithgarwch radio-actif yn y creigiau o'i chwmpas. Hyn a barai fod *y tir yn ddiffrwyth* (adnod 19). Ystyr arferol y gair Hebraeg a gyfieithir yma am 'ddiffrwyth' yw 'erthylu'. Y mae rhai fersiynau hefyd yn gadael allan y cyfeiriad at *y tir*. Gellid darllen adnod 19b, felly, fel hyn: *ond y mae'r dŵr yn wenwynig ac yn achos erthylu*. Sylwer bod Eliseus yn galw am halen ac am lestr newydd – dau beth a ddefnyddid yn gyson yn nefodau crefyddol Israel. O ganlyniad, fe burir dŵr y ffynnon.

Defnyddir yr ymadrodd 'dŵr pur' neu 'dŵr bywiol' yn aml yn yr Hen Destament i fod yn symbol o ras Duw. Oherwydd prinder glaw, cloddid pydew yn ymyl pob tŷ, ond perygl y dŵr hwnnw oedd troi'n 'ddŵr marw'. Yr oedd 'dŵr bywiol', felly, yn hynod werthfawr, a gellir gweld sut y daeth gydag amser yn arwydd o buredigaeth ysbrydol. O hyn y tarddodd y syniad o fedydd.

Yr oedd Eliseus yn *ŵr Duw* (2 Brenhinoedd 4:7). Pa ryfedd, felly, ei fod o blaid bywyd? Symbol o'r bywyd newydd sydd yn Nuw yw dŵr puredig y ffynnon. Sylwer hefyd bod unrhyw lygru ar elfennau natur yn groes i ewyllys Duw.

Gwynn ap Gwilym

GORFFENNAF 23 • Genesis 1:31

YR OEDD YN DDA IAWN

Darlleniad pellach: Actau 17:22–28

GWELODD DUW Y CWBL A WNAETH, AC YR OEDD YN DDA IAWN

Nid da sylwch, ond da iawn. Mae Duw yn edrych ar y chweched dydd ar yr hyn oll a greodd, ac am y diwrnod hwnnw, ac am y pump blaenorol, y mae'n dweud *da iawn* (Genesis 1:31). Wrth greu meidrolion fel rhan olaf ei gynllun, mae'n edrych yn ôl dros ysgwydd fel petai, yn falch ei fod wedi trafferthu, nid i wneud pobl sylwer, ond y CWBL a greodd. Rhan o'r greadigaeth ysblennydd ydym ninnau, rhan fach ohoni, ie, ond rhan weddol bwysig yn ein barn ni fel creaduriaid, ond rhan wedi'r cyfan. Nid ni sydd piau'r byd i wneud fel y mynnem ag ef; oherwydd byd Duw ydyw, ac y mae'n iawn i ni barchu pob rhan o'r greadigaeth. Fedrwn ni ddim byw ond mewn cytgord â hi. Dyma pam mae achub fforestydd trofannol a chadw'r môr yn lân yn bwysig. Dyna pam mae'r haenen oson a'r twndra pell yn agweddau mor hanfodol o'r cread. Mae'n rhaid i ni fel pobl fyw mewn harmoni â'n hamgylchedd, neu fe fyddwn ni a'r amgylchedd yn cael ein difodi.

GWEDDI

Diolch i ti, Grëwr mawr, am y byd da a'r hyn sydd ynddo. Allan o dy ddychymyg fe greaist bopeth, ac am ddychymyg! Gad i ni weld, rhyfeddu a sylweddoli maint dy gariad tuag at dy fyd. Amen.

Einir a John Talfryn Jones

GORFFENNAF 24 • **Marc 6:14–29**

COLLI CYFLE

Cafodd Herod ei gyfle yn ôl yr hanes. Mae 'na gred mai drwy dynerwch ac anwyldeb y gellir ennill clust pobl i efengyl Iesu. Ond dyma brofi bod pregethu cras caled yn gallu bod yr un mor effeithiol. Pregethodd Ioan i bawb, gan gynnwys y brenin, heb flewyn ar ei dafod, a phregethu yn benodol iawn hefyd, gan dynnu sylw Herod at drosedd benodol yn erbyn Duw. Ond yr hyn sy'n syndod yw bod Herod yn barod iawn i wrando ar Ioan Fedyddiwr. Mae pobl yn gallu parchu rhywun sy'n dweud y gwir. Efallai yn wir y byddai mwy o barch i efengyl Iesu Grist petai'r gwir yn cael ei ddweud yn blaen heb flewyn ar dafod, a rhoi heibio ceisio denu pobl at weniaith. Ac yr oedd geiriau Ioan yn gosod Herod mewn penbleth. Yr oedd ar groesffordd rhwng anghrediniaeth ac edifeirwch. Mae rhyw dristwch yng nghymeriad Herod yn yr hanes. Roedd yr efengyl yn ei osod mewn penbleth, roedd yn cael ei ddenu gan bregethu Ioan, a gwyddai mai dyma oedd yn iawn. Ond gweithred yr ewyllys yw ffydd, ac roedd ei awydd i fodloni ei chwant ei hun, plesio Herodias a dangos ei hun o flaen ei westeion, heb sôn am ei addewid fyrbwyll yn rhwystr iddo. Felly mae'n difa ei obaith ei hun; ond yr hyn sy'n waeth yw, gŵyr hynny hefyd. Un peth yw colli gobaith, ond y mae gwybod mai chi eich hunan a dorrodd linyn tenau eich gobaith yn benderfyniad hunllefus yr oedd yn rhaid iddo ddygymod ag o weddill ei oes.

John Roberts

GORFFENNAF 25 • 2 Timotheus 2:8–13

COFIO IESU GRIST

O Sul i Sul fe fyddwn fel Anglicaniaid yn adrodd ein cyffes ar goedd. Gwnawn hyn yn bennaf gan adrodd y Credo. Dygir i'r cof ddigwyddiadau mawr bywyd yr Arglwydd Iesu a phrif agweddau ein diwinyddiaeth. Wrth gwrs, bydd llawer yn adrodd y geiriau heb ddirnad yr ystyr, ond credir bod adrodd iach yn fuddiol.

Yn ei lyfr 'I Found God in Soviet Russia' mae John Noble yn adrodd hanesion ei brofiadau dychrynllyd yng ngharchardai Stalin. Yn y mannau mwyaf dieflig, gwelodd ffydd anhygoel lleianod Catholig yn adrodd geiriau'r offeren, argyhoeddiad nifer o Fedyddwyr wrth iddynt adrodd darnau o'r Efengyl, ac addoliad litwrgaidd offeriaid Uniongred wrth iddynt adrodd eu ffurf wasanaeth. Dan orthrwm carchar Stalin, adroddwyd yr Efengyl a'r Credo gan ddwyn i'r cof hanesion bywyd Iesu a'r hyn a gredir amdano. Ar un achlysur yn nyfnderoedd daear oer Siberia, clywodd dan orthrwm caddug y gyfundrefn gomiwnyddol eiriau hyfryd a chynnes sefydlu'r Swper Olaf. Ceir amryiwol ffyrdd, dan ras Duw, i ddwyn Iesu i'r cof.

Aled Edwards

GORFFENNAF 26 • Ioan 3:1–15

NICODEMUS

Mae'n werth inni sylwi ar y ffaith bod Iesu yn ymwneud â phobl fel personau unigol. Dyma un o ryfeddodau mawr y Duwdod. Mae pob enaid yn werthfawr gerbron Duw ac nid yw'n rhyfedd i Iesu ddweud wrth ei ddisgyblion am weddïo *Ein Tad* (Mathew 6:9). Fe ŵyr pob tad gwerth ei halen am bob un o'i blant, waeth faint sydd ganddo, oherwydd y mae pob un yn werth y byd iddo. Mae dameg y Ddafad Golledig yn gysur inni. Er bod gan y bugail gant o ddefaid yn y gorlan, mae yn mynd i chwilio am yr un, a chofiwn fod llawenydd yng ngŵydd angylion Duw am yr un a ddaeth yn ôl.

Daeth Nicodemus at Iesu liw nos, a dyma bennaeth yr Iddewon – dyn uchel ei safle mewn cymdeithas – yn troi at Iesu. Mae llawer o rai tebyg i Iesu i'w cael yn yr oes hon – rhai nad ydym ni bob amser yn hoffi ymwneud â nhw. Pobl yr ymylon oedd Iesu a'i ddisgyblion. Eto, fe welodd Nicodemus rywbeth arbennig yn y gymdeithas ryfedd hon, a diddorol yw inni gofio bod hyn wedi digwydd drwy'r canrifoedd. Mae'n wir i Iesu ddod i'r byd i chwalu pob rhagfarn a chulni, ac yn wir fe lwyddodd yn rhyfedd. Mae'r efengyl yn dal i wneud hyn.

Sylwn ar y geiriau bythgofiadwy a ddywedodd Iesu: *Y mae'n rhaid eich geni chwi o'r newydd* (adnod 7). Mae derbyn Iesu yn enedigaeth newydd.

GWEDDI
Na foed inni fod yn bobl hyd braich gyda'r eglwys. Amen.

Edgar Jones

GORFFENNAF 27 • Salm 50

DUW EI HUN SYDD FARNWR

Pa mor bwysig yw Duw a'i ofynion ym mywyd ein heglwysi? Er iddynt geisio pontio'r agendor rhwng y dynol a'r dwyfol nid ydynt yn rhydd o'r gwendidau sy'n effeithio ar bob un o sefydliadau'r byd. Mae'r demtasiwn i ogoneddu pobl a'r gyfundrefn yn hytrach na Duw sy'n rhoi ystyr i'r cyfan yn gryf iawn. Nid ydym yn aberthu teirw a buchod bellach – yn lle hynny aberthwn amser, arian ac egni ar bwyllgor di-fudd, adroddiadau dianghenraid a 'gwneud er mwyn gwneud'.

Ond fel mae'r Salmydd yn ein hatgoffa *Duw ei hun sydd farnwr* (adnod 6). Nid yw'n hawlio'r pethau a gynigiwn iddo – cynadleddau eglwysig a phentyrrau o bapur o'n swyddfeydd canolog. Dymuniad digon plaen sydd ganddo: *Y sawl sy'n cyflwyno offrymau diolch sy'n fy anrhydeddu, ac i'r sawl sy'n dilyn fy ffordd y dangosaf iachawdwriaeth Duw* (adnod 23). Addoliad diffuant, defosiynol a diolchgar a'r ymdrech gyson i drawsnewid bywydau ein cymdeithion drwy fynegi cariad Duw tuag atynt mewn gair a gweithred yw gwaith yr eglwys. Hunan-dwyll cywilyddus yw popeth arall.

Patrick Thomas

GORFFENNAF 28 • **Actau 4:5–22**

ENW DUW

Roedd yr Israeliaid wedi eu gorchfygu yn eu brwydr yn erbyn trigolion Ai. Yn ei weddi, mynegodd Josua bryder y byddai'r llwythau eraill, o glywed hyn, i gyd yn ymosod arnynt a'u difetha: *fe'n hamgylchynant, a dileu ein henw o'r wlad* (Josua 7:9). Ei bryder pennaf, fodd bynnag, oedd ei bryder am enw Duw: *... a beth a wnei di am d'enw mawr?* (Josua 7:9). Ofn yr oedd, os byddai'r Israeliaid yn diflannu o'r tir, yna byddai enw Duw a'r sôn amdano yn darfod hefyd. Ai ofni roedd bod cysylltiad annatod rhwng parhad pobl Dduw a pharhad Duw ei hunan?

Ni allwn gredu hyn, ond teg yw i ninnau ofyn yn y Gymru sydd ohoni: 'A beth a wnei di am d'enw mawr?' Mae cysylltiad rhwng parhad enw Duw mewn cymuned a chymdeithas a chenedl, a ffyddlondeb pobl i'r enw hwnnw. Yr hyn sy'n drist yw bod yr enw wedi mynd yn un dieithr i gymaint o bobl yn ein dyddiau ni. Yn Llyfr yr Actau dygwyd Pedr ac Ioan o flaen y llywodraethwyr Iddewig i'w croesholi am iddynt iacháu dyn claf; ond wrth glywed huodledd Pedr sylweddolwyd gan y llys am y ddau *eu bod hwy wedi bod gyda Iesu* (Actau 4:13). Onid dyna'r ffordd i gadw'r enw'n fyw yn ein plith?

GWEDDI

Ein Tad, yr hwn wyt yn y nefoedd, sancteiddier dy enw, a gad i hynny ddechrau yn ffyddlondeb ac ymroad fy mywyd i. Amen.

R. W. Jones

GORFFENNAF 29 • Jeremeia 1:4–12

Y PREN ALMON

Y mae'n ddiddorol darllen enwau y gwahanol goedydd, planhigion a blodau o bob math a gofnodir yn y Beibl. Mae rhai ohonynt yn weddol gyfarwydd inni, ond gwyddom mai gwlad y Beibl yn unig yw cartref y lleill. Un ohonynt yw'r pren almon y cyfeirir ato ym mhennod gyntaf Llyfr Jeremeia. Yr oedd symbolau fel cyfrwng gweledigaethau yn gyffredin i'r proffwydi, ac felly yma. Cafodd Jeremeia ddwy weledigaeth arbennig, sef gweledigaeth y wialen almon a gweledigaeth y crochan yn berwi.

Y mae'r pren almon yn blaguro yn y Dwyrain, a blodeuo ymhell cyn i'r coed eraill ddechrau deffro, mor gynnar â mis Ionawr. Yr enw Hebraeg ar y goeden hon yw 'shaqed', a gall y gair olygu 'yr un sydd yn effro i gyflawni fy ngeiriau'.

Pwrpas yr arwydd oedd cadarnhau ffydd y proffwyd ifanc yn y Duw oedd yn effro er gwaethaf yr amgylchiadau. Dyma'r Duw y canodd y Salmydd amdano fel hyn: *Nid yw ceidwad Israel yn cysgu nac yn huno* (Salm 121:4). Mae'r ddelwedd hefyd yn gyson â Duw y Greadigaeth, ac y mae pwerau cudd y Creawdwr Mawr ar waith yn ei greadigaeth, er nad oes arwyddion allanol o hynny. I Cynan yr oedd hyn yn gyfysytyr â grym yr eirlysiau a dyfai 'o fedd y gaeaf du'.

Ac am fod Duw yn effro fe'n geilw ninnau i fod yn effro ymhob amgylchiad. Cofiwn am siom yr Arglwydd Iesu Grist pan welodd amharodrwydd y disgyblion i wylio gydag ef yn awr ei ing. Y mae gwaredigaeth Seion, yn ôl Eseia, yn seiliedig ar y rhai sy'n effro. *Deffro, deffro, gwisg dy nerth, Seion; ymwisga yn dy ddillad godidog* (Eseia 52:1). Braint a chyfrifoldeb pawb ohonom yw bod yn effro.

GWEDDI

Diolch i ti dy fod yn Dduw sydd ar waith yng nghanol hynt a helynt y byd. Diolch am bwerau dy wanwyn er gwaethaf pob gaeaf du. Amen.

Ieuan Lloyd

GORFFENNAF 30 • 1 Samuel 18:5–11

PRIS LLWYDDIANT

Ni chwenychodd Dafydd enwogrwydd na llwyddiant, ond daethant iddo'n sydyn. Yn eu sgil collwn ein cyfeillion. Daw cenfigen a malais eraill llai llwyddiannus, yn fwyaf nodedig, eiddo Saul y brenin, i'w trechu. Mewn llwyddiant mawr fel mewn trybini mawr down i adnabod ein cyfeillion.

Collwn ein gwir hunan hefyd fel rhan o bris llwyddiant yn llawer rhy aml. Gwelsom hyn yn hanes Saul, ac fe ddaw i raddau llai yn hanes Dafydd yn nes ymlaen. Cofiwn gynghorion Wil Bryan i Rhys Lewis, a'r cyngor wrth ddringo ysgol – ar ôl cyrraedd y pen i gamu un ffon i lawr, am nad oes le saff i gydio ar y top. Oni bai am y newyn a'r cibau, a fyddai'r Mab Afradlon wedi dod ato'i hun?

Cawn le i gredu nad oes un ennill heb golli. 'Wrth ennill gwareiddiad, colli gwreiddioldeb', ac y mae llwyddiant materol ein hoes ni wedi costio'n ddrud yn foesol a chrefyddol. Gall ennill a dyrchafiad fod yn golled a darostyngiad. Pan demtiwyd un brawd i adael y Weinidogaeth Gristnogol am swydd fras, gwrthododd, a holwyd ef: 'Oedd y cyflog a gynigiwyd yn rhy fach?' 'O na, y gwaith oedd ddim digon mawr,' oedd ei ateb.

GWEDDI
Cadw fi yn blentyn i ti mewn llwydd ac aflwydd, O Dad. Amen.

Dafydd H. Edwards

GORFFENNAF 31 • Jeremeia 16:1–9

'DOES UNMAN YN DEBYG I GARTREF'

Yng ngolwg yr Iddew yr oedd priodas a bywyd teuluol yn fendithion arbennig, ac y mae'n werth cofio mai Iddewiaeth yw'r unig un o grefyddau mawr y byd nad yw'n cymeradwyo'r bywyd mynachaidd. Ond ar gyfrif unigrwydd ei waith a diffyg ymateb y bobl i'w genadwri gorfodid Jeremeia i fyw megis mynach os nad fel meudwy. A hynny o raid, nid o ddewis. Credai ef mai ffordd Duw o ddangos i'r genedl ddifrifed fyddai'r dinistr oedd yn ymyl oedd gwahardd priodas i'w broffwyd. Ystyriai Paul yntau mai bod yn ddibriod oedd orau yn wyneb yr anghenraid presennol (1 Corinthiaid 7:26). Eithr tu ôl i erwinder ei neges yn y bennod hon hawdd darllen rhwng y llinellau a dod i'r casgliad y rhoesai Jeremeia y byd am gael mwynhau cysuron bywyd teulu.

Hawdd casglu hefyd na ellid dinistr mwy difrifol yn hanes gwlad, yng ngolwg Jeremeia, na llwyr ddistrywio bywyd teulu. Dyna un o ganlyniadau mwyaf melltigedig pob rhyfel.

Walter P. John

AWST 1 • Mathew 9:27–38

BUGAIL MAWR Y DEFAID

Yn ddiamau, o drugaredd yr oedd Crist yn ymateb i'r gri am help. Ond yr oedd ei drugaredd yn treiddio'n ddyfnach na gofal am iechyd corfforol pobl yn unig. Felly, mewn atebiad i gais y ddau ddyn dall: *Trugarha wrthym ni, Fab Dafydd* (adnod 27) gofynnodd iddynt a oeddent yn credu y gallai ef eu hiacháu. Nid yw gallu Duw yn dibynnu ar ein barn ni am ei allu, ond y mae ein hymddiriedaeth ni ynddo yn agor drws yr enaid i'w Ysbryd ef ei hun i ymwneud â ni. Y mae dyfnder y fendith yn dibynnu ar faint ein ffydd.

Un peth yw'r gallu i iacháu'r corff, peth arall yw'r gallu i fwrw allan gythreuliaid. Nid yw gwybodaeth wyddonol yn medru delio â phwerau ysbrydol. A phrif amcan Crist oedd gwneud yr holl berson yn deml i Ysbryd Duw. Ond ni allai'r Phariseaid gwrthwynebus fwrw allan ysbrydion drwg oherwydd yr oeddent hwy eu hunain yn eu gafael.

Yn y rhan olaf o'r bennod cawn bortread o Grist fel y Gweinidog cyflawn. Nid oedd iacháu yn ei olwg yn efengyl ynddo'i hun, rhaid oedd pregethu'r deyrnas hefyd (adnod 35). Yr oedd tyrfa yn gyfle yn ei olwg – y gweithwyr oedd y broblem! Gweld problem yn y dorf y byddwn ni, hyd yn oed os yw'r gweithwyr ar gael: 'Beth a ddywedwn wrthynt? Sut y medrir cyfathrebu â phobl felly?' meddem. Heb dosturi Crist nid oes modd trosglwyddo'r neges i'r dorf. A heb i DDUW anfon y gweithwyr (adnod 38) ni fydd gennym ddim i'w gyhoeddi. Felly, yr angen mwyaf oll yw nid tyrfa na gweithwyr ond pobl fydd yn penderfynu mynd ati o ddifrif *i ddeisyf ar Arglwydd y cynhaeaf* (adnod 38).

Rhenallt Nantlais Williams

AWST 2 • Mathew 20:1–16

SEGURDOD

Yn y ddameg gwelwn fel y mae Duw yn ei drugaredd yn rhoi cymaint i'r gweithwyr olaf ag i'r rhai cynnar. Yn naturiol mae'r rhai cynnar yn protestio, ond nid yn ôl y gyfraith y gweithreda Duw. Nid oes gennym hawl i ddisgwyl dim oddi wrtho, oherwydd rhaid i ni ddibynnu ar ei raslonrwydd.

Darllenwn yn y ddameg am ddynion yn segur ar hyd y dydd. Darlun cynefin i ni heddiw yw hwn oherwydd segurdod heb ei ddeisyfu sy'n diraddio pobl ac yn lladd eu hysbryd. Diweithdra sy'n rhannol gyfrifol am lawer o'r trais a'r fandaliaeth sy'n digwydd o'n cwmpas; y diafol yn rhoi gwaith i ddwylo segur, fel y rhybuddiai'r hen air o'r ganrif ddiwethaf. Mae'n dal yn wir am bobl ifanc – 'eisiau rhywbeth i'w wneud' sydd arnynt. Perygl arall yw ceisio dihangfa mewn alcohol a chyffuriau eraill, a hyn yn arwain at ragor o drais.

Yr ydym yn byw mewn hinsawdd lle mae elw yn bopeth. Os nad yw unrhyw waith yn talu, rhaid rhoi terfyn arno, waeth pa mor anghyfleus y gall fod. Mae cymdeithas sy'n rhoi mwy o bwys ar elw ac arian nag ar fywydau pobl yn sicr yn bechadurus.

Mari Ellis

AWST 3 • Micha 6:1–8

GOFYNION YR ARGLWYDD

Fe fyddwn ni i gyd yn hoff o gael crynhoad twt o safbwynt neu ddysgeidiaeth arbennig. Dyna a gawn gan y proffwyd yn adnod 8. Dyna graidd neges proffwydi'r wythfed ganrif. Ond mae'n bwysig gweld y geiriau yn eu cyd-destun.

Mae Micha'n darlunio Israel mewn llys barn yn wynebu cyhuddiad yr Arglwydd, a hynny yng ngŵydd y mynyddoedd sy'n dystion iddo. Mae'n atgoffa'i bobl am ei weithredoedd gwaredigol ac yn eu hannog i gofio'r hyn a fu. Mewn ateb y mae Israel yn holi tybed a fydd poethoffrymau neu aberth dynol yn ei fodloni. Ond ymateb tlawd ac annigonol fyddai hynny. Bodloni ar grefydda defodol ac allanol tra'n gwadu'r sylwedd mewnol a moesol oedd y drosedd fawr yng ngolwg y proffwyd.

Datgelir yn glir a difloesgni yr hyn y mae'r Arglwydd yn ei hawlio. Gwneud cyfiawnder ddaw gyntaf, a pheth i'w wneud yw cyfiawnder. Fe olyga wneud yr hyn sy'n unol ag ewyllys a chymeriad Duw ac nid ymroi, fel y gwnaeth Israel, i dwyll, celwydd a thrais. I ninnau yn yr oes hon mae gwneud cyfiawnder yn golygu bod o blaid y tlawd, y difreintiau a'r di-lais – y rhai y mae Duw yn gogwyddo atynt mewn tosturi a chydymdeimlad. Cyfiawnder Duw ac nid cyfiawnder gwlad neu senedd sy'n hawlio'n hufudd-dod ni.

Mae yna gyfoeth o ystyr yn yr ymadrodd *caru teyrngarwch* (adnod 8) – 'trugaredd' ym Meibl William Morgan a 'ffyddlondeb' yn Y Beibl Cymraeg Newydd 1988 – gyda'r gair a gyfieithir yn 'ffyddlondeb' yn un o eiriau trymaf yr Hebraeg. Dyma'r ffyddlondeb cadarn a amlygodd Duw yn ei gyfamod ag Israel a hynny yn wyneb anffyddlondeb ei bobl. Yn sicr mae blas cryf trugaredd a maddeuant ar y ffyddlondeb hwn.

Yn glo i'r cyfan mae Duw yn gofyn inni rodio'n ostyngedig gydag ef; i glosio ato, ac i ddisgwyl wrtho. Dyma'r gofynion felly ar bob eglwys ac aelod: cyfiawnder, ffyddlondeb, a byw mewn cymundeb â Duw.

M. Islwyn Lake

AWST 4 • Jeremeia 31:31–34

CYFAMOD NEWYDD

Yn wahanol i Gyfamod Sinai a naddwyd ar ddwy lechen, yr oedd Duw yn ôl Jeremeia mewn cyfnod diweddarach yn hanes y genedl am wneud cyfamod newydd a fyddai'n ysgrifenedig ar galonnau'r bobl. Mae amgylchiadau newydd yn gofyn am gyfamod newydd: *Byddaf fi'n Dduw iddynt a hwythau'n bobl i mi* (adnod 33). Mewnol yw'r cyfamod hwn ac nid allanol. Nid rhywbeth ffurfiol, oer, o'r tu allan ydyw, ond cyfamod personol, cynnes o'r tu mewn. Nid ar lech o garreg y mae ond ar lech y galon. Dyma nodyn newydd yn nrama'r cadw, nodyn sydd yn amlwg yn y Testament Newydd. Nid rhywbeth a orfodir arnom o'r tu allan ydyw, ond rhywbeth a ddymunir oddi mewn. Deuir i adnabod Duw, nid fel Arglwydd cyrrau'r ddaear yn unig, ond hefyd fel un a ddaw i berthynas bersonol â'i bobl, ac ni ellir anwybyddu'r cyfamod hwn, oherwydd y bydd eisoes wedi ei dorri pan ddaw'r awydd mewn pobl i'w anghofio. Ni bydd fawr o siâp ar y ddrama oni bai bod yr actorion mewn tiwn efo'r Awdur/Gyfarwyddwr.

John Owen, Rhuthun

AWST 5 • Deuteronomium 19:20–21

LLYGAD AM LYGAD

Geiriau olaf adnod 21 yw'r rhai mwyaf adnabyddus, ond odid, o'r Hen Destament i'r mwyafrif o bobl, ac fe'u dyfynnir yn aml fel prawf di-droi'n-ôl o'i greulondeb. Gresyn na welir bod llygad am lygad yn gam bras ymlaen o'r hyn a fu cynt. Rhydd ddiwedd ar gynnen oesol a dial gwaedlyd di-ben-draw, ac ni chyrhaeddodd y byd modern eto hyd at y safon hon. Yr egwyddor sydd tu ôl i feddiant o arfau niwclear – yr atalfa eithaf bondigrybwyll – yw bod eu perchennog yn medru talu'n ôl ar ei filfed i unrhyw ymosodwr.

Mae'n amheus a yw dial cymesur yn atalfa ar ddrygioni. O gofio Mathew 5:38–39, mae'n amheus iawn a oes rhaid wrth yr egwyddor o ddial er mwyn cynnal trefn foesol. Safon moesoldeb gras ac nid moesoldeb y gyfraith yw geiriau Iesu, medd rhai, gan awgrymu eu bod yn mynegi delfryd na ellir ei gwireddu mewn bywyd bob dydd. Gall unigolion gyrraedd y safon hon, medd eraill, ond ni ellir ei gwneud yn sail i fywyd cymdeithasol. Pan ymrwyma rhai pobl i'r safon hon fe gwyd y posibilrwydd y gall cymdeithas gyrraedd yr un safon, ond fe erys yr angen am ddial ym mywyd cymdeithas o hyd. Tybed?

GWEDDI

Yn dy ras, Ein Tad, tyn ni'n nes at Bregethwr y Bregeth ar y Mynydd fel y gweithredom yn unol â'i ewyllys. Amen.

John T. Young

AWST 6 • Hebreaid 5:1–10

Y BARCHUS, ARSWYDUS SWYDD

Cristion o Hebrëwr yn ymresymu â Hebreaid sydd yma, mai Iesu Grist yw'r Archoffeiriad mawr. Tybiaf fod iaith a delweddau yr ymresymiad yn golygu mwy i'r rhai y mae mynegiant offeiriadol, seremonïol o grefydd yn apelio atynt, ond y mae'r Ysgrythur hon yn siarad yn huawdl wrth bawb sy'n sefyll rhwng Duw a phobl.

Byddai'n briodol i bob offeiriad a gweinidog yn arbennig fyfyrio ar y geiriau hyn ar fore Llun. Beth yw cymwysterau offeiriad/gweinidog?

(a) **Yr argyhoeddiad iddynt gael eu galw gan Dduw.** Er mai pobl, i bob pwrpas, sy'n dewis ac ordeinio'r offeiriad/gweinidog, nid oes yr un ohonynt yn saff yn eu swydd oni chlywsant Dduw yn eu galw. Ac y mae'n ansicrach fyth arnynt os ydynt yn y swydd o'u dewis eu hunain. Nid job, nid gyrfa yw'r offeiriadaeth/gweinidogaeth ond galwedigaeth gysegredig.

(b) **Cydymdeimlad â phobl.** Rhaid byw ymhlith y bobl, ymdroi yn eu canol, ac uniaethu â'u holl brofiadau, llon a lleddf. Fel hyn y canodd Elwy Owen deyrnged i'w weinidog, J. H. Griffith, Capel Mawr, Dinbych:

Deuai ar yr awr dywell,
O'i weld, byddem ninnau'n well.
Onid ei gadernid o
Roi ynom yr awr honno
Ddigon o nerth i ddygn ddal
Ati, heb golli'r fatal.
Ei ysgwydd roi yn esgud
I ysgafnhau beichiau byd,
Rhannai ofid 'run afiach
A rhannu hwyl yr un iach.

Pwy sydd ddigonol i'r pethau hyn? Iesu Grist yw'r Archoffeiriad mawr, y gweinidog perffaith.

Trebor Lloyd Evans

AWST 7 • **Llythyr at Philemon**

BRODYR A CHWIORYDD

Un o ryfeddodau maes yr Eisteddfod Genedlaethol yw bod yna amrywiaeth o bobl yno yn cydweithio mewn ystod eang o swyddi. Gwelwn y bobl broffesiynol, y crefftwyr, yr amaethwyr a'r masnachwyr yno, yn cydfwynhau prifwyl ein diwylliant Cymraeg. Ni fyddai modd didoli'r sawl sydd yno o ran eu galwedigaethau. Mae bonedd a gwreng yn dathlu eu diwylliant gyda'i gilydd, ac yn deulu ynghyd. Cofiwn heddiw am y cymunedau a'r cenhedloedd sy'n rhoi pwys mawr ar statws cymdeithasol ac yn gofalu bod y gyfundrefn dosbarth yn cael ei pharchu. Pobl yw pobl yn ein byd ni, ac y mae Duw yn ein derbyn heb ystyried y nodweddion allanol y bydd pobl y byd yn rhoi y fath bwyslais arnynt. Nid wrth swydd neu statws cymdeithasol y mae Duw yn ein hasesu. Roedd gan Paul ac Apolos gyfraniad i'w wneud, ac fe welodd Paul fod y gwas Onesimus yn frawd iddo yn yr Arglwydd. Onid iachach fyddai i ni ymwrthod â chyfarch ein gilydd o fewn y gymuned Gristnogol yn unol â theitlau a swyddi pobl yn y gymdeithas seciwlar? Byddai'n braf pe gallem aros gyda'r cyfarchiad *brawd* (adnod 1) neu *chwaer* (adnod 2) ac anghofio'r dosrannu dibwys y mae'r byd yn rhoi y fath bwyslais arno.

Denzil I. John

AWST 8 • Mathew 11:25–30

GORFFWYSTRA MEWN GWAITH

Yng nghanol dallineb, cyndynrwydd, eiddigedd a rhagrith, testun moliant oedd gan Iesu, gan nad oedd yn tynnu ei ysbrydiaeth o bobl ond oddi wrth y Tad. Fe wyddai nad arbrawf oedd creu'r byd i'r Tad, ac nad rhywbeth ansicr oedd rhagluniaeth. Y Tad yw *Arglwydd nef a daear* (adnod 25) sy'n gweithredu yn ôl ei ewyllys ei hun, ac mewn doethineb y mae ef yn trefnu'r cwbl.

Ond nid y sicrwydd y byddai'r Tad yn gofalu amdano ef, ar waethaf cynllwynio gelynion a chaledi calonnau pobl, oedd yn ysbrydoli ei foliant yn awr. Codai'r llawenydd o'i galon oherwydd cariad y Tad at eraill; am iddo wneud trysorau'r nefoedd yn rhydd i bobl 'gyffredin', o'n safbwynt ni. Nid oes neb yn gyffredin yng ngolwg y Tad.

Beth bynnag yw manteision addysg a gallu a safle, nid yw gwybodaeth o'r pethau pwysicaf yn un ohonynt. Fe all llwyddiant ar yr wyneb fod yn orchudd ar fethiant yn y dyfnder, ac fe all gwybodaeth o bethau'r byd fynd law yn llaw gydag anwybodaeth lwyr am yr hwn a greodd y byd. Nid yw hyd yn oed gwybod am grefydd yn gwarantu adnabyddiaeth o Dduw, neu sut y byddai'n bosibl i'r arweinwyr crefyddol yn Israel ddychmygu bod Duw yn cael blas ar ychwanegu rheolau a deddfau anodd a thrwm i'w blant eu cadw fel caethion?

Ond dyma brofiad chwyldroadol o Dduw yn Iesu Grist: gwahoddiad yn lle gorchymyn (adnod 28) – Duw am weithio ynom yn lle 'gosod arnom'. Nid gorffwystra drwy lai o waith, ond drwy newid y gwaith sydd yma. Nid gwobr yw'r efengyl i bobl am gario beichiau, ond newyddion da i'r rhai sy'n dwyn eu beichiau, sef pwysau euogrwydd, at y Tad drwy ffydd yn Iesu Grist.

Rheinallt Nantlais Williams

AWST 9 • Hosea 11:1–9

GWEINIDOGAETH HOSEA

Tarddodd gweledigaeth Hosea o'i ofid. A tharddodd ei weinidogaeth yn ei thro o'i weledigaeth.

Pan ddaw rhyw ffurf o ddrygioni i ymosod ar ein cartref ac i ddifetha'r bywyd teuluol, yr ydym yn siŵr o ymroi orau y gallwn i wrthwynebu'r drygioni hwnnw. Y mae hanes am y ddau wleidydd Richard Cobden a John Bright – perchenogion gwaith mwyn Dylife ar un adeg – dau radical a dau ddyngarwr mawr. Ym mis Medi 1841, pan oedd yn ddeg ar hugain mlwydd oed, fe gafodd John Bright brofedigaeth lem. Fe fu farw'i wraig, a hwythau'n briod ers llai na dwy flynedd. Merch o Gymraes oedd hi – Catherine Anne, merch Huw Williams o'r Gelli Goch, Machynlleth, y tybir bellach bod ganddo gysylltiad â gwrthryfel Beca. Yn fuan ar ôl ei marw, fe aeth Richard Cobden i gartref Bright yn Leamington i geisio cydymdeimlo ag ef. 'Gwranda di John,' meddai, 'mae yna famau ifainc mewn miloedd o gartrefi drwy'r wlad yn marw, ac yn marw o newyn.' (Roedd Deddfau gorthrymus yr Ŷd ar y pryd yn peri na fedrai gwerin gwlad gael digon o fwyd.) 'Pan fydd dy alar di wedi cilio peth,' meddai Cobden, 'rhaid iti ymroi o'r newydd efo mi i geisio diddymu'r hen ddeddfau annheg yma.' Ac felly y bu. Fe droes gofid personol John Bright yn symbyliad i weinidogaeth fawr.

Ac felly hefyd yn achos Hosea. Fe benderfynodd yntau ymladd y drwg yn Israel. Dyna fu ei weinidogaeth – galw ar y genedl i edifarhau a dychwelyd at yr Arglwydd. Ac y mae ei neges yn atseinio ar draws y canrifoedd i ninnau, yn galw arnom i ddychwelyd at Dduw, ac yn cyhoeddi bod Duw yn para'n ffyddlon i'w bobl, er gwaethaf eu holl anffyddlondeb hwy iddo ef.

Gwynn ap Gwilym

AWST 10 • Salm 103:8–18

GWEDDI

Diolch i ti am gyfle eto i ddod o flaen gorsedd creawdwr bydysawd, a hynny gan gofio mai llwch ydym ni. Fedrwn ni ddim edrych ar dy wyneb di a byw, ac eto, yn dy garedigrwydd, rwyt ti wedi trefnu ffordd i ni ddod atat yng nghyfiawnder Crist. Gad i ni edrych am arwyddion ohonot yn y byd o'n cwmpas, a'u gweld yn harddwch yr awyr a'r môr, yn nerth y llanw a'r trai. Bydd gyda ni wrth i ni aros mewn tawelwch, a gad i ni glywed y llef ddistaw, fain sy'n dweud wrthym dy fod yma gyda ni. Amen.

Einir a John Talfryn Jones

AWST 11 • Marc 11:12–26

BLE MAE'R FFIGYS?

Dengys y digwyddiad gyda'r ffigysbren fod gan Iesu awdurdod dros y greadigaeth. Wedi'r cyfan, drwyddo ef y gwnaethpwyd popeth. Gellid disgwyl ychydig ffigys cynnar hyd yn oed cyn tymor ar goeden iachus yr olwg, ond ni chafwyd dim, a thrwy ei air ef fe grinodd y pren. Bu hyn yn gryn ryfeddod i Pedr, ac nid yw wedi amgyffred mawredd a grym awdurdod yr Arglwydd hwn y mae'n ei ddilyn. Y mae'r awdurdod hwnnw i'w weld, nid yn unig wrth fôn y ffigysbren, ond yn y deml ymhlith masnachwyr a bancwyr Jerwsalem hefyd. Os honna'r bobl eu bod yn bobl Dduw ac mai dilyn deddf Duw y maent, rhaid plygu i awdurdod Crist, yr un a ddaeth o'r nef. Y mae'n glanhau'r deml ac yn agor y cyntedd allanol i bawb, waeth pa genedl, i ddod i'r deml i addoli, fel y dylai fod. Y cyntedd hwn oedd yr unig le ar gael i genhedloedd eraill i ddod i addoli Duw. Ynghudd yn hanes y ffigysbren y mae hawl ac awdurdod Iesu dros ei bobl hefyd. Hawl sofran, a rhydd Iesu honno i'r sawl a fynno. Gwae ei bobl os edrychant yn dda, gan honni pethau mawr ond heb ffrwyth yr Ysbryd yn eu bywyd. Bydd cerydd awdurdodol Iesu arnynt, gan mai wrth eu ffrwythau yr adnabyddir hwy.

John Roberts

AWST 12   •   Titus 2:7–10

ESIAMPL O WEITHREDOEDD DA

Fel plentyn byddwn wrth fy modd yn gwneud modelau. Ar hyd a lled fy ystafell wely ceid awyrennau o bob math, a rhaid i mi gyfaddef mai rhai cyflym a milwrol fyddai'n dal fy mryd. Hyd heddiw, a minnau wedi hen dyfu, erys yr ysfa i chwarae plant. Pan ddaw'r cyfle, bydd hofrennydd Sikorsky SH-3A yn ennill lle priodol yn y tŷ yma, sef Sea King Helicopter i'r rhai sy'n ymddiddori yn y fath bethau.

Nid chwarae plant yr oedd Titus yn Creta, ond gofynnwyd iddo ymdrin â modelau. Y gair a ddefnyddir yn y Groeg yw 'typos'. Hynny yw, roedd bywyd ac esiampl Titus i fod yn fodel i eraill. Yn ei fywyd, roedd i osod patrwm 'teip' arbennig y gallai eraill ei ddilyn. Disgwylir iddo godi cywilydd ar ei wrthwynebwyr drwy ei weithredoedd da a'i ddidwylledd.

Onid yw natur yn dysgu mai'r ffordd hawsaf i wneud unrhyw beth yw copïo rhywun arall sy'n medru ei wneud yn dda? Buddiol fyddai i ninnau ddarganfod modelau da, a thrwy hynny, drosglwyddo cynseiliau cadarn ynom ni i eraill eu copïo.

Aled Edwards

AWST 13 • Luc 13:6–9

FFIGYSBREN

Fe gymer ffigysbren dair blynedd i dyfu cyn ffrwytho, ond unwaith y dechreua nid oes ball arni. Byddai yn blodeuo a ffrwytho bob mis o'r flwyddyn heblaw Ebrill a Mai. Daw y perchennog heibio gan obeithio gweld ffrwythau'n dechrau datblygu ar y goeden. Yn wir nid oes yna le i ffigysbren wyllt, a rhaid ei thorri i lawr. Ond mae'r garddwr sydd wedi bod yn edrych ar ei hôl am yr holl amser yn gofyn am flwyddyn arall.

Mae Duw wedi rhoi trysor i'w bobl ac mae'n disgwyl gweld ffrwyth ganddynt.

Crist yn sicr yw'r garddwr yma. Daeth ef i fyw ymysg pobl ac i ofyn pardwn drosom. Gweithred o gariad yw hyn eto, gan yr un a wnaeth ei hun yn was er ein mwyn ni. Rhaid i ninnau, disgyblion Crist, gyflwyno ein hunain fel gwasanaethwyr ffyddlon. Dywedodd Charles Lamb y gwyddai am ffrind a phawb yn dweud pan oedd y gŵr hwnnw'n ifanc: 'He will do something.' Yna pan oedd yn ganol oed: 'He could do something if he tried.' Yna, ar ddiwedd ei oes: 'He could have done a lot.'

GWEDDI
Y nos a gerddodd ymhell, gafaelwn yn ein gwaith. Amen.

Edgar Jones

AWST 14 • Salm 66

AETHOM DRWY DÂN

Wedi dod drwy'r tân a'r dyfroedd mae'r Salmydd yn rhoi diolch i Dduw. Â ein meddyliau yn ôl at Lyfr Daniel, a hanes y tri llanc a ddedfrydwyd gan y brenin Nebuchadnesar i gael eu llosgi'n ulw mewn ffwrnais o dân poeth. Fe'u taflwyd i ganol y ffwrnais ond wedyn mae'r brenin yn sylwi bod ganddynt gydymaith: *Rwy'n gweld pedwar o ddynion yn cerdded yn rhydd ynghanol y tân, heb niwed, a'r pedwerydd yn debyg i un o feibion y duwiau* (adnod 25). Nid yw Duw yn ein gadael wrthym ein hunain yng nghanol tân profedigaethau. Y mae yno wrth ein hochr.

Yn ei lyfr ingol am ei brofiadau fel plentyn yng ngwersylloedd angau Auschwitz a Buchenwald fe ysgrifennodd y llenor Iddewig Elie Wiesel am hyn. Fe ddisgrifiodd fachgen ifanc yn cael ei grogi gan yr SS, a'r carcharorion eraill i gyd yn gorfod gwylio'i farwolaeth araf ac arteithiol. Gofynnodd un o'r carcharorion: 'Ble mae Duw erbyn hyn?' Meddai Wiesel: 'Fe glywais lais mewnol yn ei ateb: Ble mae e? Fan hyn y mae – y mae'n crogi yma ar y crocbren hwn.' I Wiesel, arwydd o farwolaeth ei hen syniadau am Dduw oedd y bachgen yn ei artaith. I ni fel Cristnogion, adlewyrchiad o'r Crist sydd yma yn ei ddioddefaint.

Patrick Thomas

AWST 15 • Actau 2:41–47

CODI'R GROES

Fel arbrawf un bore Sul mewn oedfa Saesneg, er mwyn ceisio dangos bod Duw yn Dduw personol, fe geisiodd y pregethwr ifanc gael ei gynulleidfa i newid y Patrwm Weddi a'i gweddïo: *My Father who is in heaven ... give me this day my daily bread, and forgive me my trespasses ...* Anfoddog iawn oedd y saint i newid yr 'our' i 'my' a 'me', a chafodd y brawd ifanc brotest go hallt ar ddiwedd yr oedfa. Deallaf ymgais y pregethwr, ond credaf mai'r gynulleidfa oedd yn iawn.

Yr hyn a gawn y dyddiau hyn yw pobl yn cwestiynu pam mae'n rhaid iddyn nhw fynd i gapel neu eglwys. Yn wir, gallant yn hawdd addoli Duw ar eu pen eu hunain ar lethr mynydd neu'n torheulo ar lan y môr. Mae eraill, na fyddant yn mynychu, wrth eu bodd yn sôn am Dduw gan ddweud ei fod yn wastad wrth eu penelin!

Ond Iesu oedd yn iawn, a chynulleidfa'r oedfa Saesneg. Nid pobl wrthynt eu hunain sydd wedi cadw'r Ffydd Gristnogol yn fyw am ddwy fil o flynyddoedd, ond pobl, gyda'i gilydd, yn dod i addoli'r Arglwydd Dduw ac i blygu glin i'w Fab. Mae Iesu'n sôn am ymdrech i'w ganlyn a bod yn ffyddlon iddo. Ei air am hyn oedd *codi'r groes* (Mathew 16:24). Onid ei gwestiwn i'r rhai na allant roi awr yr wythnos i'w addoli yw ei gwestiwn yng Ngardd Gethsemane i'w ddisgyblion cysglyd: *Felly! Oni allech wylio am un awr gyda mi?* (Mathew 26:40).

R. W. Jones

AWST 16 • Numeri 3:5–8

DODREFN YR EGLWYS

Darlleniad pellach: 1 Brenhinoedd 7:48–50

Y mae i Dŷ Dduw ei ddodrefn angenrheidiol. Diffyg ein 'blychau sgwâr' yw eu moelni sy'n brin o'r hyn a all fod yn help inni i ganolbwyntio arno mewn addoliad. Perygl yr eithaf arall yw 'ysblander' y celfi a all ddod rhyngom ag ysblander gwrthrych ein cred.

Mae i ddodrefn capel ac eglwys ei gyfraniad i'n helpu i addoli. Y mae'n arwyddocaol bod y bedyddfaen wrth fynedfa'r eglwys, i atgoffa'r rhieni wrth groesi'r trothwy yn y sacrament o fedydd am gam cyntaf y plentyn ar lwybr y teulu Cristnogol. Y pulpud yw'r canolbwynt yn y capel, tra mai'r allor yw'r canolbwynt yn yr eglwys. Mae'r ddau mor bwysig â'i gilydd, ac y mae'r cyfuniad rhwng y pulpud a bwrdd y cymun yn y capel yn help i'n hatgoffa am hyn. Y mae 'torri'r Gair' a 'thorri'r bara' yn yr un oedfa yn bwysig.

Y mae'r cloc yn perthyn i ddodrefn y Tŷ, beth bynnag yw ei siâp. Dywedodd rhywun fod cloc yr eglwys ar y tŵr i atgoffa'r gynulleidfa pryd i ddechrau, a chloc y capel oddi mewn i atgoffa'r pregethwr pryd i orffen! Ond mae'r cloc yn atgoffa pawb ohonom ein bod yn ymwneud â'r hyn sy'n perthyn i'r tragwyddol mewn byd o amser. Y mae'r blwch casglu yn ymddangos yn gelficyn digon syml, ond dylai fod yn help i'n hatgoffa am bwysigrwydd gwir offrwm mewn oedfa. Cofiwn nad rhywbeth ar wahân oedd casgliad i'r Apostol Paul, ond rhan naturiol o addoliad y Cristion.

Bu llawer o ddadlau ynglŷn â lle'r organ yn y capel, ond erbyn heddiw y mae wedi cymryd ei lle yn naturiol fel cyfrwng i chwyddo'r moliant i Dduw.

GWEDDI

Diolchwn am bob peth oddi mewn i'n haddoldai sydd yn help i'th addoli di, ac i dderbyn dy fendith. Amen.

Ieuan Lloyd

AWST 17 • 1 Samuel 23:27–29

GWERDDON

Darlleniad pellach: Ioan 11:28–36

Mewn anialdir ar draeth gorllewinol y Môr Marw cawn Dafydd ar herw rhag cenfigen Saul; daw'r bennod i ben yn Engedi, y werddon iraidd, gysgodol. Yr un haul, yr un craswynt, yr un pridd oedd yn Engedi ag yn yr anialwch, ond yr oedd yma ffynnon a tharddiant.

Engedi wyrddach fyth yw geiriau tyner Jonathan. Y mae treialon Dafydd yn ddarlun o'r hyn a brofodd Mab Dafydd yn ddiweddarach – rhagfarn, gelyniaeth ac unigrwydd, ond y mae iddo yntau ambell Engedi ar y daith, gyda theulu bach Bethania neu yng nghartref Ioan Marc.

Un o freintiau pregethwr yw dod i adnabod teuluoedd sy'n arfer lletygarwch fel rhan o'u byw yng Nghrist. Ble bynnag y byddaf ar ddaear Cymru ganol dydd neu gefn nos, y mae meddwl bod Samariaid trugarog nepell i ffwrdd yn orfoledd pur.

GWEDDI

Helpa ni i gloddio'n ddwfn yn ein profiad a datguddio y dyfroedd bywiol a ddichon droi ein personoliaeth a'n haelwyd yn werddon ynghanol anial cras y byd hunanol a thrachwantus hwn. Amen.

Dafydd H. Edwards

AWST 18 • Jeremeia 23:33–40

BAICH YR ARGLWYDD

Ymgais gan esboniwr diweddarach i roi goleuni ar adnod 33 yw adnodau 34–40, am i rywrai gael trafferth i'w deall, ond fel llawer esboniwr ar ei ôl, tueddu i dywyllu cyngor yn lle goleuo y mae.

Chwarae ar air ag iddo ddau ystyr y mae'r proffwyd. Golyga'r gair 'massa' faich yn ystyr arferol y gair, neu weithiau oracl neu air oddi wrth yr Arglwydd. Wrth ofyn beth yw *baich yr Arglwydd* (adnod 33) holi yr oedd pobl beth oedd neges Duw. Ateb Jeremeia yw mai'r genedl ei hun oedd ei faich.

Pan ddaw cyfyngder clywch ofyn lle y mae Duw? Paham na ddywed ef wrthym o'r nefoedd yn glir ac yn hyglyw? Anghofir bod Duw i'w glywed yn y sefyllfa y cawn ni ein hunain ynddi pe baem ond yn gwrando.

Nid 'gwylio llwch y llawr' (David Charles, Caneuon Ffydd 114) o'r nefoedd uwchlaw y mae Duw. Y mae'n bresennol ymhob sefyllfa ar y ddaear, ac ef sy'n cario pen tryma'r baich. Drymed yw'r baich y mae ef yn ei ddwyn yn y byd sydd ohoni heddiw, yn enwedig o gofio mai Cariad yw ei enw. A oes eisiau gofyn beth yw gair yr Arglwydd ar ôl gweld 'baich gofidiau'r byd' (George Rees, Caneuon Ffydd 541) ar ysgwydd y Crist a gerddodd ar ei daith i'r Groes?

GWEDDI

Maddau i mi, O Dduw, am geisio dy air mewn arwydd a gwyrth, a thithau'n llefaru o hyd drwy Grist y Groes. Amen.

Walter P. John

AWST 19 • Mathew 14:27–33

MEISTR Y MÔR

Gwelodd disgyblion Iesu rywbeth mwy yn ei weithredoedd nerthol na digwyddiadau rhyfedd a fyddai o ddiddordeb i wyddonwyr. Arweiniodd yr act o gerdded ar y môr, meddai Mathew at addoliad: *Yn wir, Mab Duw wyt ti* (adnod 33) oedd cyffes y disgyblion pan welsant beth a ddigwyddodd.

Peth peryglus yw ysbrydoli manylion pob gwyrth. Felly, dangosodd Pedr ei ffydd yng Nghrist drwy fentro gadael y cwch. Ac y mae ffydd yn golygu mentro, ond nid mentro heb reswm chwaith: *Arglwydd, os tydi yw, gorchymyn i mi ddod* (adnod 28) ... Nid trio'n lwc yr ydym wrth gredu yng Nghrist oherwydd *Mi wn pwy yr wyf wedi ymddiried ynddo* (2 Timotheus 1:12) meddai Paul.

Gwelwn yma hefyd nad ydym i weithredu ffydd yn ôl ein mympwy ein hunain. Nid meddwl a wnaeth Pedr mai peth braf fyddai cerdded ar ddŵr i fynd at ei Feistr. Mynnai gael gorchymyn Crist yn gyntaf. Ac fel y byddwn yn tyfu mewn adnabyddiaeth o Grist y deuwn i weld ffordd ffydd yn gliriach. Ymhellach, nid un weithred yw ffydd, ond cyfeiriad parhaus y llygaid at Awdur a Pherffeithydd ein ffydd. Dysgodd Pedr hyn pan drodd ei sylw tuag at y gwynt (adnod 30). Meistr y môr, nid dŵr y môr, yw'r gwrthrych i gadw'n golwg arno.

Y mae'r Crist hwn yn dod atom o hyd yn y storm, ac y mae mwy o ddiogelwch mewn cwch ar fôr tymhestlog pan yw'r Crist yn bresennol nag mewn teithlong foethus ar fôr tawel, a Christ ymhell i ffwrdd.

GWEDDI

Llywodraethwr mawr y moroedd
   a gostegwr ofnau'r fron,
edrych eto i lawr o'th nefoedd,
   gwêl yr eiddot ar y don. Amen.
(Nantlais, Caneuon Ffydd 377)

Rheinallt Nantlais Williams

AWST 20 • Rhufeiniaid 6:10–11

EMYN

Fy enaid trist, wrth gofio'r frwydyr,
 yn llamu o lawenydd sydd, ...
  (Ann Griffiths, Caneuon Ffydd 337)

Dathlu llawenydd y Pasg y mae Ann Griffiths yn y pennill hwn. Crist y concwerwr sydd yma, yn gwneud i'r enaid trist lamu mewn afiaith am fod y frwydr drosodd a heddwch yn teyrnasu rhwng daear a nef. Mae'r pennill yn cynnwys cwpled enwocaf Ann:

 Rhoi awdwr bywyd i farwolaeth
  a chladdu'r atgyfodiad mawr, ...

Cwpled sy'n ein syfrdanu bob tro y darllenwn ef. 'Fflach eneiniedig' oedd sylw Euros Bowen arno. Datblygodd Ann Griffiths y ddawn o gyferbynnu, fel petai'n gwrth-ddweud: 'byw i weld yr anweledig' (Caneuon Ffydd 446); 'dŵr i'w nofio heb fynd drwyddo,' (Caneuon Ffydd 725); 'y greadigaeth ynddo'n symud, yntau'n farw yn y bedd;' (Caneuon Ffydd 446).

Mae yna adlais o emyn Ellis Wynne o Lasynys: 'Myfi yw'r Atgyfodiad mawr ...' (Llyfr Emynau a Thonau y Methodistiaid Calfinaidd a Wesleaidd, 655).

Tueddwn i weld athrylith y bardd yng ngwaith Ann Griffiths, gan anghofio holl bwrpas a neges ei hemynau: 'O am dreiddio i'r adnabyddiaeth o'r unig wir a bywiol Dduw' (Caneuon Ffydd 193).

Mari Ellis

AWST 21 • Daniel 3:1–18

Y FFWRNAIS DANLLYD

Yna rhoddodd y brenin orchymyn i'w holl deyrnas fod pawb ohonynt i ddod yn un bobl, a phob un i ymwrthod â'i arferion crefyddol ei hun. Fel yna y disgrifiodd 1 Macabeaid 1:41 yr unffurfiaeth lem a orfododd Antiochus Epiffanes ar y rhai a goncrodd, ganol yr ail ganrif cyn Crist. I genedl a fynnai lynu wrth yr Un Duw yr oedd y gorchymyn yn anathema, ac yr oedd gweithred y brenin yn ysbeilio'r deml a mynnu aberthau i'r duwiau paganaidd o'i mewn yn annioddefol.

Roedd Israel yn wynebu prawf llymach na'r gaethglud hyd yn oed. A oeddent yn mynd i wadu eu ffydd yn y Duw byw ar orchymyn teyrn bydol? I'w gwroli yn wyneb erlid creulon yr ysgrifennwyd Llyfr Daniel. Cymerodd yr awdur arno adrodd am ddigwyddiadau yng nghyfnod Nebuchadnesar bedwar can mlynedd ynghynt, ond at erledigaeth ei ddydd y cyfeiria'r cyfan.

Disgrifiwyd ateb y tri llanc i'r brenin fel un o'r munudau mawr yn yr ysgrythur. Yn wyneb bygythiad y ffwrnais danllyd dywedant yn dawel nad ydynt atebol i'r brenin. Fe'u cynhelid gan eu ffydd wydn yn Nuw. Mae'n ffydd sy'n golygu ymlyniad diysgog wrtho deued a ddelo. Hyd yn oed pe na bai Duw yn eu gwared ni fyddent yn plygu i'r gau dduwiau. Fe wynebir y teyrn grymus gan wendid anorchfygol ffyddloniaid Duw.

Cafodd yr athronydd J. R. Jones ei wefreiddio gan y geiriau *ac onide* (o'r Hen Gyfieithiad Daniel 3:18) a'r amgyffred uchel o Dduw a fynegant. Sylwn ninnau ar eu gwirionedd. Ni ddaw o angenrheidrwydd y waredigaeth o afiechyd neu enbydrwydd y gweddïwn amdani, a gall hyn ddryllio'n ffydd ni oni chawsom weledjad y tri llanc. Glynent wrth Dduw oherwydd ei wirionedd ac nid oherwydd ei allu i'w harbed. Profodd Cristnogion lawer tro nad oedd Duw yn eu gwared o'r ffwrnais danllyd. Profasant fod Un Arall yn gwmni iddynt yn y ffwrnais.

Yn y ffwrnais danllyd, greulon,
   os tydi a ddaw ymlaen,
'does ond heddwch a mwyneidd-dra
   a thiriondeb yn y tân.
(William Williams, Caneuon Ffydd 701)

M. Islwyn Lake

AWST 22 • Eseciel 18

CYFRIFOLDEB YR UNIGOLYN

Daeth Eseciel â phwyslais newydd i fywyd y genedl. Yn y ddrama hyd yn hyn, pwysleisiwyd yr hen ddihareb sy'n dweud os bydd y tadau yn bwyta grawnwin surion, bydd y dincod ar ddannedd y plant. Cyfyd gwrthdaro rhwng yr alltudion ym Mabilon a'r proffwyd, oherwydd nid ydynt yn gweld tegwch, yn y ffaith eu bod hwy yn gorfod dioddef alltudiaeth ar sail pechodau eu hynafiaid. Yn wyneb hynny, y mae Eseciel yn gorfod rhoi mwy o sylw i'r unigolyn fel Jeremeia o'i flaen. Eseciel yn fwy na neb sy'n rhoi'r mynegiant llwyraf i'r syniad bod tynged yr unigolyn, yn y pen draw, yn dilyn ei weithredoedd. Disgrifia daid cyfiawn, tad treisgar a mab cyfiawn. *Ni fydd y mab yn euog am drosedd y tad, na'r tad am drosedd y mab* (adnod 20). Pob un biau ei bechod ei hun. Bydd y dincod ar ddannedd y bwytäwr. Beth bynnag am ddylanwad amgylchedd ac etifeddeg ar ymarweddiad pobl, yr unigolyn, yn y pen draw, sydd yn gyfrifol am ei weithredoedd.

John Owen, Rhuthun

AWST 23 • Effesiaid 1

Y LLYTHYR AT YR EFFESIAID – UNDOD

Ysgrifennwyd am y llythyr gan un ag awdurdod ganddo, sef yr Athro W. D. Davies yn 1933: 'Aeth y byd mawr, gwasgaredig yn fyd bach a phawb ar sodlau ei gilydd. Rhaid, ynteu, sylweddoli undeb dynion pob gwlad a phob lliw, a darganfod rhyw ddelfryd synhwyrol. Oni lwyddwn i fyw ynghyd fel cymdeithas, nid oes ond taro rhwng cymdogion mor agos, ac nid difrod, ond difodiant gwareiddiad a fyddai rhyfel mawr arall.'

Dywed ymhellach: 'Nid oes yn llenyddiaeth yr oesau well ateb i gwestiwn heddiw pa fodd i sylweddoli undeb, na'r Llythyr at yr Effesiaid.' Gwna hynny, ar waethaf pob anhawster ynglŷn â'r llythyr medd yr un esboniwr.

GWEDDI

Edifarhawn am gyflwr rhanedig ein byd, O Grist. Tywys di bawb o bobl y byd i undeb ynot ti. Amen.

John T. Young

AWST 24 • Ioan 1:43–51

GŴYL BARTHOLOMEUS, APOSTOL

Yn yr adnodau hyn cyplysir Philip gyda Nathanael, ond wrth enwi'r disgyblion yn yr efengylau, enw Bartholomeus sydd gyda Philip. Rhaid mai dau enw ar yr un dyn yw Bartholomeus a Nathanael. Mae'r cwestiwn a ofynnodd Nathanael i Philip yn bradychu rhagfarn pobl Bethsaida yn erbyn pobl Nasareth – peth sy'n gyffredin rhwng gwahanol drefi a phentrefi mewn llawer gwlad. Gwyddom am yr arfer o lysenwi 'rhywbeth' o'r fan-a'r-fan, yn lle 'rhywun', i fychanu'r trigolion. Gallwn wenu wrth glywed rhai'n siarad felly, ond y mae i'r rhagfarn wreiddiau dyfnion. Anwybodaeth cymdeithas sefydlog yn drwgdybio dieithriaid sydd i gyfrif amdano. Da y gwnaeth Philip annog Nathanael, *Tyrd i weld* (adnod 46).

Synnodd yntau pan ddatgelodd Iesu ei fod eisoes yn gwybod amdano, a'i gyfarchiad gwerthfawrogol ohono yn ategu hynny. Daeth yn un o ddisgyblion Iesu, a hwyrach mai dyna pryd y mabwysiadodd yr enw Bartholomeus. Eto, dim ond enw ydyw. Ni wyddom ddim am ei weithredoedd na'i bregethu. Addawodd Iesu y câi weld pethau mawrion. Gallwn fod yn sicr i hyn ddod yn wir, ac yntau'n un o'i ddilynwyr.

Mari Ellis

AWST 25 • Luc 5:1–11

DISGYBLION IESU

Pan feddyliwn am fawredd Iesu a'r cyfan a gyflawnodd ef ei hun fel pregethwr ac athro a meddyg corff ac enaid, fe ddyfalwn pam tybed y poenodd i alw disgyblion. Fe gafodd drafferthion blin gyda nhw. Roeddent yn araf yn dysgu, yn wan eu ffydd, yn fydol eu hysbryd, ac yn nydd y prawf troes un ohonynt yn fradwr. Fe'i gwadwyd gan arall ac yn y diwedd gadawyd ef yn amddifad.

Gwyddai Iesu beth oedd mewn pobl. Byddai ymateb y disgyblion yn siom iddo, ond nid yn sioc. Gan wybod am y gwendid dynol fe'u dewisodd i fod gydag ef yn ei waith. Ynddo ef bellach yr oedd gobaith Israel. Ef oedd gwas yr Arglwydd, a byddai'r deuddeg disgybl o dan ei arweiniad yn dod yn gnewyllyn a man cychwyn Israel newydd.

Roedd eu hymateb i'w galwad yn rhyfeddol. Nid ar chwarae bach y byddai pysgotwyr profiadol yn gadael eu rhwydau. A beth am barodrwydd Mathew, y casglwr trethi i adael ei swyddfa? Mae'n rhaid bod awdurdodol lais Iesu a chyfaredd ei berson yn ei gwneud hi'n amhosibl iddynt nacáu'r alwad. Yn ei gwmni cawsant eu dysgu i fod yn bysgotwyr pobl. Trwy eu gair fe ddaeth eraill i weld gogoniant Iesu a theimlo cyffyrddiad y Crist Byw ar eu bywyd. Dyma'r rhai o lawer oes na welodd Iesu yn y cnawd ond a neilltuwyd i'w garu. Mae pob disgybl yn ddyledus i'r disgyblion a'i rhagflaenodd, ac yn arbennig i'r llygad-dyston cyntaf. Gobaith pob disgybl hefyd yw cael dod yn gyfrwng i ennill disgyblion newydd. Ond cyfrwng yn unig yw'r disgybl. Y Meistr sy'n galw a lleisir cyffes y disgybl yng ngeiriau Pantycelyn:

Mae dy degwch
Wedi f'ennill ar dy ôl.
(William Williams)

M. Islwyn Lake

AWST 26 • Datguddiad 21:1–8

POB PETH YN NEWYDD

Yn wyneb erledigaeth yr Ymerodraeth Rufeinig, yr oedd yr Eglwys Gristnogol mewn argyfwng ac yn dioddef yn enbyd. Yr oedd angen gobaith a chysur arni. Y mae awdur Llyfr y Datguddiad yn portreadu'r gobaith a'r cysur hwnnw sydd yn y Ffydd Gristnogol. Nid portreadu nefoedd tu hwnt i'r bedd a wneir, ond portreadu Eglwys Gristnogol a aiff yn nerth ei Christ drwy'r cyfnod poenus hwn yn fuddugoliaethus ac ymddangos yr ochr draw iddo ar ei newydd wedd. Yr Eglwys nas gorchfygir hi, ar waethaf Rhufain, yw'r Eglwys a welir yma. Dim ond i'r Eglwys fod yn ffyddlon mewn dyddiau anodd, bydd yn etifeddu buddugoliaeth dros ei gelynion, a newydd-deb cyfnod arall yn ei hanes. Bydd Duw yn preswylio gyda'i bobl a byddant hwy yn bobloedd iddo yntau. Nid gobaith a chysur i unigolion sydd yma, ond gobaith i gymdeithas o bobl, pobl Dduw. Gwelir nad yw'r môr na'r deml yn anhepgorol, yr hyn sy'n anhepgorol yw perthynas Crist a'i bobl. Ni all Rhufain ddinistrio'r berthynas honno. Honno yw'r wir Eglwys. Mewn drama, yn aml ceir arwr. Yn sicr, yr arwr yn y ddrama hon yw'r Eglwys Gristnogol.

John Owen, Rhuthun

AWST 27 • Effesiaid 1:20–23

GORUCHAFIAETH CRIST

Y gallu sydd o blaid y saint yw grym yr Atgyfodiad a gododd Iesu o'i fedd, ac a'i dyrchafodd i ddeheulaw'r Tad. Y gallu hwn a roes iddo enw goruwch pob enw ac a ddarostyngodd bopeth iddo, gan ei wneud yn Ben ar yr Eglwys, sy'n gorff iddo.

Braint anhraethadwy yw cael bod yn aelod o Eglwys y Crist unigryw ac anghymarol. Nid felly, ysywaeth, y synia llawer o aelodau eglwysig. Anrhydedd i Grist, gellid tybio, yw bod ambell un yn cadw'i enw ar lyfrau'r eglwys! Y mae'r sawl a gred y ffiloreg honno ar ei golled yn ddirfawr, gan nad oes iddo obaith i brofi'r grym digyffelyb sydd o blaid aelodau corff Crist. Yn y dref fach hon, fe ddywedir bod o leiaf bedair ar bymtheg o gymdeithasau, a mawr yw ysfa aml un i gael perthyn i ambell gymdeithas a gyfyngir o ran ei rhif. Deillion ydym yn wir!

GWEDDI

Diolch nad oes neb i gystadlu â Iesu Mawr. Ymhyfrydwn yn yr uchel fraint o gael perthyn i'r corff. Amen.

John T. Young

AWST 28 • Salm 24:3–5; 1 Pedr 1:16–18

BENDITH Y MYNYDD

Un o brofiadau mwyaf bywyd i'r dringwr neu'r cerddwr yw cyrraedd copa mynydd am y tro cyntaf. Rhywbeth i'w weld o'r pellter yw'r mynydd cyn hynny, ond wedi cyrraedd fe dry pob breuddwyd yn ffaith. Y mae cyrraedd y copa bob amser yn gyfle i gael hamdden wedi'r daith luddedig, ac oddi yno, fel rheol, mae'r olygfa'n odidog.

Gall yr encil ar y mynydd allan o sŵn a phrysurdeb y dyffryn fod yn fendithiol. Onid encilio i'r mynydd a wnaeth yr Arglwydd Iesu Grist 'i alw ar ei Dad'? (Eleazer Roberts, Caneuon Ffydd 721).

Ac ar y mynydd yr ymladdwyd y frwydr fwyaf erioed, sef y frwydr rhwng cariad a phechod. Oherwydd i gariad ennill y frwydr honno, nid â 'pen Calfaria ... byth o'm cof' (William Williams, Caneuon Ffydd 702).

Mae'n debyg bod yr her i wynebu'r anodd, er mwyn ennill yr yhyn rydd foddhad inni, yn rhan o reddf gynhenid y ddynoliaeth. Y mae hyn yn perthyn i batrwm datblygiad ar bob lefel, ac ym mhob maes.

Yn awdl T. Llew Jones 'Y Dringwr' mae'r bardd yn gorffen drwy ofyn am ddyn (dynoliaeth):

A gaiff ryw ddydd wedi'r pell chwyrnellu
Landio'i awyren ar blaned wyry,
Canfod ei ryddid cyn ei fudreddu?
Lle ni bydd dannod yr hen bechodau,
Na chenedl ar genedl yn troi'i gynnau, ...
Lle gall dynion â doniau – di-ddichell
Lywio â barn well heb yr hen wallau.

Ac onid dyna yw y wir esgynfa? Onid dyna yw bendith y wir goncwest?

GWEDDI

Diolch am ddisgyblaeth yr esgyn ymhob maes. Gwared ni rhag i unrhyw uchelgais hunanol fod yn rhwystr inni dderbyn dy fendith di. Amen.

Ieuan Lloyd

AWST 29 • 2 Samuel 5:1–12

DAFYDD FRENIN

Wedi cyfnod hir o ddisgwyl (saith mlynedd a hanner, medd rhai), daeth yr awr: saif yn ddiwrthwynebiad, yn frenin diamheuol Israel. Cawsom oll brofiad o aros ein tro – mewn ciw, neu am ddyrchafiad. Prin yw'r amynedd ac anodd cael gras ymataliol.

Rhoddir i Dafydd dri rheswm dros ddyfodiad y llwythau i Hebron i'w eneinio (rhesymau y gallai fod wedi eu defnyddio cyn cwymp Saul):

1. *Edrych, dy asgwrn a'th gnawd di ydym ni* (adnod 1). Y mae gwaed yn dewach na dŵr, ac yn berwi ynghynt.

2. *Gynt ... ti oedd yn arwain Israel* (adnod 2). Bu yn ddeheulaw i Saul, gan ennill yr anrhydedd a ddaethai iddo eisoes pan yn llanc gwritgoch. Cawsom freintiau magwraeth ... ymdrechwn i'w haeddu.

3. *Fe ddywedodd yr Arglwydd wrthyt, 'Ti sydd i fugeilio fy mhobl Israel; ti sydd i fod yn dywysog Israel.'* (adnod 2). Heb hwn, ofer y ddeubeth arall.

GWEDDI

Diolch am gael perthyn i deulu'r ffydd; am gael ein hunain pan yn fabanod â sain emyn i siglo'r crud. Gad i'n bywydau eilio hynny. Amen.

Dafydd H. Edwards

AWST 30 • Jeremeia 30:18–24

CAM PELLACH YR ADFERIAD

Er nad oes sicrwydd mai o enau Jeremeia ei hun y daeth y geiriau hyn, ef fyddai'r cyntaf i bwysleisio mai i ogoniant Duw ei hun y gwaredir pobl. Ofer pob achubiaeth fewnol ac allanol oni achubir ni rhag ein hunain hefyd. Nid yw troi at Dduw am fod hynny'n 'talu'r ffordd' i ni yn gymhelliad pur a didwyll. Nid ein lles ein hunain yw'r ystyriaeth uchaf, ond gogoniant Duw. Golyga dychwelyd at Dduw, anghofio ein hunain wrth glodfori nerth ei ras yn ein galw i fod yn bobl iddo ef a derbyn ei addewid i fod yn Dduw i ni ar waethaf popeth. Moliannu Duw am yr hyn yw yn ei gariad a'i dosturi yw ein pennaf fraint, ac i'r graddau y llwyddwn i wneud hynny y cwblheir ein hachubiaeth.

GWEDDI

Na foed gennym ond dy ogoniant di yn uchaf nod ein bywyd. Amen.

Walter P. John

AWST 31 • Mathew 19:23–30

ETIFEDDIAETH CARIAD

Os yw ymddiried yn ein cyfoeth yn farwol i feddiannu'r bywyd tragwyddol, nid llai peryglus yw ymddiried yn ein tlodi: *Dyma ni wedi gadael pob peth ... Beth felly a gawn ni?* (adnod 27). Os oeddent yn golygu wrth y cwestiwn eu bod yn gobeithio cael yn ôl yr hyn yr oeddent wedi ei adael ar ôl wrth ymateb i alwad Crist, a'i gael yn ôl gyda llog, yr oeddent i gael siom ddychrynllyd. Nid oes gan bobl eu ffordd eu hunain i'r deyrnas pa un ai cyfoethog neu dlawd ydynt yn ôl safonau'r byd hwn. O Dduw y daw'r ffordd at bobl – Duw sy'n pontio'r agendor (adnod 26). Mewn gair, nid oes modd i neb **ennill** ei iachawdwriaeth. *Ac os rhof fy holl feddiannau i borthi eraill, ac os rhof fy nghorff yn aberth, a hynny er mwyn ymffrostio, a heb fod gennyf gariad, ni wna hyn ddim lles imi* (1 Corinthiaid 13:3).

Nid buddsoddi yn nhermau'r ddaear felly yw canlyn Iesu Grist. A'r ateb i'r cwestiwn *Beth felly a gawn ni?* (adnod 27) yn 'currency' y byd hwn yw dim dimai! Yn wir, llawenhau, nid tristáu, a wna Paul o achos hyn: *yr un y collais bob peth o'i herwydd ... er mwyn imi ennill Crist* (Philipiaid 3:8). Ond os gadael popeth a wnawn *er mwyn Crist* (adnod 29), ac nid er mwyn rhywbeth arall, y mae'r ennill yn anhraethadwy. Nid oes dim yn bod i'w ennill y tu hwnt i Grist. Yng Nghrist y mae holl gyflawnder y Duwdod. Bydd y rhai sy'n disgwyl gwobrwyon y byd hwn yn y byd a ddaw yn darganfod eu hunain yn olaf, a'r rhai sy'n dyheu am fwy o gariad Duw yn dod yn gyntaf.

GWEDDI

Dy garu, digon yw
  wrth fyw i'th wasanaethu,
ac yn oes oesoedd ger dy fron
  fy nigon fydd dy garu. Amen.
(Eifion Wyn, Caneuon Ffydd 164)

Rheinallt Nantlais Williams

MEDI 1 • Luc 14:16–24

DAMEG Y WLEDD FAWR

Ers talwm un o freintiau bod yn blentyn yn yr Ysgol Sul oedd cael te parti blynyddol. Erbyn hyn nid yw mor boblogaidd; gwell gan blant fath arall o adloniant, ac y maent yn llawer mwy misi ynglŷn â'u bwyd! Y rheswm yw bod plant yn cael eu bwydo'n llawer gwell yn eu cartrefi nag ers llawer dydd. Roedd teuluoedd tlawd yn gwerthfawrogi'r dantethion ar fwrdd y festri neu'r ysgol. Hwyrach mai pobl rhy gefnog a wahoddwyd i'r wledd fawr yn y ddameg. Yr oedd gan bob un ei esgus parod, ond y gwir reswm oedd na theimlent angen am y croeso a'r lletygarwch a ddarparwyd ar eu cyfer.

I ba garfan y perthynwn ni? Ai'r bobl sy'n hel esgusodion neu'r tlodion, y deillion a'r cloffion? Mae ein bywyd ysbrydol yn ddigon tlawd, a chloffwn rhwng dau ddewis – gwir neu'r prin o wir. Nid yw cymdeithas foethus, dda ei byd yn teimlo'r angen am y wledd y mae Duw yn ei darparu ar ein cyfer. Gwahanol iawn oedd ymateb Ann Griffiths:

> Cael dod at fwrdd y Brenin,
> A'm gwadd i eiste'n uwch.
>
> Arogli'n beraidd mae fy nardus
> Wrth wledda ar y cariad rhad.

Mari Ellis

MEDI 2 • Marc 10:17–31

EIN BRWYDR Â MAMON

Dyma stori drist, ac un ysywaeth a ailadroddir yn rhy aml o lawer. Dyma ŵr cywir ac unplyg a edmygai Iesu ac a oedd yn eiddgar i ddysgu ganddo os nad ei ddilyn. Mae'n rhaid nad yn ymffrostgar y dywed iddo gwrdd â gofynion y Gyfraith o'i ieuenctid gan i Iesu ei hoffi. Gŵr ydoedd yn chwilio'n ddilys am Fywyd.

Fe wêl Iesu ei fan gwan ac y mae'n rhoi ei fys ar ei ddolur. Roedd e'n gafael yn ei gyfoeth, ac yr oedd ei gyfoeth wedi gafael ynddo fe ac yn ei gaethiwo. Fyddai e ddim yn tyfu y tu hwnt i lefel cadw rheolau heb iddo yn gyntaf ymryddhau o afael ei feddiannau.

Un o'r demoniaid y brwydrodd yr Arglwydd Iesu yn eu herbyn oedd Mamon, duw arian. Mae'n rhaid i bawb ohonom addoli rhywbeth neu rywun, a chawn fod arian, fel rhyw, yn gryf iawn ei apêl, ac wrth ddelio ag ef mae mor hawdd llithro i ariangarwch ac eilunaddoliaeth.

Rhybuddia Iesu ni rhag ceisio rhannu teyrngarwch rhwng Duw a Mamon: *Ni all neb wasanaethu dau feistr* (Mathew 6:24). Am fod Duw yn Dduw mae'n hawlio ein teyrngarwch yn llwyr ac yn ddiamod. Yn yr eglurhad ar ddameg yr heuwr fe ddywedodd Iesu fod *gofal y byd hwn a hudoliaeth golud yn tagu'r gair* (Mathew 13:22). A phan gwynodd un wrtho nad oedd wedi cael ei gyfran o'r etifeddiaeth datganodd nad yw bywyd neb yn dibynnu ar amlder y pethau sydd ganddo.

Anogodd Iesu y gŵr ifanc, nid yn gymaint i adael ei gyfoeth ond i'w ddefnyddio i gynorthwyo'r rhai oedd fwyaf eu hangen amdano. Yn sgil y weithred honno byddai'n dod yn rhydd i ganlyn Iesu hyd ffordd Bywyd.

Yr ydym ni a'n cymdeithas farus yn dibynnu mwy nag y tybiwn ni ar y tlodion. Drwy gymryd eu hangen o ddifrif fe ddeuwn yn rhydd o hualau Mamon a phrofi cwmni Iesu a bywyd ei deyrnas.

M. Islwyn Lake

MEDI 3 • Philipiaid 2:6–11

GAIR A GWEITHRED

Nid cyhoeddi'r neges a wnaeth Iesu'n unig, ond ei byw hi, a marw er ei mwyn. Bu'n ufudd i'w Dad a'i neges hyd angau. Cyflwynodd hi ar air ac mewn gweithred. Dyna yw drama – cyfuniad ystyrlon a deallus o eiriau a gweithredoedd, cyfuniad celfyddydol o'r llafar a'r gweladwy. Y mae'r glust a'r llygad yn rhannu'r wledd.

Philip, pan oedd newydd ddod yn un o ddisgyblion Iesu ddywedodd wrth Nathanael ei fod wedi cyfarfod yr un y bu'r proffwydi yn darogan ei ddod, a'i fod yn dod o Nasareth. Braidd yn amheus oedd Nathanael o eiriau Philip: Os felly, medd Philip, *tyrd i weld* (Mathew 1:46) drosot dy hun. Fe aeth Nathanael a gweld drosto'i hun, gan ddod yn un o'r disgyblion ei hun. Gweld yw credu. Wrth edrych ar wasanaeth Iesu, gwelwn y Duw a gymerodd arno'i hun agwedd gwas. Wrth edrych ar ei gariad, gwelwn y cariad sydd yng nghalon Duw. Ond ni, bellach, yw cyfrwng ei wasanaeth, ei feddwl a'i gariad yn y byd.

John Owen, Rhuthun

MEDI 4 • **Effesiaid 3:14–19**

GWYBOD CARIAD CRIST

Ein gweddïau yw'r drych perffeithiaf ohonom, mae'n siŵr. Dengys tlodi ein gweddïau ein diffyg amgyffred o fawredd yr efengyl. Nid felly Paul. Dengys cyfoeth y weddi hon o'i eiddo dros y saint iddo berchenogi anchwiliadwy olud Crist.

Nid gofyn am fendithion bach a wna, ond gofyn am rai sydd tu hwnt i eiriau. Sarhad ar yr Hollalluog Dduw yw gofyn am y 'rhy fach' pan eiriolwn dros ein cymdeithion.

Byddai gofyn ar i'r eglwys gael amgyffred lled cariad Crist yn ddigon, heb sôn am yr hyd, yr uchder a'r dyfnder, a'r amhosibl, sef gwybod am y cariad sydd uwchlaw gwybodaeth fel y dygid hwy at holl gyflawnder Duw.

William Carey ddywedodd: 'Disgwyliwch bethau mawr oddi wrth Dduw. Anelwch i wneud pethau mawr dros Dduw.'

GWEDDI

Cyfoethoga ein meddyliau dros eraill, O Arglwydd Mawr. Amen.

John T. Young

MEDI 5 • 2 Samuel 10:1–2

COFIO CAREDIGRWYDD

Er i Dafydd ddatblygu'n frenin cryf a pheryglus nid anghofiodd y ffordd i fod yn dyner at genhedloedd bychain. Boed inni fod ar ein heithaf bob dydd i fod yn garedig. I ennill cyfaill, rhaid bod yn gyfaill; rhaid **gwneud** ffrindiau, nid eu cael. Dalir mwy o bryfed wrth ddefnyddio mêl nag wrth ddefnyddio finegr.

Daeth y crwt i'r tŷ a dweud bod dyn drwg yn yr allt yn rhegi a dannod. Wedi croesholi darganfuwyd mai carreg ateb oedd yno. Boed inni fod yn ddigon craff i sylwi bod pob gweithred o'n heiddo'n deffro ymateb. Y mae gwell siawns gan garedigrwydd, gwên a chymwynas i gael ymateb dymunol.

GWEDDI

Gwna fi'n werth fy adnabod, ac yn fendith i'm cyd-fforddolion. Amen.

Dafydd H. Edwards

MEDI 6 • Jeremeia 31:31–34

BREINTIAU'R NEWYDD

Yr hyn oedd y tu hwnt i allu'r Gyfraith, yn ei gwendid dan gyfyngiadau'r cnawd, y mae Duw wedi ei gyflawni (Rhufeiniaid 8:3); dyna un frawddeg gan Paul wrth sôn am wendid y ddeddf a grym Efengyl gras. Yr oedd Jeremeia wedi rhagweld yr efengyl honno. Swydd deddf yw diogelu'r hen, nid yw mewn ffordd i gynhyrchu'r newydd; a phwysleisio peryglon y mae – nid cynnig bendithion.

Gwyddai Jeremeia o brofiad mai pennaf fendith bywyd yw adnabod Duw a derbyn ei faddeuant. Y ddeubeth hyn yw ei fara a'i ddiod 'trwy bob helyntoedd blin' (David Charles, Caneuon Ffydd 114).

Y gwir yw mai un ydynt. Adfer iawn berthynas â Duw y mae maddeuant, a'n galluogi ni i'w adnabod ef yn well o hyd. Pan ddeuai'r profiad hwnnw yn eiddo holl bobl yr Arglwydd byddai cyfnod newydd a gwell yn siŵr o wawrio. Yr oedd y genedl eisoes mewn caethiwed ymhell cyn i fyddinoedd Babilon ei threchu a'u cario i'r gaethglud. Gwir adnabod Duw yn unig a fedrai ei rhyddhau, a phrofiad o ras sydd yn arwain i'r adnabyddiaeth honno.

GWEDDI

Dy adnabod di, O Dduw, a'r hwn a anfonaist i'n cymodi â thi dy hun, sef Iesu Grist, yw y bywyd tragwyddol. Amen.

Walter P. John

MEDI 7 • Mathew 22:1–10

GWESTEION Y BRENIN

Yn nameg y Winllan a'r Tenantiaid gwelsom bobl yn ceisio dwyn eiddo un arall oddi arno, a gwneud eu hunain yn berchenogion. Eu diwedd oedd eu dinistr, fel diwedd pob un sy'n ceisio cymryd arno'i hun hawliau Duw. Ond y mae ffyrdd eraill sy'n arwain i'r un diwedd, er eu bod yn ymddangos yn fwy diniwed, megis pan yw person yn gwrthod yr efengyl.

Gan nad yw adnodau 6, 7, 11–13 yn nameg y Wledd Briodas yn hawdd i'w cysylltu â'r ddameg yn gyffredinol, bernir gan lawer mai ychwanegiadau diweddarach ydynt, ac i'n pwrpas ni, gellir eu gosod y naill ochr. Ond fe ddaw rhai gwirioneddau pwysig i'r golwg wrth aros gyda'r gweddill o'r ddameg.

Yn un peth, gwelwn y perygl o ymgolli cymaint yn ein cynlluniau ein hunain nes i ni fynd yn ddall i ogoniant Duw. Hunanddigonolrwydd a thrachwant am bethau'r byd sydd tu ôl i'r dallineb yma. Unwaith eto cawn ddarlun o bobl grefyddol yn allanol yn bobl wrthgristnogol yn eu calonnau. Oherwydd pan ddaw Crist i mewn, rhaid ffarwelio â phopeth ffug, megis seremonïau a chyfundrefnau sy'n paratoi amser da yn fwy na chyhoeddi newyddion da. Yn wir, os nad ydym yn ein gweld ein hunain yn rhy ddrwg, pa angen newyddion da sydd arnom?

Ac eto, gwahoddiad yw'r efengyl sy'n gofyn am ateb. Nid oes dim tebyg iddi gan y rhai nad ydynt yn ymateb. Gwledd Duw yw Iesu Grist i bobl o bob math, a bod ganddynt un peth yn gyffredin, sef mai pobl mewn eisiau ydynt. Yn y wledd hon yn unig y gellir profi *cyfiawnder a heddwch a llawenydd yn yr Ysbryd Glân* (Rhufeiniaid 14:17).

Rheinallt Nantlais Williams

MEDI 8 • **Molawd y Crefftwyr**

Y SAER

Pennawd adran Molawd y Crefftwyr yn yr Apocryffa yn y Beibl Cymraeg Newydd yw 'Amrywiol Orchwylion'.

Ni allwn eistedd mewn unrhyw ystafell yn ein cartrefi nac ymweld ag unrhyw adeilad heb fod yn ymwybodol o gyfraniad y saer. Ef sydd wedi creu ein dodrefn, ac ef fu'n gyfrifol am greu celfi'r fferm ar gyfer pob gorchwyl. Y mae'r hen ddywediad 'angen yw mam pob dyfais' yn wir am holl ddyfeisiadau'r saer, fel pob crefftwr arall.

Y mae crefft y saer yn hen, ac yn ymestyn yn ôl hyd at y cyfnod pan na feddai pobl ddim ond arfau cerrig. Syml oedd dodrefn y tŷ ers talwm – byrddau ffreutur mawrion, meinciau ac ysgolion, cistiau a chypyrddau. Y mae'n ddiddorol gwybod bod math arbennig o'r dodrefn syml hyd yn oed yn cael eu creu eto heddiw. Mae'n debyg bod y crefftwyr coed yn yr hen amser yn cael eu rhannu i dri dosbarth, sef seiri'r brenin, seiri'r eglwys a seiri'r bobl gyffredin. Y mae'n sicr bod seiri'r brenin yn derbyn gwell cyflog na seiri'r bobl gyffredin!

Rhai blynyddoedd yn ôl cyhoeddwyd llyfr Huw Selwyn Owen, Ysbyty Ifan 'Calon Gron a Thraed Cathod'. Teitl od, ac un all fod yn benbleth, heb inni wybod ystyr y ddau ymadrodd. Math o wendid mewn pren yw'r hyn a elwir yn 'calon gron' am fod mân graciau i'w gweld oddi mewn i'r pren. Gwelir y 'traed cathod' mewn derwen a llwyfanen. Clystyrau o geinciau bach yn dynn yn ei gilydd yw'r 'traed' hyn wedi eu ffurfio yn y tyfiant. Ond fe all y pren hwn fod yn un hardd wedi iddo gael ei lathru a'i lyfnhau. Y mae'r awdur hwn wedi llwyddo i grynhoi peth wmbredd o wybodaeth am gynnyrch crefft y saer gwlad.

Y mae'n dda cofio mai wrth fainc y saer y dysgodd Iesu Grist ei grefft gynnar, a pharhad o'r gwaith hwnnw oedd ei weinidogaeth. 'Erys adeiladwaith ei Eglwys' (Gwenallt).

Ieuan Lloyd

MEDI 9 • Exodus 12:3–17

FFYDD I WAREDU CENEDL

Y syniad cyffredin am berson ffydd yw mai rhyw freuddwydiwr anymarferol yw – person a'i ben yn yr awyr, heb fod a'i draed ar y ddaear. Nid un felly oedd Moses. Uniaethodd ei hun â'i genedl mewn caethiwed yng ngwlad yr Aifft, ac er teimlo'n anghymwys a di-ddawn cysegrodd ei fywyd i'w gwaredu. Gallasai fod wedi cael byd da helaethwych ym mhlas y brenin Pharo, ond ymwadodd â'r cyfan er mwyn gwasanaethu ei bobl ei hun.

Nid gwaith rhwydd oedd gwaredu'r Israeliaid o'r Aifft. Golygodd amynedd a ffydd di-ildio i Moses. Yr oedd yn rhaid wynebu gwrthwynebiad yr Eifftiaid i'w rhyddhau, ac amharodrwydd y caethion i fentro rhyddid. Dal at ei genhadaeth wnaeth Moses. Cyhoeddodd alwad i holl deuluoedd Israel i baratoi i adael yr Aifft. Yr oedd pawb i ladd oen a thaenu ei waed ar gapan drws eu tŷ ac ar y ddau ystlysbost. Noson fythgofiadwy oedd honno pan aeth cenhadon o ddrws i ddrws lle roedd arwydd gwaed a galw'r bobl i gychwyn allan o'u caethiwed. Bob blwyddyn wedyn cadwai'r Israeliaid y digwyddiad hwnnw yn ddydd gŵyl i'r Arglwydd. Dyna ddechrau Gŵyl y Pasg.

Bu'r daith o'r Aifft i Ganaan yn faith a blinderus, drwy'r anialwch am ddeugain mlynedd, ond daeth profiadau'r daith hon yn ddameg o fywyd i berchenogion ffydd mewn hyn o fyd. Ar y daith hon y cafwyd y manna o'r nefoedd a dŵr o'r graig i'w yfed. Ar y daith hon hefyd y gwelwyd y golofn niwl y dydd a'r golofn dân y nos, ac y cafwyd dihangfa ryfeddol drwy'r Môr Coch.

Trebor Lloyd Evans

MEDI 10 • Nehemeia 5:1–13

PWY SYDD DAN DRAED?

Arwydd o foethusrwydd yn y 1960au oedd prynu carped o wal i wal. Anaml iawn y gwelwn garpedi bach ar linoliwm oer bellach ym Mhrydain. Heddiw ceir hyd at 300,000 o blant yn cael eu cyflogi'n anghyfreithlon yn niwydiant India i gynhyrchu carpedi cywrain. Gorfodir hwy i weithio mewn siediau afiach – yn aml er mwyn talu dyledion y teulu i'r benthyciwr arian. Bydd y teuluoedd yn gorfod benthyg arian i dalu am driniaeth feddygol, am briodas neu angladd.

Yn y siediau hyn bydd y plant yn eistedd ar feinciau cul ac ni bydd ffenestri yno. Prin yw'r golau a bydd eu hysgyfaint yn sicr o ddioddef wrth anadlu llwch a darnau gwlân. Adroddir hanesion amdanynt yn cael eu curo, ac nid yw'r bwyd yn ddigonol nac yn faethlon. Gwerthir y carpedi, gan amlaf, yn America, yr Almaen a Phrydain. Wrth droedio'r carpedi hyn, buom yn gwasgu plant i'r llawr, a sychu baw ein traed ar eu 'hawliau' hwy.

Un o'r prif gyrff sy'n brwydro dros y teuluoedd mewn amgylchiadau fel hyn yn India yw Mukti Pratishthan. Byddant yn gweithio gyda'r nos ac yn cipio'r plant i ryddid. Bellach gallwn ofyn am garped a fydd yn cario label a fydd yn dangos bod y carped wedi ei gynhyrchu heb ddefnyddio llafur plant.

GWEDDI

Maddau i ni, O Dduw, nid yn unig am sefyll ar garpedi a wnaed mewn amgylchiadau ofnadwy ond drwy hynny sefyll ar y plant eu hunain gyda sawdl ein dihidrwydd ni. Amen.

Denzil I. John

MEDI 11 • Mathew 23:1–12

RHWYSTR RHODRES

Y mae'r darlun a roddir yn yr adnodau hyn o'r Ysgrifenyddion a'r Phariseaid yn dangos nad yw'r natur ddynol wedi newid dim oddi ar ddyddiau Iesu ar y ddaear. O fewn i'n cylch bach ein hunain y mae ein hawydd am awdurdod a'r peryglon sydd ynddo mor gryf a niwediol ag erioed.

Po fwyaf o awdurdod ymddangosiadol sydd gan bobl, mwyaf y perygl iddynt gael eu twyllo. Oherwydd gwendid ein natur, ceisiwn guddio ein tlodi y tu mewn i wychder y wisg allanol. Ac fe gawn ein twyllo i edrych ar swyddi yn yr eglwys fel arwydd o fesur ein statws yn y Deyrnas. Ond nid yw eistedd yng nghadair Moses yn gwneud rhywun yn Foses, fwy nag yw eistedd mewn cadair eisteddfod yn ein gwneud yn feirdd! Yr oedd Moses yn cario beichiau ei bobl ac yn llosgi mewn eiriolaeth drostynt. Y rheswm pam y disgleiriai wyneb Moses ar y Mynydd oedd ei fod ym mhresenoldeb Duw, heb ofal am ei ogoniant ei hun.

Y mae hunanbwysigrwydd yn ddinistriol i waith yr Ysbryd, a'r trachwant am gael ein cydnabod gan bobl yn ein troi'n dramgwydd i waith y Deyrnas. Yr un sy'n ei ddarostwng ei hun y mae Duw yn ei ddyrchafu. Er hynny, nid dyrchafiad yn nhermau'r byd hwn yw'r addewid, ond yn nhermau'r hwn a ddaeth yn dlawd i'n cyfoethogi ni.

Rheinallt Nantlais Williams

MEDI 12   •   Mathew 16:21–28

CODI EI GROES A'M CANLYN I

Yma y mae Iesu yn gosod i lawr amodau gwasanaeth i'r rhai a fynnai ei ddilyn ef.

(1) *Ymwadu ag ef ei hun* (adnod 24). Fe eglurodd un ysgolhaig yr ymadrodd hwn drwy gyfeirio at hanes Pedr yn gwadu Iesu. Dweud a wnaeth Pedr: *Nid wyf yn adnabod y dyn* (Mathew 26:72). Ac yn yr un modd, ystyr *ymwadu ag ef ei hun* yw ein bod yn gallu dweud: 'Nid wyf yn adnabod hunanoldeb.' Anwybyddu bodolaeth 'hunan' – dyna yw ymwadu. Fel rheol, wrth gwrs, bydd pobl yn synied amdanynt eu hunain fel y pethau pwysicaf yn y byd. Os ydym am ddilyn Iesu, rhaid i hynny newid.

(2) *Codi ei groes* (adnod 24). Ystyr hyn yw bod yn rhaid i'r Cristion dreulio'i amser yn gwasanaethu Duw ac eraill. Nid yr un fydd croes i bawb. Fe arweiniodd yr ymchwil am eu croes Livingstone a Schweitzer i Affrica, a'r Fam Teresa i India, a Sheila Cassidy i Chile, ond fe ddarganfu Williams Pantycelyn ei groes wrth deithio ledled Cymru i bregethu ac i drefnu seiadau. Wynebu anawsterau'n llawen yng ngwasanaeth Duw – dyna yw codi'r groes.

(3) *A'm canlyn i* (adnod 24). Rhaid treulio'n bywyd mewn gwasanaeth – ei 'wario' fel petai ac nid ei 'storio'. Rhaid i'w safonau fod yn wahanol i safonau'r byd. Ni ddylid byth ofyn: 'Faint gaf fi?' ond yn hytrach: 'Faint gaf fi ei roi?' Nid 'Beth yw'r peth diogel i'w wneud?' ond 'Beth sy'n iawn?' Nid 'Beth yw'r peth lleiaf gallaf fi ei wneud?' ond 'Beth yw'r mwyaf posibl?'

(4) Rhaid i bob Cristion wneud y pethau hyn drosto'i hun. Rhaid i bob un ohonom chwilio am ei groes bersonol ei hun, ac y mae gennym gyfrifoldeb personol i Dduw am y modd yr ydym yn ei chario.

O na chawn i dreulio 'nyddiau'n
   fywyd o ddyrchafu ei waed ...
      (Ann Griffiths, Caneuon Ffydd 722)

Gwynn ap Gwilym

MEDI 13 • I Ioan 2:15–17

A'I FOD YN DEG I'R GOLWG

Mae stori am wraig oedd yn dueddol i orwario ar ddillad yn cael siars gan ei gŵr i arafu a meddwl y tro nesaf roedd hi allan yn chwilio am ddilledyn, a dweud wrthi'i hun: 'Dos yn fy ôl i, Satan.' Pan ddaeth adref gyda het newydd dyma'i gŵr yn ei holi, a gofyn pam nad oedd hi wedi defnyddio'r adnod. 'O fe wnes i,' meddai, 'ac fe ddaeth Satan a sefyll y tu ôl i mi a dweud ei bod hi'n edrych yn dda o'r cefn hefyd!' Jôc wrth gwrs, ond jôc ag iddi neges. Roedd y ffrwyth o bren gwybodaeth da a drwg yn edrych yn neis, yn hardd, a'i groen yn gwahodd brathiad bach – roedd yn deg i'r golwg. Blas oedd y syniad cyntaf ddaeth i feddwl y wraig – fe fyddai'n fwyd neis. Golwg oedd yr ail syniad fan hyn. Mae gan demtasiwn y gallu i apelio at ein holl synhwyrau – does dim ond rhaid i chi ofyn i aelod llawn o 'Weightwatchers' am hynny! Ond gall golwg allanol ein twyllo yn aml, fel ag y gwnaeth yn y fan hyn.

GWEDDI

Gad i ni edrych heddiw, a sylwi ar bethau o ongl newydd. Gad i ni wynebu temtasiwn a'i gweld am yr hyn yw hi – offeryn yn llaw ein gwrthwynebydd. Amen.

Einir a John Talfryn Jones

MEDI 14 • Genesis 12:1–9

CODI PAC

Ur y Caldeaid oedd cartref cyntaf Abram. Nanna, duw'r lleuad oedd prif dduw y ddinas honno. Yn ôl Genesis 11 dyma'r teulu'n mudo yn annisgwyl i Haran. Nid oes unrhyw ymdrech i egluro pam. Gallai rhai dybio mai dim ond mympwy Tera a'i cymhellodd. Gall eraill ddychmygu mai symud o un ddinas enwog am addoli'r lleuad i un arall yr un mor enwog a wnaeth y teulu. Ond y mae Llyfr yr Actau yn llawer mwy penodol (Actau 7:2–4). Ymddangosodd Duw i Abram yn Ur a'i alw i adael ei wlad ei hun a theithio i wlad a ddangosai ef iddo. Ufuddhaodd Abram, ond gan barchu awdurdod ei dad dros y teulu ceisiodd ganiatâd a chydsyniad Tera cyn codi ei bac. Ni ddylem am eiliad fychanu'r fenter yr oedd hyn yn ei olygu i'r teulu. Nid gofyn i Abram adael rhyw hen bentref bach llychlyd diflas wnaeth yr Arglwydd, ond gofyn iddo adael canolbwynt gwareiddiad a datblygiad, heb sôn am adael ei deulu, ei gyfeillion, ei gyfoeth a'i obaith am lwyddo yn y ddinas gyfoethog hon. Byddai rhai am ddweud bod Abram yn hynod o ddiniwed a pharod i lyncu unrhyw beth, yn mudo ar gyfrif galwad mor annelwig. Ond nid oedd ganddo ddewis. Ni allai Abram wneud dim ond mudo, daeth wyneb yn wyneb â Duw ei hun. Unwaith i hynny ddigwydd, aros yn addoli Nanna fyddai'n hurt. Sut gallai Ur a'i holl gyfoeth gystadlu ag addewidion Duw mor rhyfeddol waeth pa mor hir fyddai'r addewidion yn cael eu cyflawni?

John Roberts

MEDI 15 • Datguddiad 16:1–9

FFIOLAU LLID DUW

Ar y cyfan ni fyddaf yn colli fy nhymer yn aml, a mentraf awgrymu, i gyfiawnhau fy hun yn bennaf, mai eithriadau prin iawn yw'r cyfeillion hynny sydd byth yn colli eu tymer. Ond, rhywsut neu'i gilydd, mae bywyd teuluol yn gogwyddo i gyfeiriad ambell ffrae.

Beth amser yn ôl, bu un o'r plant a gafodd gartref gennym yn ddrwg. Nid wyf yn cofio beth yn union a wnaeth, ond cafodd ffrae gwerth ei chlywed. Yn anffodus, wrth glywed hyn, cafodd ein plant ni dipyn o fraw. Iddynt hwy, peth anghyfarwydd oedd clywed Dad yn dwrdio gyda'r fath angerdd.

Gwelodd Moses, Solomon ac Eseia Dduw yn ei sancteiddrwydd. Parchedig ofn gafwyd ganddynt ar yr adegau hynny. Ofn pur sydd yn yr olygfa hon wrth i Dduw yn ei lid gosbi'r rhai a ddilynodd y bwystfil. Gwelir llawnder sancteiddrwydd Duw a llymder goleuni ei natur ddwyfol. Gwelwn rym y cyfan yn nisgrifiad C. S. Lewis yn ei glasur 'The Great Divorce': 'The light, like solid blocks, intolerable of edge and weight …'

Aled Edwards

MEDI 16 • Rhufeiniaid 4:1–13

CYFIAWNDER FFYDD

A ydych wedi meddwl erioed am y bobl sy'n dod i'ch capel neu'ch eglwys? Maent yn dra gwahanol yn eu gwaith a'u cefndir. Pa gymdeithas arall sy'n abl i ddod â phobl at ei gilydd fel hyn? A'r hyn sy'n eu gwneud yn aelodau yw'r ffaith eu bod yn gyfranogion o ffydd yng Nghrist, yr hyn y mae Paul yn ei alw'n *gyfiawnder a geir trwy ffydd* (adnod 13).

Mae bywyd yn ein trefi mawr, a hyd yn oed yng nghefn gwlad yn mynd yn fwy cymhleth o hyd. Fel y mae dylanwad yr eglwys yn lleihau nid oes yna ddim i gymryd ei le, ac nid oes yna ddim i dynnu pobl at ei gilydd fel o'r blaen. Nid oes yna ddim iddynt gyfrannu ato fel un. Mae'r teimlad ei fod yn perthyn i gymdeithas yn dod â hapusrwydd i berson, ond heddiw, mae pobl ar chwâl.

Mae'r byd yn chwalu cymdeithas, a chawn wahanol genhedloedd a gwahanol ddosbarthiadau mewn cymdeithas, gwahanol ddiwylliannau a gwahanol ddiddordebau. Mae yna ddigon o gymdeithasau a chlybiau yn bodoli, ond yn wir y mae llawer ohonynt yn ymhyfrydu yn y ffaith eu bod yn gyfyngedig, ac edrychant i lawr eu trwynau ar bawb o'u cwmpas. Nid felly'r eglwys oherwydd mae'r breiniol a'r tlawd yn gyfochrog â'i gilydd.

GWEDDI
Diolch fo i Dduw am ddangos ffordd cyfiawnder inni yn Iesu Grist. Amen.

Edgar Jones

MEDI 17 • Salm 148

MOLIANT Y NEFOEDD A'R DDAEAR

Mae'r ddaear a'r nefoedd yn uno i foliannu Duw yn y salm ogoneddus hon. Duw yw ffynhonnell popeth sydd. Ef yw'r creawdwr sy'n cynnal ei waith o hyd, ac oni bai am ei gariad mi fyddai'r bydysawd yn wacter erchyll. Mae'r greadigaeth i gyd yn dawnsio o flaen yr Arglwydd i amlygu ei llawenydd a'i diolchgarwch am ei bodolaeth. Mae gan ddynol-ryw, ynghyd â'r creaduriaid eraill, ran yn y gorfoledd hwn.

Yn anffodus nid yw pobl bellach yn fodlon ymuno yn y moliant. Mae'n well ganddynt hwy geisio byw heb Dduw gan gymryd arnynt eu hunain mai hwy yw'r unig rai sy'n medru creu a chynnal y ddaear hon. Nid ydynt yn barod i gydnabod llygredd a dinistr yn sgil yr ymgais ddynol i chwarae bod yn Dduw, ac y mae'r ddawns a fu'n fynegiant o drefn y cariad dwyfol yn diflannu mewn anhrefn a thrychineb.

Patrick Thomas

MEDI 18 • Eseia 6:1–13

PEDWAR PROFFWYD

Cyfnod anodd ryfeddol oedd y cyfnod a arweiniodd at gwymp Samaria yn 721 cc gan alluoedd Asyria, a chwymp Jerwsalem gan alluoedd Babilon tua 596 cc – cyfnod o anghyfiawnder cymdeithasol, o ansefydlogrwydd gwleidyddol, o ryfel a brad rhwng brenhinoedd a'i gilydd. Cyfnod o gefnu ar Jehofa ac addoli duwiau diethr a gweithredu'r seremonïau barbaraidd a chreulon oedd yn rhan o addoliad y duwiau hynny.

Ar waethaf hyn fe arhosodd Duw yn ffyddlon i'w bobl, a daliwyd ei enw yn fyw o flaen eu llygaid drwy broffwydi fel Eseia, Amos, Micha a Hosea. Yn y gweddill o'n hastudiaeth, olrhain eu gweinidogaeth hwy yn y cyfnod hwn a wnawn. Mae'r pedwar a enwyd o gefndir gwahanol, ac eto gwelir yn y pedwar fel ei gilydd yr un cariad at Jehofa, yr un eiddigedd dros ei enw, a'r un gofal dros eu pobl sy'n cael eu sathru a'u cam-drin. Eseia a pherthynas â'r teulu brenhinol a'r offeiriadaeth; Amos yn fugail a *garddwr coed sycamor* (Amos 7:14) sydd wedi gwneud i rai gredu ei fod yn weddol dda ei fyd; Micha yn dyddynwr ychydig filltiroedd y tu allan i Jerwsalem, a Hosea, na wyddom ddim am ei gefndir ond ei fod wedi priodi gwraig a fu'n anffyddlon iddo. Er y gwahaniaethau, ymatebodd y cwbl ohonynt i alwad Duw.

R. W. Jones

MEDI 19 • **1 Timotheus 6:12–15**

CYFFES: PROFFES

Cyffes mewn ystyr arall sydd yma, sef proffesu neu arddel. Dywedodd Iesu: *Pwy bynnag fydd yn fy arddel i gerbron eraill, byddaf finnau hefyd yn eu harddel hwy gerbron fy Nhad* (Mathew 10:32). Byddai'n rhaid i'r sawl oedd yn barod i'w arddel *ymwadu ag ef ei hun a chodi ei groes* (Luc 9:23). Mae Paul yn atgoffa'r Corinthiaid am ufudd-dod i Efengyl Crist, gyda'r geiriau: *yr Efengyl yr ydych yn ei chyffesu* (2 Corinthiaid 9:13), ac yn y Llythyr at yr Hebreaid sonnir am *gyffes ein gobaith* (Hebreaid 10:23).

Anaml y clywir neb yn sôn am 'broffesu crefydd' y dyddiau hyn, ac aeth 'Cyffes Ffydd' yn rhywbeth hanesyddol. Ond mae'r ystyr yr un, ac y mae'n bwysig ein bod yn arddel y ffydd Gristnogol yn gyhoeddus. Os yw Crist yn barod i'n harddel ni gerbron Duw, y peth lleiaf y gallwn ni ei wneud yw sefyll yn gadarn yn barod i gael ein cyfrif.

Mari Ellis

MEDI 20 • 1 Corinthiaid 12:1–14

UNDOD MEWN AMRYWIAETH

Roedd eglwys Corinth yn un garismataidd iawn a'i haelodau yn brofiadol o rymusterau'r Ysbryd. Trwyddo y deuai i'w gwefusau y gyffes mai 'Iesu yw'r Arglwydd' a'r Ysbryd hefyd oedd yn eu cynysgaeddu â doniau. Enw Paul arnynt oedd 'charismata' – doniau gras – tarddiad y gair 'carismataidd'.

Gwyddom y gall doniau naturiol gael eu defnyddio i ddibenion cwbl hunanol, ond o gael eu sancteiddio gan yr Ysbryd cânt eu trawsnewid yn ddoniau ysbrydol. O dan gyffyrddiad yr Ysbryd daw doniau ysbrydol yn rhoddion pur i rai na feddent y ddawn yn naturiol. Daeth rhai na feddent yr un ddawn gyhoeddus yn siaradwyr rhugl a hyderus drwy gyffyrddiad yr Ysbryd ar eu bywyd.

Er bod doniau yn cael eu hamlygu mewn bywydau personol unigol, bendith ar gyfer yr eglwys gyfan ydynt a dylent gael eu defnyddio i'w hadeiladu. Dyma i ni syniad cyfoethog o'r eglwys lle nad yw ei gweithgarwch yn cael ei gyfyngu i arweinydd ordeiniedig ac ychydig o swyddogion, ond lle mae cyfraniad pob aelod o'r pwys mwyaf, a phawb yn elwa drwy ddoniau ei gilydd. Mae bywyd eglwys yn cael ei dlodi gymaint onid yw pob dawn, pa ddistadled bynnag y bo, yn cael mynegiant. Byddai'r Apostol yn ei chael hi'n anodd dychmygu sefyllfa yr ydym ni, ysywaeth, mor gyfarwydd â hi, lle mae doniau lleygwr wedi eu rhewi – 'God's Frozen People' meddai Mark Gibbs.

Mae cyffelybiaeth Paul o'r corff a'i amrywiol aelodau yn ffordd dda o bwysleisio undod yr eglwys a hwnnw'n undod mewn amrywiaeth. Ac y mae'r undod a'r amrywiaeth yr un mor bwysig â'i gilydd.

Mae yna undod yn gymaint â bod yr holl aelodau wedi eu bedyddio gan yr un Ysbryd ac yn rhannu yr un gras. Mae yna amrywiaeth am fod yr Ysbryd yn cyfrannu doniau amrywiol i'r aelodau a hynny er llesâd y corff cyfan. A gall yr undod hwn mewn amrywiaeth fod yn ffaith real a gweladwy ym mywyd pob eglwys. Felly y dylai fod, ac felly y bydd pan fyddwn ni'n rhoi lle i weinidogaeth yr Ysbryd Glân.

GWEDDI
Tyrd, Ysbryd Glân, bedyddia ni o'r newydd â'th nerth a chyfoethoga ein gwasanaeth drwy ddoniau dy ras. Amen.

M. Islwyn Lake

MEDI 21 • Mathew 9:9–13

PERSONOL

Cafodd y disgyblion alwad bersonol i ddilyn cenhadaeth gyda Iesu. *Canlyn fi* (adnod 9) oedd yr alwad a gafodd Mathew. Bob yn ddau, mae'n wir, y galwyd y brodyr Pedr ac Andreas, ac Iago ac Ioan, ond galwad bersonol oedd hi. *Dewch ar fy ôl i* (Mathew 4:19). Os ymatebai'r pysgotwyr hyn, yr oedd Iesu am wneud pysgotwyr pobl ohonynt – rhwydo pobl i mewn i'r Deyrnas. Dengys y pwyslais hwn ar y cyfrifoldeb personol nad rhywbeth i Gristnogion eraill yw cenhadu. Mae'n gyfrifoldeb ar bob un o ddilynwyr Iesu. Nid drwy gyfrannu at y genhadaeth y mae cenhadu na thrwy gefnogi cenhadon. Byddwn yn hwyluso gwaith eraill i genhadu ac yn eu calonogi wrth wneud hynny, wrth gwrs, ond ni fyddwn yn cenhadu ein hunain. Y mae gan bob un ohonom ei gylch a'i gyfrifoldeb i genhadu – wrth i ni ymwneud â'n teulu, ein cymdogion, ein cyd-weithwyr a'n cyd-ddinasyddion, a hefyd wrth i ni ymwneud â'n cyfrifoldeb ym mywyd ein cymdeithas a'n cenedl. 'Lle mae dechrau?' meddai rhywun. Yr ateb oedd: 'Wrth dy draed.' Wrth ei draed gyda'i bobl ei hun y dechreuodd Iesu ar ei genhadaeth. Nid yn y fan acw mae'r llwyfan – yr ydym ar y llwyfan eisoes!

John Owen, Rhuthun

MEDI 22 • Effesiaid 6:23–24

CYHOEDDI'R FENDITH

Cyfle i rywrai i gau cas sbectol neu chwilio am ymbarél yw cyhoeddi'r Fendith yn llawer rhy aml, a chystal cyfaddef bod ochenaid o ryddhad yn enaid offrymwr y Fendith ar adegau, gwaetha'r modd. Y gwir, wrth gwrs, yw mai yn y Fendith y cyflwynir y rhoddion mwyaf y gellir eu rhoi i'r gynulleidfa: tangnefedd mewn byd helbulus, cariad i wrthweithio casineb, ffydd fel dolen gydiol â Christ, a gras, sef Duw yn rhoi ei hunan i'r anhaeddiannol.

Ni all neb feddwl am fwy i'w roi i bobl sydd yn byw, i raddau beth bynnag, ar hyn o bryd ar yr un lefel â Christ – *pawb sy'n caru ein Harglwydd Iesu Grist â chariad anfarwol* (adnod 24).

GWEDDI

O Roddwr pob daioni, gwna ni yn dderbynwyr parod a gwerthfawrogol. Amen.

John T. Young

MEDI 23 • Galatiaid 2:11–21

PEDR A PAUL

Yn araf y daeth hyd yn oed yr Apostolion i'w perffeithrwydd, a thrwy lawer o boen meddwl ac ymbalfalu y cawn hwy, o'r diwedd, yn dehongli ysbryd Iesu mewn eglwys drefnedig. Y mae'n rhaid wrth ddadl ac ymresymu tra mai egwyddor ac nid mympwy sydd yn y fantol.

Gras Duw yw sylfaen diwinyddiaeth Paul, a cheir y gair 'gras' ddwywaith cyn amled yn llythyrau Paul ag yng ngweddill y Testament Newydd. Dyma'r gras sy'n fynegiant o gariad Duw – y cariad achubol sy'n dileu pechod dynoliaeth, ac a amlygwyd ym marw dirprwyol Crist. I Paul felly, y mae'r Groes yn dangos diwedd Iddewiaeth, a diwedd rhywbeth mwy – ein harwahanrwydd hunanol ni: *a mwyach, nid myfi sy'n byw, ond Crist sy'n byw ynof fi* (adnod 20). Dyma undeb cyfriniol y Crist a'r Cristion.

GWEDDI

Dyro imi heddiw y gras i ildio fy ewyllys i Iesu, i ladd yr hunanoldeb er meithrin y grasusau Cristnogol. Diolch am farn pobl eraill; boed i ni wrando a dysgu gan roddi a derbyn cyngor yn ysbryd yr Efengyl. Amen.

Dafydd H. Edwards

MEDI 24 • Jeremeia 41

TRANNOETH TRIST

Pennod ddigalon yw hon. Ynddi cawn hanes chwalu'r gobaith olaf am gymdeithas newydd ym Mispa. Byr fu'r arbrawf – nid oedd yn unol â pholisi brenin Ammon i bobl Jwda ymsefydlu o'r newydd o dan lywodraeth Gedaleia, a chynllwyniodd gydag Ismael i ladd Gedaleia. Rhybuddiodd Johanan y llywodraethwr o'r bwriad, ond yr oedd ef yn ormod o fonheddwr i gredu'n ddrwg am eraill. Croesawodd Ismael i fwyta gydag ef, a thalodd y dihiryn hwnnw ei garedigrwydd yn ôl drwy lofruddio Gedaleia.

Yn dilyn hyn lladdodd drigain a deg o bererinion a oedd ar eu ffordd o Sichem, Seilo a Samaria i Jerwsalem i addoli. Ceisiodd Johanan ddial ar Ismael, ond ffodd ef dros y ffin at ei feistr, brenin Ammon. Ie, awr dywyll oedd hon i obeithion y proffwyd, ond y mae unrhyw bolisi sydd yn dibynnu ar dywallt gwaed am ei lwyddiant yn sicr o fethu yn y pen draw. Ni lesteirir bwriadau Duw gan greulondeb pobl a pholisïau gwleidyddol sydd a'u hymddiriedaeth ym min y cleddyf.

GWEDDI

Yn y nos dywyllaf cynnal fy ffydd a'm hymddiriedaeth yn dy allu, O Dduw, i gyflawni dy fwriadau grasol. Amen.

Walter P. John

MEDI 25 • Ioan 13:12–17

GOSTYNGEIDDRWYDD

'Drwy ostyngeiddrwydd yr adnebydd dyn ei hunan.' Dyna eiriau Saunders Lewis. Mae'n weddol hawdd inni feddwl mai rhyw gymeriad gwan a meddal yw'r person gostyngedig, fel y person addfwyn. Ond y mae hynny'n gwbl anghywir oherwydd nid un di-asgwrn-cefn yw'r un gostyngedig, ond un a'i fywyd dan reolaeth am ei fod yn medru ffrwyno y nwydau hynny all ei wneud yn berson hunanol a thrahaus.

Cofiwn i'r Arglwydd Iesu Grist ddefnyddio'r plentyn fel delwedd i egluro ystyr gostyngeiddrwydd. Bywyd naturiol yw bywyd y plentyn, a gwyddom fod byd o wahaniaeth rhwng bod yn blentynnaidd a bod yn blentyn-debyg.

Y mae Gwenallt yn ei gerdd i'r 'Plentyn' yn gymorth inni weld cyfrinach hanfod gostyngeiddrwydd:

> Ond fe chwerddi am fod gan bethau
>   Eu llinell, eu llun a'u lliw;
> Aelod bach yn Urdd Sant Ffransis
>   Yn dotio ar greadigaeth Duw.

Mae'r allwedd i'r gyfrinach yn y llinell olaf. Yr ydym ni, ysywaeth, yn prysur golli y gallu i ryfeddu at yr hyn sydd ar wahân inni ein hunain. Ni ellir disgwyl gostyngeiddrwydd ym mywyd y sawl na wêl neb na dim yn fawr ond ef ei hun. Nid yw'r gostyngedig rai byth yn clodfori eu hunain, ac nid yw'n syndod mai prin yw'r clod i'r gostyngedig, oherwydd, yn anffodus, uniaethir mawredd â llwyddiant materol pobl, a'u cryfder i lywodraethu ac i feddiannu. Does ryfedd bod safonau'r Deyrnas yn troi safonau pobl wyneb i waered.

> Gwna ninnau'n ostyngedig iawn,
> Rhag inni golli'r ddwyfol ddawn
> O weld, yng nghanol pechod dyn
> Ogoniant d'arfaeth Di dy Hun.

Ieuan Lloyd

MEDI 26 • Mathew 27:27–44

GWAREDIGAETH Y GROES

Pan ddywedir ein bod ninnau hefyd yn y dorf a groeshoeliodd Grist, anodd credu hyn. Onid ydym i gyd yn arswydo wrth feddwl am watwar, cabledd a chreulondeb rhagrithrwyr eiddigeddus a hunangyfiawn? Ac eto onid ydym ninnau yn gwrthod y Brenin wrth ddangos ysbryd felly tuag at ein cyd-fforddolion? Defnyddiodd Duw law pagan i gyhoeddi i'r byd mai croeshoelio eu Brenin a wnaeth yr Iddewon. Hwn yw Brenin gwirionedd a chyfiawnder a chariad. Mewn gweithred, os nad mewn geiriau, byddwn ninnau yn gweiddi *Croehoelier ef* (Mathew 27:22–23) i'r graddau y byddwn yn cyfaddawdu gyda'r ysbryd a feddiannai'r rhai fu'n cynllunio ei farwolaeth gynt ac yn sgrechian am ei waed (Hebreaid 6:6).

Yr un ddedfryd a gyhoeddwyd ar ladron ag a wnaed ar Fab Duw, ac am yr un rheswm. Y mae'r ddau ddosbarth yn bygwth ein diogelwch ni. Ond ysbeilio ein diogelwch ysbrydol ni a wna Mab Duw. Dyna pam yr oedd yr Iddew mwyaf enwog mewn hanes yn gynddeiriog tuag at Grist – hyd nes y croeshoeliwyd yntau gan Grist, a chyda Christ (Galatiaid 2:20). Dyna pryd yr ysbeiliwyd ef o'i gyfiawnder ei hun – ei unig obaith gerbron Duw, fel y tybiai, hyd nes gwelodd y Croeshoeliedig.

Pan hyrddiwyd yr her *fe achubodd eraill; ni all ei achub ei hun ... disgynned yn awr oddi ar y groes* **ac fe gredwn ynddo** (adnod 42), dangosent eu dallineb ac ni welsent mai **oherwydd** iddo ddod i achub eraill, trwy ei aberth, ni fynnai ei achub ei hun. Drwy ymostwng yn unig y gallai ein cyrraedd ni. Pe buasai Crist wedi disgyn o'r groes pan y'i heriwyd, ni fuasai gennym Waredwr i gredu ynddo. I achub hyd yr eithaf, rhaid oedd talu'r gost eithaf.

Rheinallt Nantlais Williams

MEDI 27 • Hebreaid 12:18–24

CWRDD AR FYNYDD SEION

Darlleniad pellach: Deuteronomium 5:22–23

Un o'r hen enwau ar gapel yn y traddodiad ymneilltuol yw 'Tŷ Cwrdd'. Â phwy y mae'r saint a'r ffyddloniaid yn cwrdd pan gyfarfyddant i addoli? Nid oes ateb huotlach na'r saith adnod hyn o'r Llythyr at yr Hebreaid.

I ddechrau, y mae'r awdur am i'w ddarllenwyr ddeall nad ydynt yn dod i le i'w dychryn i farwolaeth. Lle felly oedd Mynydd Sinai; ni roddodd neb 'Mynydd Sinai' yn enw ar gapel neu eglwys, ond y mae sawl 'Mynydd Seion' ar hyd a lled y wlad. Y mae'r Tŷ Cwrdd yn lle i ddistewi a gwyleiddio pobl, am ei fod yn fan cyfarfod â'r Sanctaidd.

Y mae'n lle i gwrdd â'r Duw byw, nid lle i drafod Duw sydd wedi marw. Y mae'r Hebreaid yn llawn o sôn am Dduw sy'n siarad â phobl, yn eu galw a'u harwain. Ef sy'n barnu hefyd, ac y mae popeth yn noeth ac agored i'w lygaid ef. Gallwn guddio'n beiau rhag y werin, yn ôl dymuniad Pantycelyn (Caneuon Ffydd 704), ond ni allwn eu cuddio rhag cyfiawnder nef.

Yn y cwrdd yr ydym hefyd yn dod at fyrddiwn o angylion. Y mae'n resyn ac yn golled ein bod ni, yn yr oes hon, wedi mynd yn rhy glyfar i gredu mewn angylion. Y cythreuliaid sy'n cael y mwyaf o sylw yn y 'Newyddion', ond y mae angylion o'n cwmpas hefyd, yn mynd ymlaen â'u gwasanaeth yn ddistaw o hyd. Yn y cwrdd, faint bynnag yw ein ffaeleddau ni, gallwn fod yn dawel ein bod ar ochr yr angylion.

A dyna gysur ar Sul garw, pan fo nifer y rhai sydd yn y golwg yn fach, ein bod yn cael ymuno â chymanfa a chynulleidfa y rhai sydd wedi mynd o'n blaen, a llawer o wynebau annwyl a gofiwn.

Uwchlaw pawb, yr ydym yn dod i gwrdd â Iesu, ac y mae hynny, ynddo'i hun, yn rheswm digonol dros ddod.

Trebor Lloyd Evans

MEDI 28 • Titus 2:11–15

GOBAITH

Cyflwynwyd cerdd i Dorothee Soelle, un a ymwelodd â thlodion a charcharorion America Ladin, ar ôl iddi draddodi anerchiad yn Lima, Peru gan Leif Vaage, diwinydd o'r wlad honno. Os collodd y gerdd lawer yn ei chyfieithiad, erys hanfod ei neges a'i gweledigaeth. Gellir darllen yr hanes yn ei llyfr 'Celebrating Resistance'.

Gofynnwyd i mi beth oedd ffynhonnell fy ngobaith –
Atebais mai fy ngobaith i oedd gobaith y bobl gaeth;
Mentraf ymlaen yng nghysgod ffydd
Amaethwyr y baw a gwehilion y ddinas
A'r llygod ffrengig yn y strydoedd cras,
Sy'n mynnu goresgyn
Pob cyrch yn eu herbyn
I'w gwanio a'u gwasgu
A lladrata'r bywydau
Sy'n hongian ar edau frau.
Heddiw, ni allaf ollwng yn rhydd
Eu gobaith tragwyddol na dderfydd.
(cyfieithiad D.I.J.)

Denzil I. John

MEDI 29 • Effesiaid 2:14–16

CYMOD

Darlleniad pellach: 2 Corinthiaid 5:17–21

Mae Cristnogion wedi amrywio yn eu barn ynghylch rhyfel. Cred rhai fod y fath beth â rhyfel cyfiawn, ac y mae eraill yn credu na ellir cyrraedd diben teilwng efo dull annheilwng. Llwybr y cymod yw llwybr y Cristion. Duw yng Nghrist sydd wedi cymodi'r byd ag ef ei hun ac ymddiried i ni weinidogaeth y cymod. Yr alwad i ni yw dod i gymod â Duw. Pwysleisiodd Iesu Grist ei bod yn bwysig dod i gymod â brawd a chwaer cyn dod i bresenoldeb Duw mewn act o addoliad. Hanfod ffordd y cymod yw lladd yr elyniaeth yn hytrach na lladd y gelynion.

Cyfiawnder yw sylfaen heddwch, ac ysbryd cymodlon sydd yn mynd i sicrhau cyfiawnder dwfn a pharhaol, ac nid yw trais o unrhyw fath, boed yn drais meddwl, trais tafod neu drais dwrn ond yn cynhyrchu mwy o drais. Nid achosi trais a wnaeth Iesu Grist pan groeshoeliwyd ef ond ei ddioddef, a thrwy ei ddioddefaint a'i aberth daeth bywyd a dynoliaeth newydd yn bosibl i ni. Comedi'r cymod ac nid trasiedi'r trais yw drama'r Deyrnas.

John Owen, Rhuthun

MEDI 30 • Eseia 9:6–7

GWELEDIGAETH

Darlleniad pellach: Mathew 28:16–20

Faint o'n gobeithion ni a'n breuddwydion sydd wedi eu chwalu, ys gwn i, yng nghwrs y blynyddoedd? Gweledigaeth a breuddwyd a gafodd Eseia hefyd. Gwelodd Dduw yn gweithredu i anfon rhywun i'n byd fyddai'n newid cwrs byd, bywyd a hanes. Disgrifiad Eseia ohono yw: *Cynghorwr rhyfeddol, Duw cadarn, Tad bythol, Tywysog heddychlon* (Eseia 9:6). A wireddwyd y weledigaeth? Do, meddai'r Cristion, oherwydd gwêl llawer fod y darlun hwn wedi ei gyflawni a'i wireddu yn Iesu Grist.

Teimlo rŷm ni'n aml nad yw ein gobeithion na'n breuddwydion am well cymdeithas yn cael eu gwireddu, ond y mae Duw ar waith, a'i bwrpas tragwyddol i'w olrhain fel edau aur drwy wead bywyd i gyd. Mae Eseia'n gorffen y rhan hon o'r weledigaeth gyda'r geiriau: *Bydd sêl Arglwydd y Lluoedd yn gwneud hyn* (Eseia 9:7). Hoffaf gyfieithiad y 'Good News Bible' o'r adnod hon: *The Lord Almighty is determined to do all this.*

Pan drown i'r Testament Newydd gwelwn fod y weledigaeth wedi dod yn realiti, ond fe ddeil y gwaith i fynd yn ei flaen. Yr un 'determined' sydd yng ngeiriau Iesu i'w ddisgyblion cyn iddo'u gadael, a'r addewid y byddai ef gyda hwy i'w nerthu a'u hysbrydoli: *Ac yn awr, yr wyf fi gyda chwi yn wastad hyd ddiwedd amser* (Mathew 28:20). Yn sŵn yr addewid fawr hon awn ninnau ymlaen i gyflawni'r gwaith dros ei Deyrnas.

R. W. Jones

HYDREF 1 • Salm 137

WRTH AFONYDD BABILON

Mae Llyfr y Proffwyd Eseia'n llyfr hir o 66 pennod, ond nid gwaith yr un awdur yw'r cyfan. Syrth y broffwydoliaeth i dair rhan, sef Eseia 1 (penodau 1–39), Eseia 2 (penodau 40–55) ac Eseia 3 (penodau 56–66). Nid oes a wnelom yn awr ag Eseia 3, ond dechreuodd Eseia 1 broffwydo tua 740 CC. Gwelodd goncro Israel gan Asyria a chwymp y brifddinas Samaria yn 721. Roedd yn dyst hefyd o'r ddihangfa wyrthiol a gafodd Jerwsalem a Jwda rhag yr un gelyn yn 701. Mae'r hanes ym mhennod 37, ac nid oes sôn pellach am y proffwyd.

Pan ddown at Eseia 40 mae'r cefndir yn dra gwahanol, a Babilon sydd yng nghanol y darlun. Concrwyd Asyria (Ninefe oedd y brifddinas) gan Babilon, ac yn 587 daeth ei milwyr yn erbyn Jerwsalem a'i goresgyn. Dinistriwyd y deml ac aed â llawer o bobl y ddinas a'r wlad yn gaeth i Fabilon, gannoedd o filltiroedd i ffwrdd. Disgrifir eu tristwch a'u dicter yn Salm ingol 137. Ond roedd dyddiau Babilon hefyd wedi eu rhifo. Yn 549 cododd Cyrus i fod yn frenin ar Persia a Media, ac yn 539–538 goresgynnodd Babilon gan ryddhau'r caethion, a'r Iddewon yn eu plith. Yng nghyfnod llwyddiant ysgubol Cyrus y mae gosod proffwydoliaeth Eseia 2, ac yfory cawn wrando ar ei genadwri.

R. Glyndwr Williams

HYDREF 2 • Eseia 40:1–5

LLEF UN YN LLEFAIN

Pa le mae olion Babilon? Yng ngwlad Saddam Hussein rhyw 55 milltir i'r de o Baghdad. Ni ddaw llawer o gysur i'r byd o'r cyfeiriad hwnnw'n awr (1993), ond dwy fil a hanner o flynyddoedd yn ôl, clywodd caethion ar lan afonydd Babilon lef proffwyd a bardd yn diasbedain. Roedd bwrlwm gobaith yn ei air – na, nid yn ei air ef chwaith ond yng ngair yr Arglwydd yr oedd ef yn sianel ac yn enau iddo. Atseiniodd y cyhoeddiad o Fabilon i Jerwsalem a'i fyrdwn oedd bod adeg cosb a phenyd drosodd, a bod amser gollwng a dychwel bron â dod. Roedd tynerwch a thaerni yn ei lais, a dyna'r union nodyn a glywaf pan fydd y tenor yn taro 'Comfort Ye' ym 'Meseia' Handel.

Ond cofia'r proffwyd – yr Ail Eseia fel y'i galwn – am feithder y diffeithwch cras rhwng Babilon a chartref. Sut mae croesi hwnnw? Trwy baratoi ffordd a phriffordd yn syth drwyddo. Ond beth am y rhwystrau? Byddant yn diflannu, y pantiau'n codi a'r bryniau'n gostwng, a gogoniant yr Arglwydd yn cael ei ddatguddio – yr un gogoniant ag a welwyd yn yr anialwch yn amser Moses – y gogoniant a goronodd Sinai ac a lanwodd y tabernacl. Gogoniant Duw yw cyflawnder ei ddatguddiad a'i bresenoldeb, ac mae'r gair Hebraeg yn cyfleu'r syniad o bwysau a gwerth parhaol ei brydferthwch. Ni oleuir dim rhagorach gan ei ogoniant na'r ffordd i gaethion fynd yn rhydd, ac i ffoaduriaid ddychwelyd.

R. Glyndwr Williams

HYDREF 3 • Genesis 3:1–24

Y CWYMP

Rwyf am i chi feddwl eich bod yn darllen yr hanes am y tro cyntaf. Onid yw'r darlun seicolegol yn argyhoeddi?

Y mae gorchmynion rhywfodd yn deffro ynom yr awydd i anufuddhau; cael a chael wnes i un tro i beidio â cherdded ar lawnt yn y sw yn Basel a rhybudd arni'n dweud: 'Reserved for flamingos'. Yna y gwrando ar demtiad, sy'n mynd â ni hanner y ffordd at syrthio: triwch o, *Na! ni fyddwch farw* (adnod 4). Wedyn yr ymgais i rannu baich euogrwydd: *a'i roi hefyd i'w gŵr* (adnod 6). A'r cywilydd a'r cuddio; yr hunan yn torri i mewn i fywyd am y tro cyntaf. Yna y beio eraill: *y wraig a roddaist i fod gyda mi* (adnod 12), *y sarff a'm twyllodd* (adnod 13). A'u bwrw o baradwys yn sŵn mân ymgecru.

Beth ddaw o'r hanes tybed? Sut maen nhw'n mynd i gael pobl allan o'u helynt? Ystyrier!

GWEDDI

Dyro inni edifarhau i'r gwirionedd a derbyn, nid yn unig dy roddion, ond hefyd ein cyfrifoldeb. Amen.

Glyn Tegai Hughes

HYDREF 4 • Ruth 1:6–9

MERCHED

Rhywbeth annisgwyl am Lyfr Ruth yw mai hanes am ferched yn bennaf ydyw. Yn yr adran hon sonnir am dair ohonynt, sef Naomi a'i dwy ferch-yng-nghyfraith, Orpa a Ruth, a dyma gyfle i gofio mor fawr fu cyfraniad y ferch i fywyd gwareiddiad, ac mor ddirmygus fu ei rhan am ganrifoedd lawer.

Mewn llawer gwareiddiad yn y gorffennol, swydd caethwas oedd rhan y ferch, neu degan chwarae i ddynion. Darllenasom am fabanod yn cael eu gadael allan ar y mynydd i farw am mai merched oeddent, a gwelsom ddigon o ddarluniau o ferched yn gwneud llafurwaith trwm fel llusgo trol neu gario dŵr, a'u gwŷr yn mwynhau seibiant a hamdden. Trwy drugaredd, ni cheir llawer o beth felly yn ein gwareiddiad ni, ac y mae hynny i raddau mawr am fod yr Efengyl Gristnogol wedi rhoi lle anrhydeddus i'r ferch. Nid pawb o'r rhai sy'n gweiddi am fwy o ryddid i ferched sy'n cofio mai un o ffrwythau'r Efengyl yw'r urddas a roddir heddiw ar y ferch yn ein gwareddiad ni.

Gallwn ddwyn ar gof y dylanwad enfawr a gafodd gwragedd da ar eu gwŷr a'u plant.

GWEDDI

Derbyn ein diolch, O Dduw, am famau daionus, a gwna ninnau'n deilyngach ohonynt. Amen.

Gwilym R. Tilsley

HYDREF 5 • Actau 2:1–3

Y PENTECOST

Gŵyl i ddiolch am y cynhaeaf oedd y Pentecost, ac yn Jerwsalem yn unig yr arferid ei chadw. Roedd y tyrfaoedd enfawr a ddeuai ynghyd o bell ac agos yn dangos mor boblogaidd oedd hi.

Ymhlith y lluoedd o ymwelwyr roedd y cwmni bach o ddisgyblion Iesu. Glynent yn dynn wrth ei gilydd a phara i gredu y caent brofi eto'r amserau gwynfydedig a gawsant o'r blaen yng nghwmni'r Meistr.

Cyflawnwyd eu gobeithion ar yr Ŵyl. Anodd dweud beth yn iawn a ddigwyddodd, ond sylwn fod yr awdur yn gorfod defnyddio ymadroddion ffigurol – *fel gwynt grymus* (adnod 2) ac *fel o dân* (adnod 3) – gan mor anghyffredin ac anseboniadwy ydoedd. Rhaid bod y profiad yn un eithriadol ddwys, ac fe weithiodd fel catalydd, a chrisialu eu gobeithion a'u troi'n argyhoeddiad gorfoleddus bod Iesu drwy ei Ysbryd wedi dod atynt i aros byth mwy yn eu plith.

Bu dylanwad y profiad yn un syfrdanol. Diflannodd pob swildod a chryndod yn llwyr, ar unwaith, ac yn lle dal i lechu mewn ghetto o'r neilltu, cerddodd y cwmni bach allan fel llu banerog a golau buddugoliaeth yn llosgi fel ffosfforws yn eu llygaid.

Gwladwyr cyffredin oeddent, a hwythau'n mynd i'r afael â gwŷr mawr y brifddinas ac â'r werin bobl a wenwynwyd gan yr arweinwyr ac a ddeisyfodd groeshoeliad Iesu. Yn awr, wedi'r Pentecost, y mae ei ganlynwyr yn dechrau taro'n ôl yn rymus, heb un arf ond arf eu sêl a'u brwdaniaeth yn llosgi fel tân eirias yn eu calonnau.

Lladd gwrthwynebiad oedd eu nod, ac ymgeleddu eu gwrthwynebwyr.

GWEDDI
O rymus Un, na wybu lwfwrhau,
dy nerth a'm ceidw innau heb lesgáu. Amen.
(George Rees, Caneuon Ffydd 541)

J. S. Williams

HYDREF 6 • Luc 8:1–3

RHOI

Roedd gan Luc ddiddordeb mawr mewn pobl – ymddiddorai yn eu cyrff yn ogystal â'u meddwl; yn eu safle cymdeithasol yn ogystal â'u rhyw. Yr un duedd a welir ymysg dilynwyr eraill Crist. Pwy oedd yn gofalu am Grist a'i ddisgyblion, ac yntau heb le i roi ei ben i lawr yn ystod ei bererindota prysur drwy'r wlad i bregethu? Dilynwyr megis Joanna, Swsanna, a llawer o rai eraill. Ceir achos i gredu bod cryn dipyn o fodd gan y rhain. O leiaf roedd Joanna yn wraig i Chwsa, goruchwyliwr Herod.

Nid edmygu Crist o hirbell wnaeth y dilynwyr hyn, ond ei ddilyn ymhob dim. Gan ei fod ef wedi rhoi cymaint iddynt hwy – bywyd gwerth ei fyw mewn gwirionedd – rhoi oedd prif nodwedd eu bywyd hwythau. Y mae derbyn mewn ysbryd cywir yn ein harwain i roi; y mae cael rhodd yn ein gwneud ar unwaith yn rhoddwyr.

GWEDDI

O Roddwr da, pâr i ninnau gofio mai dedwydd yw rhoddi yn hytrach na derbyn. Amen.

Cynthia a Saunders Davies

HYDREF 7 • Job 4

ELIFFAS

Nid cynghorion yw angen yr enaid mewn ing ond cyd-ddeall. Cais y dioddefydd gynhesrwydd mewn byd oer, nid goleuni i'w feddwl. Daw cyfeillion Job a'u damcaniaethau oerllyd at berson mewn unigrwydd. Y ddamcaniaeth ganolog a ddygant, yn eu hyder iach a'u digonolrwydd, yw'r un draddodiadol Iddewig. Hawlia hon, gyda'i rhesymeg ddur, fod Duw yn cosbi'r drwg ac yn gwobrwyo'r da. Dymchwelwyd y syniadaeth haearnaidd hon gan yr Arglwydd Iesu. Nid oes gyfatebiaeth anorfod rhwng cosb a drygioni, na rhwng gwobr a daioni. Gwyddom o'r gorau y gall y drygionus ffynnu, ac nid yw'r salm gyntaf yn adlewyrchiad cywir o'r profiad. Ar y llaw arall, gall y daionus ddioddef heb unrhyw achos y gellir ei ganfod.

Gan hynny, heretig annuwiol oedd Job i gwyno fel y gwnâi. Cyhudda Eliffas ef o anuniondeb. Onid e ni fyddai ar ei domen yn griddfan. Felly y mae cysurwr ei bobl yn awr yn ddi-gysur.

Dechreua Eliffas mewn ysbryd digon cwrtais ond nid oes dagrau yn ei lais. Taflu gair neu ddau o gyngor i un yn awr ei angen a wna. Llais profiad a gawn drwy Eliffas, ond dogma yw ei eiriau.

GWEDDI

Maddau inni, O Dad, os yw ein geiriogrwydd yn fagl inni. Amen.

Herbert Hughes

HYDREF 8 • Eseia 41:8–20

BRAINT ISRAEL

Gan mai Duw yw llywydd hanes, ef sy'n dewis a galw pobl. I wasanaeth y geilw hwy, ac fel y dywedodd rhywun, y wobr am wasanaeth yw mwy o wasanaeth. Galwodd Abraham o bellteroedd byd a gwnaeth gyfamod tragwyddol ag ef ac â'i had, a'r cyfan o gariad. *Nid am eich bod yn fwy niferus na'r holl bobloedd yr hoffodd yr Arglwydd chwi a'ch dewis, ... ond am fod yr Arglwydd yn eich caru* (Deuteronomium 7:7–8). Mae cariad a thiriondeb yn ein hadnodau heddiw, ac atgoffa adnod 13 ni o Hosea 11:3 – *Myfi a fu'n dysgu Effraim i gerdded.* Darlun hyfryd.

Yn adnodau 14–16 mae cyferbyniaeth gofiadwy rhwng Israel yn ei gwendid (pryfyn a lleuen) ac Israel yn ei grym fel fen ddyrnu ddanheddog. Yr hen hen ffordd o ddyrnu oedd cael ychen i dynnu rhywbeth fel cart llusg dros yr ŷd ar y llawr dyrnu. Yna, â gwyntyll neu raw, teflid y gymysgfa o ŷd ac us a gwellt i'r awyr, i'r gwynt gael ei nithio.

Yn adnod 14 sonnir am 'Waredydd'. Mae'r gair Hebraeg yn cyfleu perthynas agos sy'n dial llofruddiaeth rhywun, neu'n talu ei ddyledion a'i ryddhau, neu sy'n gefn i wraig weddw fel Boas yn Llyfr Ruth. Dyna pa mor agos y daeth Duw at ei bobl i'w gwaredu.

Yn adnodau 17–20 mae atgof o'r Exodus cyntaf o'r Aifft. Ond bydd yr ail waredigaeth yn rhagori ar honno. Bydd y ddaear fel Sir Fôn Goronwy Owen, 'Goludog ac ail Eden ... neu Baradwys hen'!

R. Glyndwr Williams

HYDREF 9 • Exodus 3:1–6

Y BERTH YN LLOSGI

Ar ddechrau'r bennod mae Moses yn bell iawn o gefndir plas brenin yr Aifft. Nid yw ond ffoadur gwleidyddol wedi dod o hyd i gartref a theulu newydd ac yn bugeilio defaid ei dad-yng-nghyfraith. Wrth chwilio am borfa newydd y mae'n dod i Horeb, mynydd Duw a thir sanctaidd, ac yn sylwi ar fiaren yn llosgi ond heb ei difa.

Prin bod angen chwilio am symbolau yma, nac ychwaith ymdrafferthu i ddod o hyd i esboniad naturiol, fel y ffenomen a elwir yn Dân Sant Elmo. Holl bwynt yr hanes yw'r cymysgedd o'r cyffredin a'r goruwchnaturiol. Diwrnod fel pob diwrnod arall oedd hwn i Moses ar ei ddechrau ond, wedi clywed llais yr Arglwydd yn galw, y mae ei fywyd fel bugail drosodd a'i yrfa fel achubydd y genedl o'i flaen.

Amharod ddigon yw Moses i wrando ar yr alwad. Nid yn hollol fel Dau Frawd Sarnicol. 'Fe alwyd Wil, ond Dai ei frawd atebodd.' Ond amau ac ofni y mae Moses hefyd, wyneb yn wyneb â Duw yn yr unigrwydd.

GWEDDI

Fe wyddom, O Dduw, dy fod di'n dod yn ddisymwth yn d'amser dy hun, ar ffurf anhysbys ac mewn mannau dieithr. Cynorthwya ni i ddisgwyl, ac i wrando, ac i adnabod. Amen.

Glyn Tegai Hughes

HYDREF 10 • Ruth 2:10–12

DIOLCHGARWCH

Yn yr adnodau hyn gwelwn arwyddion o gwrteisi naturiol a diolchgarwch o du Ruth a Boas. Y mae Ruth mor ddiolchgar am y ffafr a gafodd fel ei bod yn syrthio i lawr gerbron ei chymwynaswr. Nid yn y modd yma, efallai, y byddem ni heddiw yn datgan ein diolch am garedigrwydd, ond pan yw'r Beibl yn ein hannog i ddiolchgarwch, mi dybiaf fi ei fod yn ein hannog i ddiolch nid i Dduw yn unig ond i'n cymdeithion hefyd.

Yn nhymor y Diolchgarwch am y Cynhaeaf rydym yn diolch am y modd y mae Duw yn ei ragluniaeth wedi darparu mor helaeth ar ein cyfer. Ond nid amhriodol inni gofio hefyd bod yr ymborth a ddaw i'n byrddau yn dod drwy lafur llawer o bobl – yn ffermwyr, melinyddion, pobyddion, siopwyr ac yn y blaen. Gwelsom adeg streic y pobyddion mor ddibynnol ydym ar lafur a chydweithrediad eraill bob dydd o'n hoes. Byddai mwy o ysbryd diolchgar yn iacháu llawer ar ein cymdeithas.

Sylwer hefyd fel y mae Boas yn cysylltu'r cwbl ag ewyllys yr Arglwydd sydd yn gofalu am bawb.

GWEDDI

Cymorth ni, O Dduw, i feithrin ysbryd diolchgar atat ti ac at eraill. Amen.

Gwilym R. Tilsley

HYDREF 11 • Luc 9:1–6

MYND I BREGETHU

Mae'r hanes am deithio i bregethu yn stori sy'n llawn rhamant. Crwydrai'r hen bregethwyr y wlad o ben bwy'i gilydd. Âi John Elias am ddyddiau lawer o Lanfechell i Lanelli. Marchogaeth, yn naturiol, fyddai'r pregethwyr cynnar a byddai stablau a phorthiant yn eu disgwyl, heb sôn am borthiant i'r pregethwr! Mewn hen lyfr cownt yn Archifdy Dolgellau ceir cofnod gan sadler o'r Bala am werthu cyfrwy newydd sbon i Thomas Charles am y pris o £3:5:0 – pris aruthrol yn 1806. Allai William Hughes, a 'Methodist Preacher' ond fforddio cyfrwy ail-law am bunt a choron. Dilynwyd y marchogaeth gan deithio ar drên, a bu hwn yn gyfnod llawn rhamant. Erbyn heddiw, cafodd pob pregethwr ei gar ei hun, a diolch i'r drefn fe glosiodd y gagendor rhwng pob Thomas Charles a William Hughes!

Ond 'cenhadaeth ar draed' oedd hi yn hanes pregethwyr dyddiau Iesu. *Aethant allan a theithio o bentref i bentref, gan gyhoeddi'r newydd da ac iacháu ym mhob man* (adnod 6). Nid yn unig yr oeddent yn mynd i bregethu ond roeddent yn pregethu tan fynd. Swyddogaeth eu pregethu oedd cyhoeddi bod Teyrnas Dduw ar ddod. Arwydd amlwg bod teyrnasiad Duw ar waith oedd y ffaith bod ganddynt y gallu i fwrw allan gythreuliaid a gwella clefydau amrywiol. Mae'r anfon a'r pregethu yn arwydd o estyniad o genhadaeth Iesu. Defnyddia ei ddisgyblion i'r diben arbennig yma. Nid galw neb ohonom i ddiogelwch saff a wna Iesu, ond yn hytrach i gyhoeddi'r newyddion da bod Duw ar waith yn y byd yma. Ein hanfon fel defaid i blith bleiddiaid.

Emlyn Richards

HYDREF 12 • Luc 9:10–17

TOSTURIO WRTH DYRFA

Gall y dyrfa ein blino'n llwyr weithiau. Wyddai neb hynny'n well na Iesu. Blinid ef gymaint weithiau nes iddo ddyheu am lonyddwch o'u cyrraedd. Yn yr achos dan sylw roedd Iesu am wrando adroddiad ei ddisgyblion am eu taith genhadol gyntaf. Ond fe'i dilynwyd gan y dyrfa felltith yma. Doedd dim modd dianc rhag rhain. Mae amrywiaethau lawer o'r dyrfa yma sy'n dal i'n blino ni. Weithiau cyfarfyddwn â hi yn y ffurf o ffigurau y di-waith. Dro arall fe'i cawn, lond sgrin o wynebau llwyd a llwglyd yn newynu mewn gwlad bell, a ninnau yn mwynhau pryd da o fwyd. Ar noson o aeaf, a ninnau'n diolch am wres canolog, daw pennau o'r bocsus cardbord, allan ar y palmant oer, a thyrfa fawr yn ddigartref. Waeth yn y byd ble'r edrychwn fe'n hwynebir â'r dyrfa enfawr yma. Clywn eu lleisiau'n galw a gwelwn y breichiau main yn ymestyn. Sut mae osgoi y rhain? Troi i BBC 1 oherwydd fe ddangosir hen ffilm gomic – ardderchog. Pwy ofynnodd deudwch 'Is your compassion strong enough to wash away irritation?'

Dyma beth a olyga cymdeithasegwyr heddiw wrth sôn am 'concern fatigue' – y blinder hwnnw am fod y broblem yn rhy fawr a'n hadnoddau'n rhy brin. Yr hen fôr yma yn rhy fawr a'n cwch ninnau'n rhy fychan. Yn wyneb y fath argyfwng mae gan y disgyblion ateb: *Gollwng y dyrfa* (Luc 9:12). Un o ddau beth allwn ni ei wneud yn wyneb sefyllfa o'r fath:

(1) Mae'r broblem yn rhy fawr, waeth heb â cheisio dechrau ei datrys.

(2) Credu y gall ein cyfraniad bach ni fod o help i newid y sefyllfa.

Emlyn Richards

HYDREF 13 • Luc 9:10–17

BWYDO'R DYRFA

Yn rhyfedd iawn nid gofyn a oedd ganddynt ddigon a wnaeth Iesu i'w ddisgyblion, yn hytrach gofyn beth oedd ganddynt. Y dyrfa sydd yma o hyd ymhell o gyrraedd bwyd a'r nos yn dod. Mae synnwyr cyffredin yn dweud wrthym bod y broblem yn rhy fawr, a pha les ymdrechu? Ond myn Iesu ein symbylu i wneud y gorau o'r gwaethaf, a daw Iesu â nodweddion y teulu i'r dyrfa. Mor dueddol ydym o ddod â nodweddion y dyrfa i chwalu'r teulu. Onid troi teuluoedd yn dyrfa ddigwyddodd yn Ewrop yn nhridegau'r ugeinfed ganrif? Ond dod â nodweddion y teulu i'r dyrfa a wna Iesu yma.

(1)   Disgyblaeth y teulu. *Parwch iddynt eistedd yn gwmnïoedd* (adnod 14). Mae gair yr Esgob William Morgan yn well o lawer: *eistedd yn fyrddeidiau.*

(2)   Defosiwn y teulu. Cymer Iesu ei le fel y penteulu Iddewig ar ben y bwrdd. Mae'n edrych i fyny ac yn diolch. Dyma'r defosiwn bob amser swper yn y cartref Iddewig. Yma mae Iesu yn diolch am bum torth i'w rhannu rhwng pum mil! Allwn ni yn aml ddim diolch am bum mil rhwng pump!

(3)   Dyletswydd y teulu. Wedi'r bendithio fe dorrwyd y bara i'w rannu i'r dyrfa. Onid un o ddyletswyddau pwysicaf y teulu Iddewig a gawn yma?

(4)   Darbodaeth y teulu. *Casglwch y tameidiau sy'n weddill, rhag i ddim fynd yn wastraff* (Ioan 6:12). Fe ganmolai Alvin Toffler 'wastraff' fel cyfrwng i greu gwaith ar ddiwedd chwedegau'r ugeinfed ganrif. Pwysleisia Iesu ddarbodaeth y teulu fel rhinwedd arbennig.

Emlyn Richards

HYDREF 14 • Luc 14:28–32

CYFRI'R GOST

Gan fod Crist yn disgwyl cymaint gan ei ddisgyblion mae gofyn iddynt hwy gyfri'r gost cyn dechrau'i ddilyn. Annigonol iawn yw ymrwymo i wneud hynny ar sail rhyw chwiw emosiynol. Rhaid ystyried yn ofalus am ddau reswm.

Mae methiant ynddo'i hun yn beth drwg am ei fod yn esgor ar gywilyddio fel arfer. Ar ben hyn rhydd gyfle i'r di-gred gael hwyl, a pheri dilorni mwy ar y Deyrnas. Ond y rheswm arall yw ei bod yn bwysig gweld nerth gelynion Crist. Y tu mewn i'r disgybl ei hun y gorwedd y gelynion hynny sy'n brwydro i wrthweithio popeth sy'n unol â bwriadau Crist. Rhaid iddo ystyried beth fydd cefnu ar y rheini yn ei olygu iddo ef ei hun.

Nid llwybr hawdd a rydd Crist i'w ddisgyblion, ac felly rhaid iddynt ystyried a ydynt yn barod i wynebu'r her. Os ydynt yn barod, yna ânt ymlaen, deued a ddêl, costied a gostio.

GWEDDI

Sancteiddia, Dad, ein calonnau o'n mewn ni. Amen.

Cynthia a Saunders Davies

HYDREF 15 • Jwdas 5–7

BARN AR DDRYGIONI

Yn yr adran hon y mae Jwdas yn cyfeirio at farn Duw ar anufudd-dod, balchder a gwrthryfel yn y gorffennol. Sonia am enghreifftiau a oedd yn ddiau yn ddigon cyfarwydd i'w ddarllenwyr. Dyna ffordd y pregethwr ym mhob oes, sef dyfynnu esiamplau y gŵyr y gwrandawyr amdanynt, ac yna eu cymhwyso at yr amgylchiadau cyfoes.

Yn yr enghraifft gyntaf cyfeirir at hanes Duw'n gwaredu Israel o'r Aifft ac o law Pharo, ac am y bobl yn eu ffolineb yn gwrando ar adroddiad y ffugysbïwyr (Numeri 14:34–36), act o anufudd-dod, ac oherwydd hynny yn dioddef cosb Duw. Nid yw'r Duw a'u gwaredodd o'r Aifft yn eu hesgusodi rhag barn.

Yr enghraifft nesaf yw'r angylion y sonnir amdanynt yn Llyfr Enoc, yn seiliedig ar yr hanes yn Genesis 6:1, sy'n sôn am yr angylion yn cymryd eu temtio i ddod i'r ddaear i gyfathrachu â merched. Dysgir yma bod balchder yr angylion a'r anufudd-dod yn dwyn arnynt farn gyfiawn Duw.

Yr un modd y mae trigolion Sodom a Gomorra. Ceir hanes dinasoedd y gwastadedd a'u pechodau rhywiol yn Genesis 19:4–25. Y pwyslais yma yw mai porthi nwydau annaturiol oedd pechod mawr y Sodomiaid, a megis y cosbwyd hwy y daw cosb hefyd ar y rheini yn yr Eglwys sydd yn cyfiawnhau pechodau'r cnawd.

GWEDDI

Er inni wybod, Arglwydd, mai Duw trugarog a grasol wyt ti, pâr inni gofio hefyd dy fod yn farnwr cyfiawn, fel y bo inni ein disgyblu ein hunain i ufudd-dod. Amen.

Gwilym R. Tilsley

HYDREF 16 • Rhufeiniaid 8:14–27

YR YSBRYD GLÂN, Y CYNORTHWYWR

Cyn mynd gam ymhellach, rhaid ystyried lle'r Ysbryd Glân mewn addoli. Mae mêr yr hyn y dylem ei wybod i'w gael yn y darn mawreddog a nodwyd fel darlleniad. Nid oes addoli Cristnogol heb yr Ysbryd Glân. Ar y naill law, y mae'n gwendid a'n hanwybodaeth ni, meddai Paul. Ar y llaw arall, y mae dyfnder goludog y Duwdod. Sut mae pontio'r gagendor? Ni allwn wneud hynny ein hunain. Wedi'r cwbl, pwy ydym ni i gyfarch Duw? A beth yw ein geiriau brau ni i gynnwys mawredd Duw? Dyna pam, yn ei ras, y rhoes inni'r Ysbryd Glân i gynnal ein haddoli.

Yr Ysbryd Glân sy'n cynnal ein ffydd ein bod yn blant i Dduw. Ef felly sy'n ein gwneud yn gartrefol ym mhresenoldeb ein Tad a'n helpu i'w gyfarch fel aelodau o'i deulu. Yr Ysbryd Glân hefyd sy'n diogelu cynnwys ein gweddïau. *Ni wyddom ni sut y dylem weddïo* (adnod 26) ... Yr ydym yn gallu bod yn anwybodus a ffôl ar ein gliniau. Ond y mae'r Ysbryd wrth law i oleuo'n deall gwan ac i gynnig geiriau inni. Nid bod eisiau geiriau crand na mawreddog na hyd yn oed gramadegol i gyfarch ein Tad – ond mae'r Ysbryd Glân yn sicrhau y siaradwn y math o eiriau sydd yn addas i ni ac yn addas i'r Tad a gyfarchwn.

GWEDDI

Gan bwyso ar gymorth yr Ysbryd Sanctaidd y galwaf arnat i ddiolch i ti am dy ddatguddio dy hun imi fel Tad, drwy Iesu Grist ein Harglwydd. Amen.

R. Tudur Jones

HYDREF 17 • **Salm 103**

GWEDDI FEL DIOLCHGARWCH

Mae'r trydydd dydd Llun yn Hydref ers blynyddoedd lawer yng Ngwynedd yn Ddydd Diolchgarwch am y Cynhaeaf. Nid amhriodol felly myfyrio ar weddi fel diolchgarwch.

Pan gymerodd yr Arglwydd Iesu fara yn y Swper Olaf a rhoddi diolch cyn ei dorri a'i rannu, fe'n dysgodd ninnau i roi diolch i Dduw am ei holl fendithion. Ar adeg y cynhaeaf rhoddwn ddiolch i Dduw nid yn unig am fara ac am fwyd ond am holl fendithion ei greadigaeth a'i ragluniaeth. Ac y mae Salm 103 yn foddion rhagorol i fynegi'n diolchgarwch am y math yma o fendith. Ond mae'r salm hefyd yn ein hatgoffa am ein dyled i Dduw'r maddeuwr. Mae gennym foddion ysbrydol cyfoethog i ddiolch amdanynt hefyd. Beibl ac emyn a magwraeth Gristnogol, pob llenyddiaeth a cherddoriaeth a chelfyddyd Gristnogol, cymdeithas pobl Dduw ar y ddaear ac yn bennaf oll, yr iachawdwriaeth a ddaeth inni drwy Iesu Grist. Dyledwyr ydym; ac eto, dyledwyr sy'n gyfoethogion. Ni allwn lai na mynegi'n diolch am ein bendithion a deisyf eu parhad.

GWEDDI

Gan hynny, gydag angylion ac archangylion a chyda holl gwmpeini nef, y moliannwn ac y mawrhawn dy ogoneddus enw. Amen.

R. Tudur Jones

HYDREF 18 • Eseia 6:1–8

GWEDDI FEL MAWL

Darlun mawreddog iawn o'r llys nefol yw hwn gan Eseia gyda'r seraffiaid yn moli Duw yn ei sancteiddrwydd. A'r proffwyd yntau drwy gyffyrddiad y marworyn sancteiddiol ar ei enau yn cael ei gymhwyso i fynegi cenadwri broffwydol i Israel. Dim ond felly y gellid ei dwyn hithau o'r newydd i gylch y moli.

Gadewch inni'n awr danlinellu bod yn rhaid wrth foliant ym mhob gweddi gyflawn. Mae'n weddus, yn wir, i'n gweddïau agor gyda diolchgarwch a moliant. Mae mawl yn y cyswllt hwn yn golygu rhyfeddu a dathlu. Rhyfeddu at brydferthwch a nerth a thrugaredd a sancteiddrwydd Duw; rhyfeddu at holl weithredoedd Duw. A dathlu'r hyn a wnaeth Duw. Mae buddugoliaeth Calfaria a'r Atgyfodiad yn bethau i'w dathlu. Dyna ran o swydd ein gwyliau. Ac y mae'r dathlu hwn yn digwydd yn arbennig yng nghaniadaeth y cysegr ac yn y sacramentau. Ond â gweddi – a gweddi bersonol yn arbennig – y mae a wnelom yn awr. A thrwy gofio cynnwys yn ein gweddïau foliant i Dduw am ei holl ddaioni ac am yr hyn ydyw yng nghyfoeth ei briodoleddau, yr ydym yn dysgu edrych o'r tu allan i ni'n hunain at yr Un sy'n achos ac yn sylwedd pob gweddïo.

GWEDDI

Ni allwn lai, ein Duw goruchel, nag offrymu ein moliant egwan i ti. Mor rhyfeddol wyt yn dy briodoleddau, dy weithredoedd a'th eiriau. Amen.

R. Tudur Jones

HYDREF 19 • 1 Timotheus 2:1–8

GWEDDI FEL EIRIOLAETH

Mae ein darlleniad heddiw'n gorchymyn offrymu *ymbiliau, gweddïau, deisyfiadau,* (adnod 1) yn ogystal â thalu diolch, dros amrywiaeth o bobl. Y mae gweddïo **dros** bobl eraill yn ffurf aruchel iawn ar gofio pobl eraill gerbron Duw.

Yn awr, yn yr ystyr fanylaf, un Eiriolwr sydd – a Iesu Grist yw hwnnw. Ef yn unig sy'n gallu dadlau dros bechaduriaid megis drwy hawl. Pan fyddwn ni'n eiriol, byddwn bob amser yn gwneud hynny yn haeddiant Iesu Grist.

Mae'r Epistol at Timotheus yn gorchymyn eiriol dros yr awdurdod, er mwyn cael byw'n heddychlon, ac oddi wrth rannau eraill o'r Testament Newydd fe welwn mai ein braint hefyd yw eiriol dros yr Eglwys a'i gweinidogion, eiriol dros bawb sydd mewn poen, ing, trallod, tywyllwch a phechod. Heb anghofio'r ddyletswydd i eiriol drosom ein hunain, ac wrth eiriol, nid pledio ar Dduw gwrthnysig i ddangos trugaredd pan nad yw'n dymuno yr ydym. Wrth eiriol, yr ydym yn gosod allan drybini a thristwch ein cenhedlaeth gerbron Duw a thrwy hynny'n rhannu'i ofal tirion ef am ei blant.

GWEDDI

Gwna ni'n gofus wrth weddïo, Dad grasol. Na chaniatâ imi anghofio'r llu pobl eraill sy'n hawlio rhan yn fy ngweddïau. Bywiocâ fy nychymyg fel y gwelwyf y dyrfa niferus o bob iaith a gwlad a chenedl y mae'n addas imi offrymu eiriolaeth drostynt. Amen.

R. Tudur Jones

HYDREF 20 • 1 Brenhinoedd 18:30–39

GWEDDI FEL DEISYFU

Main iawn yw'r ffin rhwng eiriol a deisyf. Yn wir, ffurf ar ddeisyf yw eiriol. Ond mae'n werth ceisio diogelu'r gwahaniaeth rhyngddynt.

Gadewch inni gymryd mai **deisyf** yn y cyswllt hwn yw gofyn i Dduw am bethau penodol. Y mae Elias yn ymbil ar i Dduw dywallt tân ar ei aberth. Neu yng Ngweddi'r Arglwydd fe'n dysgir i ofyn yn benodol am ein bara beunyddiol. Yr un modd, byddwn yn ein hoedfaon cyhoeddus yn deisyf gan Dduw rasusau fel ffydd, cariad, amynedd ac yn y blaen.

Mae pobl fodern yn cael anhawster wrth weddïo'n benodol fel hyn. Nid yw'r anhawster gymaint wrth ofyn am rasusau a gwneir hynny'n gyffredinol o hyd. Ond gyda chynnydd gwybodaeth wyddonol am y cread, teimlir nad priodol gweddïo am iechyd, glaw neu fara. Y gwir yw nad gwyddoniaeth sy'n gyfrifol am yr anhawster ond fod yr argyhoeddiad fod y Creawdwr yn Dad yn pallu. Mae gweddïo'n dysgu'r gweddïwr mai wrth weddïo y daw i sylweddoli beth sy'n weddus i'w ofyn a beth ddim. Yn y gweddïo y gwelwn a yw deisyfiad yn briodol ai peidio.

GWEDDI

Ein Tad nefol, rho imi symlrwydd calon ac unplygrwydd meddwl wrth osod fy neisyfiadau ger dy fron. Dangos yn eglur imi wrth ofyn, am beth y dylwn ofyn, fel y byddo fy ngofyn i'n cydgordio â'th ewyllys di. Amen.

R. Tudur Jones

HYDREF 21 • Salm 51:1–15

CYFFESU

Prin y gellid gwella ar Salm 51 fel cyfrwng i fynegi trallod am bechod, ac i ddeisyf glanhad oddi wrtho.

Wrth lefain *Abba, Dad* (Rhufeiniaid 8:15; Marc 14:36; Galatiaid 4:6) nid ydym yn anghofio ein bod ym mhresenoldeb Tad Sanctaidd. Ni all pechadur lai nag ymdeimlo â'r bwlch y mae'i ansancteiddrwydd yn ei osod rhyngddo a'i Dad Nefol. Ac eto, gŵyr mai'r Duw Sanctaidd yw'r Achubydd, a gall fentro ymbil yn hyderus arno.

Mae'n rhaid wrth onestrwydd perffaith wrth gyffesu ein pechodau gerbron Duw. Yn gynnar iawn yn hanes Cristnogaeth, cyhuddodd un o'i beirniaid llymaf, Celsus wrth ei enw, Gristnogion o gystadlu â'i gilydd mewn disgrifio'u pechodau – fel ceiliogod ar ben tomen. Mae hyn yn rhybudd inni oll. Mae'n hawdd iawn inni wrth gyffesu roi'r pwyslais ar fod mor eithafol yn ein hymgreinio ag y gallwn a hawlio inni gyflawni pechodau na buom erioed yn euog ohonynt. Anonestrwydd yw hyn.

Ac o fod yn onest fel hyn, y mae dau beth yn dilyn. Yn gyntaf, yr ydym yn gweld yn gliriach beth yw gwir ryfeddod gwaith y Gwaredwr. Yn ail, yr ydym yn iachuso drwy ddinoethi briwiau pechod i falm esmwyth gras.

GWEDDI

Cynorthwya fi, O Dduw sanctaidd a dyrchafedig, i'm hadnabod fy hunan. Amen.

R. Tudur Jones

HYDREF 22 • Micha 6:6–8

Â PHA YSTUM?

Mae'n ystrydeb gan lawer i ddweud nad yw'r ystum a fabwysiedir wrth weddïo nac yma nac acw – yr unig beth sy'n bwysig yw'r ysbryd. Ac eto, ni ellir anwybyddu'r ystum yn llwyr. Yn yr hen fyd, yr arfer oedd sefyll i weddïo, a bu hyn yn arfer gynt yn y capeli yng Nghymru. Mae penlinio'n arfer cyffredinol bellach. Efallai mai'r ystum lleiaf boddhaol yw plygu a'r talcen ar gefn y sedd sydd o'n blaen. Dywed Walter Cradock:

'Sylwais droeon fod y sawl sy'n bell oddi wrth Dduw'n gorfod mynd ar ei liniau bob amser i weddïo, ond mae'r enaid sy'n agos at Dduw'n gallu gweddïo ar ei sefyll, neu dan gerdded, neu wrth siarad; gall weddïo heb dynnu'i het, neu yn ei wely, neu lle y mynno ...'

Mae Cradock yn berffaith gywir yn rhybuddio rhag gwneud ystum corfforol yn gyfrwng i gaethiwo'r addolwr i seremonïaeth brennaidd. Ond ar yr un pryd, i'r rhai ohonom sydd braidd yn ddiffygiol yn sêl eirias y Piwritaniaid, mae'n dda gofalu bod ystum corff yn gwasanaethu ein defosiwn. Ystyr y gair Cymraeg 'addoli' yw 'plygu'. Mae gogwydd y corff i gynganeddu â chyfeiriad y meddwl a'r ysbryd.

GWEDDI

Fy Nhad nefol, a luniaist y corff hwn o bridd y ddaear, dysg fi i ddarostwng ei gyneddfau a'i symudiadau a'i ystumiau i wasanaethu'r gymdeithas rhyngof a thydi. Amen.

R. Tudur Jones

HYDREF 23 • Salm 103; Rhufeiniaid 8:14–17

GWEDDI'R ARGLWYDD: EIN TAD ...

Trown yn awr i graffu ar Weddi'r Arglwydd.

Peth cwbl sylfaenol mewn gweddïo Cristnogol yw pwyslais Iesu Grist ar dadolaeth Duw. Byddai llawer anhawster a chamddealltwriaeth yn diflannu pe cofiai pobl mai annerch ein Tad nefol yr ydym. Nid amhriodol fyddai dyfynnu geiriau Walter Cradock ar y mater:

'Fe gewch bobl i siarad am ffurfiau addoli, a deddfu sut mae gweddïo, a sefyll hanner awr yn cyffesu pechodau, a dod at Dduw o gam i gam. Ond y mae'r sawl sy'n caru Duw â hoffter sanctaidd yn gwybod y gall neidio i arffed ei Dad pryd y mynno a syrthio i'w freichiau a gofyn am unrhyw beth heb ffalsio a gwenieithio.'

Mae'r credinwr yn aelod o deulu Duw, ac yn dod at orseddfainc y gras yn hyderus. Drwy waith grasol Crist arno mae ganddo hyfdra tuag at Dduw. Nid oes fawr ddim wedi gwneud mwy o alanastra ar fywyd ysbrydol Cristnogion na gorbwysleisio, mewn ffordd sy'n ymylu ar baganiaeth, bellter Duw. Oherwydd y gorbwyslais hwn a'r obsesiwn gyda geiriau priodol a ffurfiau addas, daeth llawer o blant Duw'n ddieithriaid ar eu haelwyd eu hunain. Aethant i gredu mai busnes i arbenigwyr crefyddol yw cyfarch Duw.

GWEDDI

Y Duw goruchel, nid oes geiriau a all fynegi fy niolchgarwch i ti am ganiatáu imi d'alw'n Dad. Amen.

R. Tudur Jones

HYDREF 24 • Eseia 40:18–31

… YR HWN WYT YN Y NEFOEDD …

Mae Duw'n Dad. Ond mae'n Dad hollalluog, yn ddyrchafedig goruwch holl deyrnasoedd daear.

Gall tad daearol garu'i blant â chariad angerddol. Ond ni all eu harbed rhag crafanc angau. Mae ei gariad gryn dipyn yn ehangach na'i allu. Ond nid felly gyda Duw. Mae'i gariad a'i allu ef cyhyd â'i gilydd.

Prin y gellir mesur y cysur sy'n oblygedig yn y geiriau, *yn y nefoedd* (Mathew 6:9). Y mae ein tadau daearol yn heneiddio, yn gwanychu, yn methu. Nid felly ein Tad nefol. Erys ef yn ddigyfnewid drwy'r canrifoedd dirifedi. Ni phalla ei nerth. Ni ddrysir ei amcanion. Daw ei fwriadau i ben.

Wrth inni edrych o'n cwmpas, hawdd o beth yw digalonni. Yr ydym mor wan. Yr ydym mor fyr ein hoedl. Mae galluoedd y tywyllwch mor gryf a'r amgylchiadau'n ergydio'n ffydd. Ond gallwn ymollwng yn dangnefeddus o gofio bod gennym Dad yn y nefoedd.

GWEDDI

Ymdawelwn, ein Tad dyrchafedig a hollalluog yn dy bresenoldeb. Pa ddiben pryderu ac ofni a thithau'n teyrnasu goruwch drycinoedd daear? Cod fi'n awr i'th bresenoldeb yng Nghrist Iesu. Amen.

R. Tudur Jones

HYDREF 25 • Eseia 65:17–25

SANCTEIDDIER DY ENW ...

Y sanctaidd yw'r hyn a neilltuwyd i wasanaeth Duw. Yr oedd tuedd amlwg yn yr hen fyd i gysylltu galluoedd peryglus â'r sanctaidd, fel yn y stori am Usseia'r brenin yn arogldarthu yn lle'r offeiriaid (2 Cronicl 26:16–21). Y sanctaidd oedd yr anghyffredin, yr arswydus.

Enw Duw yw ei rym. Galw **ar enw Iesu** yw apelio at ei allu achubol. Wrth ddatguddio'i enw i Moses (Exodus 3), y mae Duw'n datguddio'i gymeriad iddo, a gwireddodd y cymeriad hwnnw drwy arwain yr Iddewon o gaethiwed yr Aifft.

Dymuniad cyntaf teulu Duw wrth weddïo yw am sancteiddio enw Duw. Mae'n golygu dymuno uwchlaw popeth arall bod cymeriad Duw – ei allu – yn cael ei gydnabod gyda pharch dwfn. Ond nid estroniaid sy'n dyheu am sancteiddio enw Duw, ond y plant. Mae'r arswyd oedd mor nodweddiadol o agwedd yr hen fyd yn ildio i'r pryder hwnnw sy'n mynegi cariad am bethau annwyl. Mae Cristnogion yn sancteiddio enw Duw oherwydd mai'i gymeriad tadol ef yw'r peth anwylaf iddynt yn y greadigaeth i gyd. Mae'n eu brifo i glywed difenwi Duw.

GWEDDI

Datguddia d'enw imi o'r newydd, yn ei holl ogoniant grasol. Sancteiddier d'enw gennyf fi, a chan dy blant ym mhobman, a chan bawb. Amen.

R. Tudur Jones

HYDREF 26 • Mathew 22:1–10

DELED DY DEYRNAS ...

Mae defnyddiau yn nysgeidiaeth Iesu Grist sy'n disgrifio Teyrnas Dduw fel cloddfa aur odidog. Byddai angen blynyddoedd o fyfyrdod hyd yn oed i gael syniad clir am faint y cyfoeth sy'n gorwedd ynddi.

Wrth weddïo *deled dy deyrnas* (Mathew 6:10), gweddïo yr ydym am weld dydd y briodas yn dod. Ochneidio am y wledd yw'r deisyfiad yma. Nid yw'r Arglwydd Iesu'n fodlon i'r di-hid anghofio bod ochr frawychus i'r Deyrnas. Hynny yw, mae'r braw yn y gwrthod. Os gwrthodir gwledd, beth ellir ei ddisgwyl yn ei lle? Ni ellir disgwyl dim ond siom aruthr. Ond i'r plant – plant yr 'ystafell briodas' – nid oes dim sy'n cyffroi'u disgwyliadau'n fwy nag ystyried bod diwrnod mawr y wledd yn nesu. Mae'r gwaed yn cyflymu a iasau hyfrydwch yn cerdded y cnawd wrth feddwl bod gennym lai o amser i aros heddiw nag oedd gennym ddoe. Nid dydd braw yw ei ddyfodiad ef drachefn i'r teulu ond yr uchafbwynt mawr cynhyrfus y buom yn hiraethu cyhyd amdano. Oherwydd dyfodiad llawenydd, goleuni, cyfiawnder a thangnefedd yw dyfodiad yr Arglwydd yn ei deyrnas.

GWEDDI

Wrth edrych dros dy fyd yn y dyddiau enbydus hyn gyda'r sôn am ryfeloedd a chynhennu a newyn ac enbydrwydd, gweddïwn *Deled dy deyrnas*. Prysura'r dydd pan fydd dy holl elynion wedi'u trechu. Amen.

R. Tudur Jones

HYDREF 27 • Luc 22:39–46

GWNELER DY EWYLLYS

Wrth gymryd y darlleniad o stori'r Ing yng Ngethsemane, yr ydym yn cael cyfle i sylweddoli nad yn ysgafn y mae offrymu'r deisyfiad hwn. Gwir na allwn blymio i ddyfnderoedd y frwydr fawr a ymladdodd y Gwaredwr ynghanol chwys gwaedlyd Gethsemane. I un yr oedd undod perffaith rhyngddo a'i Dad, rhaid bod gweld arweinyddion Israel yn paratoi i halogi'r Enw Sanctaidd drwy ddifa'r Meseia'n rhywbeth dychrynllyd o anodd ei ddwyn.

Fe welwn ar unwaith un peth sy'n berthnasol iawn i ni. Ni all neb ddweud *Gwneler dy ewyllys* (Mathew 6:10) heb sylweddoli mai'r gweddïwr ei hunan yw gwrthrych cyntaf y deisyfiad. Ofer gweddïo am i bobl eraill wneud yr ewyllys ddwyfol ac ymesgusodi eu hunain. Onid yw'r gweddïwr dynol, pwy bynnag yw, yn dod y tu mewn i arfod y geiriau, *ar y ddaear fel yn y nef* (Mathew 6:10)? Ewyllys Duw yw ei ddymuniad a'i fwriad. Ac ewyllys Duw sy'n Dad, yn Dad y dymunwn weld sancteiddio'i enw, y Tad y deisyfwn yn awr am wneuthur ei ewyllys ymhlith pobl fel y gwneir hi eisoes ymhlith angylion. Ewyllys rasol, sanctaidd, rymus yw hi felly.

GWEDDI

Gelwaist ni i'th wasanaeth. Cynorthwya ni i orchfygu'n hewyllys wrthnysig. Gwna dy deulu ar y ddaear oll yn wir gyd-weithwyr yn dy Deyrnas. A disgybla finnau i wneuthur dy ewyllys di. Amen.

R. Tudur Jones

HYDREF 28 • Exodus 16:11–15

EIN BARA BEUNYDDIOL

Sylwer ar drefn pethau yng Ngweddi'r Arglwydd – dechrau gyda'r Tad nefol, ei fawredd, ei sancteiddrwydd, ei Deyrnas a'i ewyllys, yna mynd ymlaen at anghenion pobl. Dyma drefn Iesu Grist. Y gorchymyn cyntaf yw *Câr yr Arglwydd dy Dduw* (Mathew 22:37) a'r ail yw *Câr dy gymydog* (Mathew 22:39).

Mae'n ddiddorol bod yr Arglwydd Iesu'n gosod y deisyfiad am fara yn gyntaf ymhlith deisyfiadau dros bobl a throsom ni'n hunain. Gŵyr ein Tad nefol fod yn rhaid inni wrth fara. Ef a luniodd y corff ac ef sy'n darparu ar ei gyfer. Pa nifer bynnag o ddwylo sydd wedi cyfrannu at y dorth rhwng aredig y tir a thorri'r frechdan, Duw a'i rhoes inni. Ond nid ydym i fod yn farus wrth ddeisyf bara i'w fwyta. Fe'n gorchmynnir i ofyn yn unig am ddigon ar gyfer heddiw – yn union fel gyda'r manna. Pe caem yr hawl i ofyn am stoc hanner blwyddyn, nid yn unig byddai'r bara wedi llwydo (fel manna!) ond byddai'n diolch wedi llwydo hefyd.

A sylwer bod yr Arglwydd yn ein hannog i ddeisyf pethau materol penodedig. Gwaetha'r modd, aeth llawer Cristion modern yn ddoethach na Iesu Grist a mynd yn rhy gall i ofyn am **bethau.**

GWEDDI

Arglwydd ein Iôr, ti sy'n peri i'r gwellt dyfu i'r anifeiliaid, a llysiau i wasanaethu pobl, fel y dyco allan o'r ddaear. Ac wrth ofyn eto am fara beunyddiol, ni allwn anghofio'r newynog ac offrymaf yr un deisyfiad drostynt hwythau. Amen.

R. Tudur Jones

HYDREF 29 • Mathew 18:21–35

A MADDAU I NI EIN DYLEDION

Teulu'r maddeuwyr yw teulu Duw. Ni allant fod yn ddim arall oherwydd pobl wedi cael maddeuant ydynt. Dyna a ddaeth â hwy i mewn i'r teulu yn y lle cyntaf. O gael maddeuant mawr, ni allant yn hawdd ymesgusodi am na allant faddau manion. Ond heb faddau manion – y can ceiniog, chwedl y ddameg – nid oes ganddynt fusnes i ddisgwyl tynnu ar y maddau mawr – y deng mil talentau.

Nid ystyr y geiriau yng Ngweddi'r Arglwydd yw 'Dyro i ni faddeuant er mwyn i ni faddau i'n dyledwyr' ond 'Maddau i ni fel yr ydym ni eisoes wedi maddau i'n dyledwyr'. Nid ydym, meddai'r Arglwydd Iesu i ruthro i addoli heb ein cymodi â'n gilydd (Mathew 5:23–24; 6:14–15). Gan mor drwm yw pwyslais Iesu Grist ar y gwirionedd hwn, dylem ei gymryd gyda'r difrifoldeb mwyaf. Nid oes dim sy'n lladd defosiwn ac addoliad yn gynt na gwenwyn anfaddeugarwch. Os teimlwn fod casineb anorchfygol tuag at berson neilltuol yn ein llethu, ni ddylem, ar boen ein henaid, ymollwng o dan y teimlad hwnnw. Ond dylem ddod at ein Tad nefol gydag ysbryd ysig i gyffesu ein drygioni ac i ofyn am gymorth ei ras.

GWEDDI

F'Arglwydd sanctaidd, tywallt ysbryd cymod i'm calon i'm hiacháu oddi wrth bob casineb anfaddeugar. Caniatâ i mi alw i gof yn awr (… gan enwi'r sawl yr wyf mewn cynnen â hwy …) fel y bo i eneiniad dy Ysbryd garthu pob drwgdeimlad o'm hysbryd. Amen.

R. Tudur Jones

HYDREF 30 • Mathew 26:36–46

AC NAC ARWAIN NI I BROFEDIGAETH

Gair yr Arglwydd Iesu i'w ddisgyblion oedd, *Gwyliwch, a gweddïwch na ddewch i gael eich profi* (adnod 41). Yr un gair yn union yw 'profi' yma a 'profedigaeth' yng Ngweddi'r Arglwydd. Wrth osod y disgrifiad brawychus o'r argyfwng mawr diwethaf ym mhenodau 24 a 25 – yn union o flaen hanes y Croeshoelio – mae Mathew yn awgrymu mai'r Arglwydd Iesu'i hun yw'r cyntaf i wynebu holl arswyd y Farn ar ddynoliaeth bechadurus. Dyma 'brofedigaeth' fwyaf y teulu dynol ac nid yw profedigaethau bywyd ond adlewyrchiad gwan o hon. Ac nid yw'n beth i ruthro iddi ond yn hytrach i weddïo am ymwared oddi wrthi.

Ystyr 'profedigaeth' yma yw 'prawf'. Wrth weddïo, *nac arwain ni i brofedigaeth* (Mathew 6:13 BWM), neu *a phaid â'n dwyn i brawf* (BCND) deisyf yr ydym am gael ein hesgusodi rhag cael ein hunain mewn prawf a fydd yn trethu (ac efallai'n gordrethu) ein hadnoddau. Mae tuedd yn ein plith i feddwl mai peth da yw rhuthro i wynebu profion llym, ond mae'n amlwg nad dyma agwedd meddwl yr Arglwydd Iesu. Peth difrifol iawn yw pob profi ar gymeriad. Gall methu yn y prawf ddwyn canlyniadau echrydus.

GWEDDI

Gwêl fy ngwendid, fy Nhad nefol, a phrinder f'adnoddau i wynebu dydd y prawf. Am hynny, nac arwain fi i brofedigaeth. Amen.

R. Tudur Jones

HYDREF 31 • 1 Pedr 5:1–11; Datguddiad 7:9–17

EITHR GWARED NI RHAG DRWG

... EIDDOT TI YW Y DEYRNAS A'R NERTH A'R GOGONIANT

Peth hawdd iawn yw inni yn ein balchder ddiystyru'r peryglon ysbrydol sy'n ein hamgylchu. Gallwn ein perswadio'n hunain ein bod lawer iawn yn gryfach nag ydym mewn gwirionedd. Mae hon yn demtasiwn barod i'r sawl y mae eu hamgylchiadau yn eu diogelu rhag dod i gysylltiad yn ormodol â hagrwch bywyd.

Mae'n briodol, meddai'r Arglwydd Iesu, inni ymbil am gael ein harbed rhag profedigaeth. Ond ar yr un gwynt dylem weddïo *gwared ni rhag drwg* (Mathew 6:13 BWM), neu, o gyfieithu'n fwy llythrennol: *gwared ni rhag yr Un drwg* (BCND). Nid mater o faglu yw pechu. Mae'n ildio i dwyll yr Un drwg. Nid rhywbeth marwaidd yw'r drygioni sy'n ymosod arnom, mae ganddo'i ddynamig, ei egni difaol. Mae'r ddelwedd a geir yn y darlleniad yn mynegi'n fyw iawn o ba ansawdd y mae'r perygl. Nid yn unig y mae angen i Gristnogion fugeilio'i gilydd, meddai'r Apostol, mae angen iddynt wylio a bod yn sobr: *Bwriwch eich holl bryder arno ef, oherwydd y mae gofal ganddo amdanoch* (1 Pedr 5:7).

Mae Gweddi'r Arglwydd yn gylch crwn fel modrwy. Mae'n dechrau gyda chydnabod mawredd a sancteiddrwydd Duw. Mae'n gorffen drwy ei gyfarch fel gwir berchennog y deyrnas, y nerth, a'r gogoniant. Felly y dylai pob gweddïo cyflawn fod, yn dechrau gyda Duw ac yn gorffen gyda Duw.

Mae Duw'n Dad; y mae Duw hefyd yn Frenin. Y Brenin tadol a'r Tad brenhinol yw'r un yr ydym yn ei gyfarch. Mae mor dyner fel y gall dorri bara ar gyfer ein bwrdd; ac mae mor dosturiol fel y myn faddau ein pechodau; mor ofalus fel nad yw'n gwrthod ein gwared rhag yr Un drwg. Ac yr un pryd, mae'n nerthol y tu hwnt i allu geiriau i'w ddisgrifio ac yn ogoneddus y tu hwnt i gwmpas ein dychymyg i'w gofleidio.

GWEDDI

Fy nymuniad dyfnaf yw am i ti fod yn frenin. Mor nerthol wyt ti yn dy holl weithredoedd! Ac mor ogoneddus! Caniatâ i mi ddinasyddiaeth yn dy deyrnas. Amen.

R. Tudur Jones

TACHWEDD 1 • Eseia 49:19–21

Y LLE CYFYNG

Tra parhaodd y Gaethglud roedd Jerwsalem fel mam weddw a'i phlant ymhell oddi wrthi mewn gwlad estron. Fodd bynnag, pan ddaw'r alltudion adref – a hynny'n fuan – clywir cri: *Nid oes digon o le i mi; symud draw, i mi gael lle i fyw* (adnod 20). Gynt, cafwyd tristwch y diboblogi; yn awr ceir argyfwng y gorboblogi.

Y lle yn rhy gyfyng. Problem ddaearyddol – a heddiw y mae'r cynnydd ffrwydrol yn rhif poblogaeth y ddaear yn dwysáu'r broblem. Y mae hefyd yn broblem ysbrydol. Y feirniadaeth ar hiwmanistiaeth seciwlar a Chomiwnyddiaeth faterol ein cyfnod yw eu bod, wrth wadu Duw a'r dimensiwn ysbrydol i fywyd, yn gosod dyn (dynoliaeth) mewn lle rhy gyfyng i fyw ynddo. Cefnodd Svetlana, unig ferch Stalin, ar ei chefndir Comiwnyddol, a derbyn bedydd crediniol yn Eglwys Uniongred Rwsia yn 1962, am iddi ddarganfod na fedrai fyw heb Dduw a'r ysbryd crefyddol sy'n ffynhonnell tosturi a chariad. 'Y mae rhywbeth mewn unigolion na all y ddaear ei ddiwallu' (W. E. Sangster), ac meddai George Matheson: 'Ni ddarparodd y byd hwn ar gyfer fy nghalon. Darparodd ar gyfer fy llygad ... fy nghlyw ... fy nghyffyrddiad ... fy mlas ... a'r gynneddf sydd gennyf i werthfawrogi tlysni a harddwch. Ond ni wnaeth unrhyw ddarpariaeth ar gyfer fy nghalon.'

Y mae'r gair 'iachawdwriaeth' yn awgrymu'r syniad o ehangder. Soniodd Iesu am *fywyd* **helaethach** (Ioan 10:10 BWM) neu fywyd **yn ei holl gyflawnder** (BCND). Y mae bara yn anghenraid; y mae'n **rhaid** wrtho. Eithr, *nid ar fara* **yn unig** *y bydd rhywun fyw* (Mathew 4:4).

GWEDDI

Tydi a'n lluniaist i ti dy hun, a diorffwys yw ein calonnau, hyd oni orffwysant ynot ti. Amen. *(Awstin Sant)*

Desmond Davies

TACHWEDD 2 • Luc 2:41–52

YN Y DEML

Arswyd y byd! Mae'r crwt ar goll! Faint o rieni na fyddai wedi mynd i banig? Roedd Iesu wedi teithio gyda'i rieni i Gaersalem ar ŵyl y Pasg pan oedd yn fachgen deuddeg oed. Gallwch ddychmygu fel yr oedd y llanc ifanc o bentref Nasareth wedi ymateb i olygfeydd y ddinas, y torfeydd a'r gwisgoedd lliwgar, y seremonïau, y cynnwrf, ac yn fwy na dim wychder y deml ei hun gyda'i llawr o farmor amryliw, a'i phileri yn disgleirio yn yr haul. Yn rhy fuan o lawer, daeth yn bryd troi am adre a chychwyn ar y daith yn ôl i Galilea.

Casglwyd tyrfa fawr ohonynt yn un fintai i wynebu'r daith, oherwydd nid oedd heb ei pheryglon, yn arbennig i deithwyr unig. Roeddent wedi teithio am ddiwrnod cyfan cyn i Joseff a Mair sylweddoli nad oedd Iesu gyda'r criw o laslanciau eraill fel y tybiasant. Roedd Iesu ar goll!

Nôl â nhw i Gaersalem a chwilio ym mhobman, pob twll a chornel am dridiau, a holi hwn ac arall a oeddent wedi gweld mab y saer o Nasareth. Ond dim lwc wir, a neb fel pe baent yn poeni, nes bod eu tristwch yn cynyddu o awr i awr. Yna, y syndod, a'r llawenydd yn fwy na'r syndod, o'i gael yn y deml yn holi ac yn gwrando ar yr athrawon yn dehongli'r ysgrythurau ac yntau wedi ymgolli'n lân yn y drafodaeth. Mwy o syndod byth oedd ei ateb i'w fam bryderus, druan: *Onid oeddech yn gwybod mai yn nhŷ fy Nhad y mae'n rhaid i mi fod?* (adnod 49).

Er mor chwilfrydig a naturiol ag unrhyw lanc arall o'i oed, eisoes yr oedd arbenigrwydd ei berson yn dechrau ei amlygu ei hun. Ond nid ar draul parchu ei rieni y bu hynny, oherwydd darllenwn iddo fynd gyda hwy yn ôl i Nasareth ac iddo fod yn ufudd iddynt. Serch hynny, rhaid cydnabod ein bod yn teimlo loes Mair a Joseff pan oedd ar goll, a'r hanes yn peri inni feddwl am lawer o rieni y darllenwn amdanynt heddiw sy'n gofidio am eu plant ar goll mewn gwledydd pell, a hwythau heb wybod ble i droi.

GWEDDI

Bydd di'n agos, O Dduw, at y rhai sy'n pryderu am anwyliaid. Amen.

Cyril Williams

TACHWEDD 3 • Philipiaid 3

COLLI ER MWYN ENNILL

Meddai'r Apostol Paul yn Galatiaid 1:15–16: *Ond dyma Dduw, a'm neilltuodd o groth fy mam ac a'm galwodd trwy ei ras, yn dewis datguddio ei Fab ynof fi, er mwyn i mi ei bregethu ymhlith y Cenhedloedd.* Gallasai Paul fod yn hawdd yn hunanydd (egoist) mwyaf hanes. Ond achubwyd ef gan Grist o grafangau yr hunan. Gallai ymfalchïo ym mhob math o bendefigaeth o wneuthuriad dynol, eto roedd yn barod i'w amddifadu ei hun ohonynt er mwyn Crist. Cael *adnabod Crist Iesu fy Arglwydd* (Philipiaid 3:8) oedd y profiad cyfoethocaf yn ei fywyd, a sail ei fywyd o hunanaberth dros Grist.

Yn Philipiaid 3:12, edrydd Paul ei brofiad yn rymus gynnil: *ond yr wyf yn prysuro ymlaen, er mwyn meddiannu'r peth hwnnw y cefais innau er ei fwyn fy meddiannu gan Grist Iesu.* Cyfeddyf Tegla nad oedd fawr o redwr yn ei ieuenctid, ond pan fyddai'n gystadleuaeth rhwng plant y wlad a phlant y dref, yr hyn a wnâi fyddai gafael yng nghôt Bob Penlan ei gyfaill: 'Pan ddiffygiwn dywedwn wrth Bob, "Cer di Bob, wnaiff hi mo'r tro inni'n dau golli'r ras." Yr un fyddai ateb Bob bob tro, "Hidia befo" a gafael yng ngholer fy nghôt a'm llusgo, a chyda'n gilydd fe enillem y ras – nid am fod fy ngafael yn dynn yn Bob Penlan ond am fod ei afael ef yn dynnach ynof fi.'

Er i'r Apostol Paul anelu at y nod o adnabod Duw yng Nghrist roedd yn berffaith sicr ei fod *wedi ei adnabod gan Dduw* (Galatiaid 4:9). Nid Paul a ymaflodd yn Iesu ond Iesu ymaflodd ynddo yntau. Meddai: *Yr wyf yn cyfrif nad yw fy mywyd o unrhyw werth imi, dim ond imi allu cwblhau fy ngyrfa, a'r weinidogaeth a gefais gan yr Arglwydd Iesu, i dystiolaethu i Efengyl gras Duw* (Actau 20:24).

GWEDDI
Cymer afael ynof, O Arglwydd, a gwna fi'n llwyr yn eiddo i ti. Amen.

Carl a Rita Williams

TACHWEDD 4 • Mathew 8:18; Salm 24:4–5

OLION TRAED

Pe digwydd i chi fynd ar ymweliad â Hollywood, mae modd i chi sefyll yn yr union fannau lle y bu sêr y sgrin yn sefyll, a phrawf eu bod wedi sefyll yno yw ôl eu traed mewn sment ar lawr – a hwnt ac yma ar y palmentydd mi fydd seren farmor ac enw'r actor neu'r actores enwog wedi ei gofnodi.

Dywedir am ambell berson ar ddydd ei arwyl, ei fod ef neu hi wedi cerdded yn drwm mewn bro ac ardal – hynny yw fe fu eu cyfraniad i fywyd eu cynefin yn un gwerthfawr, ac fe erys eu dylanwad o hyd yn y tir.

Ac mi fydd ôl eu traed nhw ac olion eu cerddediad yn amlwg am flynyddoedd i ddod.

Ymhlith y profiadau gwerthfawr a ddaw i ran ymwelydd â gwlad Israel y mae'r profiad o gael sangu ar y mannau hynny y sangodd Iesu. Mewn mannau fel Capernaum ogylch adfail yr hen synagog a godwyd gan ganwriad hael cofiwn i Iesu droedio'r fan lawer tro wrth gyrchu i addoli yno, ac ar lethrau Mynydd yr Olewydd mae 'na graig ac arni ôl troed – y man, yn ôl traddodiad, yr esgynnodd Iesu i'r nef.

Codwyd eglwysi i ddynodi lleoliad y mannau hynny y bu'r Arglwydd Iesu yn eu troedio, ac fe gewch droi i lonyddwch yr adeiladau hynny i fyfyrio a gweddïo a synhwyro'r agosatrwydd parhaol hwnnw. Yno, lle mae paderau saint yr oesoedd wedi eu hoffrymu, cawn ein sugno i'r berthynas a phrofi gwir gymdeithas.

'Sgwn i, o edrych 'nôl dros lwybrau ein teithio ni, tybed faint o olion traed a erys ar draethell amser?

Arglwydd Iesu, dysg im gerdded
   drwy y byd yn ôl dy droed; ...
      mae yn olau
   ond cael gweld dy ŵyneb di.
     (Elfed, Caneuon Ffydd 710)   **Peter M. Thomas**

TACHWEDD 5 • Hosea 2:14–23

CARIAD YN CYMODI

Yn rhan gyntaf y bennod hon cyhoeddir barn ar y genedl anffyddlon. Bellach mae'n bryd ceisio adfer yr annheilwng. Dwg yr anialwch ar gof inni'r cyfnod o ddisgyblaeth wedi'r Exodus o'r Aifft. Yno yn yr unigrwydd ni byddai unrhyw dduwiau ffrwythlonder yn gallu dod rhwng yr Arglwydd a'i bobl, ac yno byddai'n rhaid i Israel bwyso'n llwyr ar ei Duw. Roedd yn rhaid mynd yn ôl i'r dechrau fel petai a chychwyn o'r newydd.

Yr Arglwydd, nid Baal, duw ffrwythlonder, a fyddai'n rhoi'n ôl iddi ei gwinllannoedd ac yn agor drws gobaith iddi. Yna ailsefydlir y berthynas briodasol rhwng yr Arglwydd a'r genedl. Symudir ymaith bob arwydd ac atgof o addoliad y Baalim, ac ni bydd enw Baal mwyach ar wefusau'r bobl.

Sonnir wedyn am gyfamod newydd rhwng pobl Israel a'r anifeiliaid gwylltion a sefydlir gan yr Arglwydd. Sonnir hefyd am heddwch rhwng Israel a chenhedloedd eraill drwy symud ymaith holl arfau rhyfel. Defnyddir eto'r berthynas briodasol i ddarlunio'r cyfamod tragwyddol hwn. Seilir y cyfan ar egwyddorion sy'n deillio oddi wrth Dduw ei hun. Petai'r genedl wedi meddiannu'r rhain o'r dechrau, ni fuasai unrhyw doriad yn y berthynas gyfamodol o gwbl. Y mae'r bendithion tymhorol a restrir yma yn arwydd o'r berthynas newydd hon, ac y mae natur fel petai'n llawenhau wrth ei gweld, a'r cyfan mewn cytgord perffaith.

John Tudno Williams

TACHWEDD 6 • Eseia 51:1–3

Y GWEDDILL

Heddiw yng Nghymru ni all y Cristion, sydd hefyd yn Gymro Cymraeg, lai na theimlo, ar adegau, ei fod yn aelod o leiafrif di-ddylanwad. Anobeithiai'r alltudion ym Mabilon am fod eu rhif yn fychan. Fe'u cymhellir gan y proffwyd i gofio'r graig y naddwyd hwy ohoni. O'r un dyn Abraham, aelod o lwyth crwydrol, di-nod, cododd Duw genedl gref. Ac fe all Duw ailadrodd y wyrth!

Dywedwyd bod 'un a Duw yn fwyafrif'. Ar hyd y canrifoedd cyflawnwyd gorchestion gan y lleiafrifoedd ffyddlon; Noa a'i deulu, a wnâi gyfiawnder mewn oes lygredig; y tri llanc fu'n herio awdurdod unbenaethol Nebuchadnesar; y rhai *sydd heb blygu glin i Baal* (1 Brenhinoedd 18) yn amser Elias; y deuddeg a fu'n gyfrwng hyrwyddo'r genhadaeth fwyaf llewyrchus yn hanes yr eglwys.

Pam yr ymboenwn gymaint ynghylch ystadegau? Nid rhif i aelodau'r eglwys yw'r ffactor bwysicaf, yn gymaint ag ansawdd eu ffydd, a'u parodrwydd, o dan arweiniad yr Ysbryd Glân, i genhadu yn y byd a byw er mwyn eraill. 'God does not count his people: he counts **on** them' (Alfred Quayle).

Gwelodd D. L. Moody y gallasai Duw ddiwygio gwlad gyfan pe câi un enaid oedd yn llwyr ymroddedig i waith y Deyrnas, ac fe'i holodd ei hun: 'Pam na allaf fi fod yn ddyn felly?' Bu canlyniadau ei ymgysegriad yn rhyfeddol.

Yn ei 'Alwad i'r Genedl' yn 1975 cyhoeddodd Archesgob Caergaint, Dr Donald Coggan, mai rhan o'r drafferth heddiw yw ein tybiaeth bod yr unigolyn yn ddiymadferth yn y frwydr dros y gwir.

GWEDDI

N'ad im flino byth ar wneud daioni, er mwyn Crist. Amen.

Desmond Davies

TACHWEDD 7 • Luc 4:31–37; Marc 1:21–28

LAWR I GAPERNAUM

Tystiodd addolwyr Capernaum fod Iesu yn eu dysgu fel un ag awdurdod ganddo. Mor wahanol oedd ei ddull i'r eiddo doctoriaid y gyfraith. Dyfynnent hwy yr awdurdod hwn ac arall, ond yr oedd awdurdod Iesu yn ei neges a'i berson ei hun. Sylwer ar ddau beth am synagog Capernaum, sef bod yno ddyn a chanddo ysbryd cythraul aflan, a bod hwn hefyd wedi ymateb i awdurdod Iesu. Chwarae teg i arweinwyr y synagog, nid oeddent wedi cau drws y tŷ cwrdd ar y truan hwn, er mae'n siŵr iddo aflonyddu ar y gwasanaeth droeon. Mae'n syndod hefyd gan fod hyd yn oed cyfathrebu ag ef yn dramgwydd defodol. Ar y llaw arall bydd y glân a'r pur yn darged i'r drwg fel y bydd goleuni'r fflam yn tynnu gwyfynod ato. Ond, yma dangosodd Iesu bod ei allu ef yn gryfach na gallu'r drwg, ac fe gydnabu'r cythraul hynny: *A wyt ti wedi dod i'n difetha ni? Mi wn pwy wyt ti – Sanct Duw* (Marc 1:24).

Ceir llawer o sôn yn y Testament Newydd am gythreuliaid yn meddiannu pobl, ond, hyd yn ddiweddar, ein tuedd ni oedd gwawdio'r peth fel cred ofergoelus mewn oes gyn-wyddonol. Yn ddiau, y mae llawer o gyflyrau a briodolwyd gynt i ysbrydion ac fe geisir eu hesbonio mewn termau seicolegol. Ond nodwedd frawychus yr oes bresennol yw'r chwarae cynyddol â galluoedd dieflig cwltau satanaidd. Er ein holl ddysg fe bery meddwl yr unigolyn yn gyfandir tywyll o hyd a ninnau yn gwybod llai amdano hwyrach nag am y lloer a'r planedau. Chwarae peryglus yw hwn felly, a gweddïwn y cedwir ein pobl ifanc yn ddiogel rhagddo. Y mae gorffwylledd trais ar gynnydd hefyd o wlad i wlad a llawer ohono i'w briodoli i gyffuriau. O'r un ffynhonnell y daw pob drwg ac yn sicr nid Duw yw'r ffynhonnell honno. Ein tasg ni, pa mor anobeithiol bynnag yr ymddengys, yw ceisio creu awyrgylch yn y gymdeithas a fydd yn gwrthweithio y dylanwadau hyn. Bydd pob bywyd pur yn gyfraniad yn union fel y gall pob un wneud ei ran i leihau'r hollt yn yr oson fry, sy'n diogelu bywyd ac iechyd ar y ddaear.

Cyril Williams

TACHWEDD 8 • Eseia 11:1–16

HEDDWCH

Gweddïwn am Heddwch drwy'r byd i gyd:
... Arglwydd! Boed i Heddwch ddisgyn
Ar y Byd sy'n dioddef.
Y Byd claf,
Y Byd sy'n cael ei ddamsang,
Y Byd sy'n cael ei lethu gan ofid,
Y Byd sy'n dioddef oerfel,
Sy'n dioddef newyn, a syched,
A phoen corff, a phoen meddwl.
Byd y meddyliau mawr,
A Byd y calonnau gwag,
Y Byd sy'n crynu, y Byd sy'n gweddïo,
Y Byd sy'n melltithio, y Byd di-hid,
Y Byd sy'n chwilio am y Gwirionedd,
Y Byd sy'n chwilio am y Cariad,
Y Byd sy'n chwilio am y Goleuni,
Y Byd sy'n chwilio am Ffordd Newydd
I ddod atat ti ...
Arglwydd, boed i Heddwch ddisgyn
Ar y Byd i gyd.
... Heddwch a Goleuni. Amen. *(Gweddi myfyriwr o Sinead)*

Gweddïwn am Heddwch yn y galon:
O Arglwydd, Awdur a Chymhellwr heddwch, cariad ac ewyllys da, tynera ein calonnau celyd, cynhesa ein calonnau oer, fel yr ewyllysiwn yn dda i'n gilydd ac fel y byddwn yn wir ddisgyblion i Iesu Grist. A dyro i ni ras, hyd yn oed yn awr, i ddechrau adlewyrchu'r bywyd nefol hwnnw lle nad oes dim casineb, ond heddwch a chariad y naill i'r llall ar bob llaw. Amen.
(Ludovicus Vives)

Carl a Rita Williams

TACHWEDD 9 • Mathew 7:7–12

PARTNERIAETH Â DUW

Pan fyddwn yn dwyn i gof stori gyffrous y genhadaeth dramor mewn perthynas â Tsieina, mi fyddwn yn cofio am gyfraniad mab y gof o Ffald-y-Brenin – Timothy Richard. Ordeiniwyd ef yn Salem, Caio ar 17 Tachwedd 1869, a hwyliodd o Lerpwl ar yr S.S. Achilles am Tsieina ar y bore yr agorwyd Camlas Suez. Cyrhaeddodd Shanghai ar 12 Chwefror 1870 ac yna ymhen rhai dyddiau hwyliodd oddi yno i borthladd Chefoo, lle yr ymsefydlodd.

Pan hwyliodd Timothy Richard i Tsieina yr oedd capten y llong yn amau yn fawr ei freuddwyd i fod yn genhadwr, ac fe gafodd amser caled ar y fordaith honno; ac wrth iddo adael y llong dywedodd y capten wrtho: 'Mae'n siŵr eich bod yn tybio y medrwch lwyddo i wneud argraff ar Tsieina.' 'Na,' atebodd y cenhadwr, 'ond y mae gen i syniad y medr Duw.' Pan ydym mewn partneriaeth â Duw mae'r potensial yn eang a'r llwyddiant yn ddi-ben-draw.

A llwyddiant digamsyniol fu'r bartneriaeth, a bu cyfraniad Timothy Richard yn un sylweddol. Ond rhaid gofyn a chwilio a churo er mwyn canfod y trysor – felly dylem wneud ein cynlluniau yn eang a rhannu yn y fenter o'u gweld yn cael eu gwireddu.

Peter M. Thomas

TACHWEDD 10 • Genesis 9:8–17

Y GREADIGAETH YN CYFYNGU AR DDUW

Ni ddewisodd Duw ymddwyn yn annibynnol ar y byd. I'r gwrthwyneb, deil ynghlwm wrtho. Felly ni all fethu cael ei effeithio gan ei fywyd, ac yn arbennig gan bechadurusrwydd pobl. 'Gellir galw'r weithred o greu ei hunan yn ddechrau dioddefaint Duw,' medd yr Americanwr Terence Fretheim. Dewisodd gael ei gyfyngu gan drefn y greadigaeth. Nid rhyw fath o gyfrifiadur ydyw a'i raglen wedi'i threfnu ymlaen llaw. Yn hytrach bodlonodd i bobl ymarfer eu hewyllys rydd o fewn y cread.

Ym mhennod gyntaf y Beibl fe'i disgrifir yn ymddiried ei greadigaeth gyfan i'r ddynoliaeth. Yn fuan wedyn dangosir pa mor fentrus ar ei ran oedd y fath ymddiriedaeth, oherwydd yn sgil anufudd-dod y pâr cyntaf, melltith a phoen a ddeuai i ran eu disgynyddion yn eu perthynas â'r ddaear. Ond aeth pethau o ddrwg i waeth pan welodd Duw'r angen i gosbi'r ddynoliaeth gyfan ar wahân i Noa a'i deulu. Ond hyd yn oed wedi hynny, mynnai trugaredd yr Arglwydd ei amlygu'i hun. Arwydd pellach o'i barodrwydd i gyfyngu ar ei weithgareddau mewn perthynas â'i fyd yw'r bwa yn y cwmwl. Dyma'r arwydd o'i gyfamod â'r ddynoliaeth gyfan dros oesoedd di-rif *rhag torri ymaith eto bob cnawd trwy ddyfroedd dilyw, na bod dilyw arall i ddifa'r ddaear* (adnod 11). Mewn geiriau eraill, bodlonodd i gyfyngu ar ei allu i gosbi pobl am eu camweddau, a gallai fod wedi ymarfer hynny'n gwbl deg a chyfiawn. Oni chytunodd drwy hyn i ildio llawer o'i allu er mwyn arbed pobl?

John Tudno Williams

TACHWEDD 11 • **Deuteronomium 5:1–15**

Y DEG GORCHYMYN

Yn ôl y Deg Gorchymyn mae addoliad a buchedd dda yn ddwy ran annatod o fywyd. Dwy ochr i'r un geiniog yw parchu Duw a pharchu pobl. Y ffordd orau i wasanaethu Duw yw caru ein cymydog, a'r ffordd orau i wasanaethu cymydog yw caru Duw.

Sylwn ar y pwyslais ar ein cartrefi yn y pumed gorchymyn. Aelwydydd ein gwlad yw sylfaen ein cenedl, ac i adeiladu cymdeithas wâr gosodwn seiliau'r cartref yn gyntaf. Heb barch ac ufudd-dod o fewn cwlwm teulu buan y daw rhemp yn llaw'r dadelfennwr. Ymddatod y mae popeth heb uned gref y teulu.

Sylwn hefyd ar natur fewnol y degfed gorchymyn *Na chwennych* (Deuteronomium 5:21). Yn wahanol i'r lleill gwahardd pechod yn y meddwl a'r galon wna hwn, ac nid sôn am weithredoedd drwg yn unig. Yn y degfed y down agosaf at ethig Iesu: *Gofalwch ymgadw rhag trachwant o bob math, oherwydd, er cymaint ei gyfoeth, nid yw bywyd neb yn dibynnu ar ei feddiannau* (Luc 12:15).

Nerys a John Tudor

TACHWEDD 12 • Eseia 53:4–9

DROSOM NI

Pan weinyddir y Cymun yn eglwys y Tabernacl, Caerfyrddin, gosodir croes bres ar y bwrdd. Arni y mae dau air yn ysgrifenedig: 'Drosom Ni'. Y ddeuair hyn, sy'n cyfleu ystyr Swper yr Arglwydd, yw'r allwedd hefyd i ddatgloi cyfrinach y geiriau digymar hyn o eiddo'r proffwyd, a ystyrir gan lawer yn uchafbwynt yr Hen Destament.

Ef ... ni. Dyma'r allwedd-eiriau. O fewn y chwech adnod digwydd y rhagenw 'ef' chwe gwaith a'r rhagenw 'ni' wyth gwaith. *Ond archollwyd **ef** am ein troseddau **ni**, a'i ddryllio am ein camweddau **ni**; roedd pris ein heddwch **ni** arno **ef**, a thrwy ei gleisiau **ef** y cawsom **ni** iachâd* (adnod 5).

'Were you there ...?' yw cwestiwn y gân Negroaidd gyfarwydd. Yn llythrennol nid oedd yr un ohonom yno. Ond yn yr ystyr mai pechod, fel ein pechod ni, a'i croeshoeliodd, ac mai 'drosom ni yr aeth efe i'r groes' (C. F. Alexander, cyf. Elfed, Caneuon Ffydd 490), yr oedd pawb ohonom yno. Yr anghymwynas fwyaf a wnawn â 'gŵr dirmygedig Calfaria' yw edrych yn wrthrychol, oer ar ei groes, megis y dorf anwybodus a wyliai ei ddioddefaint ar Wener y Grog. Y mae a wnelo ei ddioddefiadau â ni. Ar Galfaria yr oedd Crist **gyda ni** (yn wynebu erchyllltra drygioni, arswyd yr angau, a holl ingoedd poen a dioddefaint, megis ninnau); **drosom ni** (cymerodd 'ffrind pechadur' [Ann Griffiths, Caneuon Ffydd 319] ein hochr yn y frwydr); **yn ein lle** (dioddefodd ar ein rhan, ac er ein mwyn, gan gymryd arno'i hun *bris ein heddwch ni* [adnod 5]).

GWEDDI
Diolch a fo i ti, O Arglwydd Iesu Grist, am it fynd drosof fi i'r groes. Amen.

Desmond Davies

TACHWEDD 13 • Luc 7:11–35; Mathew 11:2–19

I DREF A ELWIR NAIN

Yn ôl trefniant Luc, dilynir hanes Iesu yn codi mab y weddw o Nain o farw'n fyw gan y neges a ddaeth ato oddi wrth Ioan Fedyddiwr yng ngharchar, a'i ateb yn eiddo iddo. Yn Nain, fe dosturiodd Iesu wrth y fam a oedd yn dilyn elor ei mab unig-anedig i'w fedd. Ond pryd bynnag y dywedir i Iesu dosturio fe ddilynir y tosturi gan weithred. Nid rhyw bwrs y mwg o emosiwn yw ei dosturi ef, ond tosturi ymarferol, ac yn yr achos hwn fe gymerodd afael yn y gelyn olaf a'i ysgwyd nes ei fod yn rhyddhau ei afael ar y mab. Gelyn bywyd yw angau, ond, yma, cyfarfu â Bywyd anorchfygol. Y mae pob un arall ond Hwn yn ddarostyngedig i angau. A dyma'r neges a anfonwyd at Ioan mewn carchar: *Y mae'r deillion yn cael eu golwg yn ôl, y cloffion yn cerdded, y gwahangleifion yn cael eu glanhau a'r byddariaid yn clywed,* **y meirw yn codi** (Luc 7:22) ...

Bwriad Duw yw iechyd a bywyd llawn, onid e ni fyddai Iesu wedi iacháu na chodi neb o farw'n fyw. Dyma newydd da i'r tlodion yn nyddiau Iesu, ac i bawb ym mhob oes. Mae'n dilyn bod pob rhwystr i fywyd llawn ac iach yn groes i ewyllys yr Arglwydd. Y mae a wnelo'r efengyl ag a allwn ni symud y rhwystrau hyn boed yn Ethiopia, Nicaragua neu Gymru. Gall angau ddod ar ffurf dŵr amhur, diffyg carthffosiaeth, gwasanaeth meddygol annigonol, anllythrennedd a phrinder addysg, gorthrwm rhyfeloedd sy'n peri newyn a thlodi, tai annigonol, difrawder cwmnïau mawrion a llywodraethau didostur.

Rhaid yw dal ati hyd yn oed pan ymddengys nad oes dim yn tycio i newid agwedd pobl. Sonia'r efengyl am rai megis wedi eu cloi i mewn yn eu hopiniynau sicr eu hunain fel nad oes dim yn eu cyrraedd, na ffliwt na galarnad, na'r asgetig chwyrn Ioan, na Iesu, cyfaill pobl yr ymylon.

Cyril Williams

TACHWEDD 14 • Philemon 1–25

PENDERFYNIADAU ANODD

Y tri person hollbwysig yn y llythyr yw Paul, Philemon a'r caethwas Onesimus. Gwnaeth hwn ddwyn oddi ar ei feistr a ffodd i Rufain. Chwiliodd am loches ymysg gwehilion y ddinas yn ardaloedd y slymiau. Yno yr enillwyd ef i Grist gan yr Apostol Paul a daeth yn wironeddol ddefnyddiol i'r Apostol. Anfonwyd ef adref at Philemon gyda llythyr cymod yn ei law. Cynhwysa'r llythyr air o ganmoliaeth, ond yn bennaf ceir ynddo eiriolaeth dyner ar iddo gael ei dderbyn *nid fel caethwas mwyach ond ... yn frawd annwyl* (adnod 16).

Beth ddigwyddodd i Onesimus? Mae'r cymal yn llythyr Ignatius wedi ei ysgrifennu at yr Eglwys yn Effesus hanner canrif yn ddiweddarach yn canmol yr esgob; yn ddyn o gariad anhraethadwy, ac enw'r esgob oedd Onesimus. Ai y caethwas Onesimus yn ei hen ddyddiau yw? Wyddom ni ddim. Sut dderbyniad gafodd gan Philemon? Does neb a ŵyr. Ymddengys fod gan yr Apostol feddwl mawr o Philemon fel person (adnodau 4–7), a theimlai'n ffyddiog y derbynnid Onesimus yn ôl am yr hyn oedd, gan anghofio'r hyn a fu.

Gofynnir i'r tri yn y llythyr wneud rhywbeth anodd: Paul yn gorfod cyflwyno'n ôl i Philemon un y bu ganddo gyfran yn ei ennill i'r ffydd a'i brofi yn frawd annwyl, Onesimus yn gorfod wynebu'r meistr a dwyllodd, a Philemon yn gorfod maddau i'r gwas anonest.

Nid yw ffordd o fyw y Cristion byth yn hawdd, a gelwir arnom yn gyson i wneud penderfyniadau anodd. Onid ffordd disgyblaeth yw hi? Gŵyr y profiadol mai drwy ras Crist yn unig y gellir ei cherdded.

GWEDDI

Gwyddom Arglwydd mai drwy ddirgel ffyrdd ỹr wyt yn dwyn dy waith i ben, ac nad wyt byth yn ein gwrthod. Canmolwn dy ras a'th gariad anfeidrol yn Iesu Grist. Amen.   **Carl a Rita Williams**

TACHWEDD 15 • I Ioan 2:18–27

YR ANGHRIST

Credai'r Cristnogion bore eu bod yn byw yn y dyddiau olaf cyn y diwedd. Un arwydd oedd yr Anghrist a ymddengys yn Llythyrau Ioan yn unig. Mae ei ddisgyblion yn gwrthod y wir ddysgeidiaeth am Grist. Maent yn gwadu mai Iesu yw'r Meseia ac yn gwadu'r Tad dwyfol yn ogystal.

Mae'n debyg i'r hereticiaid hyn fod ar un adeg yn aelodau o'r eglwys Gristnogol ac iddynt ei gadael o'u gwirfodd. Fe'u gwrthgyferbynnir â'r gwir aelodau a dderbyniodd eneiniad, sef Gair Duw yn rhodd gan Grist, ac mae yna'n cael ei feithrin ynddynt drwy weithgarwch yr Ysbryd Glân.

Mae'n amlwg nad yw'r awdur yn hyderus iawn ynglŷn â gallu ei gydaelodau i wrthsefyll yr athrawiaethau gau hyn, ac felly cais eu sicrhau fwy nag unwaith yn y darn hwn eu bod yn gwybod yn well ac y dylent lynu wrth y gwirionedd hwnnw. Wrth ddal gafael yn y gwir o ddechrau eu profiad o'r efengyl deuir i berthynas ysbrydol barhaol â'r Tad ac â'r Mab. At fywyd tragwyddol yr arwain y berthynas hon, ac fe'n hatgoffir yma o eiriau yr efengyl: *A hyn yw bywyd tragwyddol: dy adnabod di, yr unig wir Dduw, a'r hwn a anfonaist ti, Iesu Grist* (Ioan 17:3). Mae'n rhodd yn awr ym meddwl y Testament Newydd, ond y mae angen hefyd ymdrechu i ymateb i'r rhodd a'i derbyn i chwi eich hunain.

John Tudno Williams

TACHWEDD 16 • Deuteronomium 9:25–29

EIRIOLAETH

Mae adlais o eiriolaeth Abraham dros Sodom yn y weddi hon. Mae'r gweddïwr yn dadlau'n daer dros y bobl, ac yn gofyn i Dduw gofio'i gymeriad trugarog ei hun, a chofio faint a wnaeth drostynt yn barod, a chofio mai ei bobl ef ydynt, a defaid ei borfa.

Mae sôn am un hen sant, Harri William mewn cwrdd gweddi yn Ninbych adeg rhyw haf eithriadol o sych a sŵn brefiadau'r defaid y tu allan i'r capel, ac yntau'n gweddïo: 'Os nad wyt ti am wrando arna' i Arglwydd, gwranda ar y defaid yn brefu!'

Nerys a John Tudor

TACHWEDD 17 • **Eseia 54:11–17**

YR OES A DDÊL

Er bod golwg druenus ar Israel yn y Gaethglud, fe'i cysurir gan y proffwyd y bydd ei dyfodol, wedi i Dduw ei hadfer, yn euraid:

(1) Adeiladu Seion â meini gwerthfawr. Bydd ei ffenestri a'i phinaclau o risial, a'i phyrth a'i muriau o emau teg. Bydd iddi ogoniant allanol ysblennydd.

(2) Yn bwysicach, rhoddir iddi ogoniant mewnol. Bydd pob dinesydd yn ddisgybl, ac yn awyddus i'w ddysgu gan Dduw. Sefydlir cyfiawnder a heddwch, a bydd rhyddid rhag ofn – un o'r hawliau sylfaenol a ddylai fod yn eiddo i bob unigolyn mewn cymdeithas ddemocrataidd, wâr.

(3) Bydd yn ddinas ddiogel. Syrth pwy bynnag a gyfyd i'w herbyn, ac ni lwydda'r un arf a anelir ati. *Ac ni chaiff holl bwerau Hades y trechaf arni* (Mathew 16:18).

Nid oes dim tristach, yn y Gymru sydd ohoni, na gweld y fath anobaith parlysol yn llethu ysbryd Cristnogion ac eglwysi. Da y dywedodd Colin Morris nad oes gan yr eglwys sy'n amddifad o obaith ddim byd i'w gynnig i'r byd.

Bellach daeth Diwinyddiaeth Gobaith (a'i lladmeryddion grymus, Jürgen Moltmann a Wolfhart Pannenberg) i'r llwyfan, a'n hannog i gymryd o ddifrif weledigaeth y Testament Newydd am 'yr oes a ddêl', pryd y sefydlir cariad, tangnefedd, brawdgarwch, cymod a chyfiawnder. Y mae'r fuddugoliaeth **eisoes** yn eiddo Crist, a phob awdurdod yn y nef ac ar y ddaear **eisoes** yn ei law. Y mae i ninnau felly obaith bywiol. Y mae'r Cristion **yn awr,** yn y byd hwn o bechod ac anghyfiawnder, yn byw yr oes a ddêl. Nid edrych i **fyny** a wna, yn unig, ond **edrych ymlaen** hefyd, yn llawn hyder. Ryw ddydd,

daw'r cenhedloedd yn gytûn
i ddyrchafu Mab y Dyn.
    (John Thomas, Caneuon Ffydd 251)

Desmond Davies

TACHWEDD 18 • Effesiaid 5:1–20

DEALL EWYLLYS YR ARGLWYDD

Ceir yn yr adnodau hyn anogaeth i fyw fel plant y goleuni ac i wneud yn siŵr beth sy'n gymeradwy gan yr Arglwydd. Ond nid yw y sicrwydd hwn yn ddigamsyniol gryf bob amser. Mor hawdd y gallwn ein twyllo ein hunain a pherswadio ein hunain mai ein dymuniadau ni yw ei ewyllys ef. Rhaid yw cydymdeimlo â phersonau mewn penbleth wrth weld Cristnogion amlwg, yn esgobion, athrawon a gweinidogion yn gefnogol i achosion cwbl groes i'w gilydd. Gwelsom ddwy ochr mewn rhyfel yn dadlau bod eu hochr hwy yn ymladd rhyfel cyfiawn a Duw o'i blaid. Gwyddom na all y ddwy ochr fod yn iawn.

Wynebir pawb ohonom â dewisiadau digon anodd o bryd i'w gilydd, ac anodd penderfynu ar lwybr priodol. Nid yw'n eglur ychwaith ar adegau felly, pan fo dewis rhwng dau dda neu rhwng dau ddrwg anorfod beth sy'n bodloni Duw. Ac eto rhaid yw ceisio deall beth yw ewyllys yr Arglwydd. Nid yw'n golygu ein bod yn llwyddo i ddeall yn iawn bob tro, ond y mae yn golygu bod Duw yn cael dod i'r canol yn ein penderfyniadau bob amser.

Ond y mae angen mwy na bwriadu'n dda i wneud hynny. Rhaid dysgu deall arwyddion yr amserau, ein hyfforddi yn y modd y mae Duw wedi datguddio'i feddwl yn yr ysgrythurau ac yn arbennig yn nysgeidiaeth yr Arglwydd Iesu. Dylid elwa hefyd drwy ddarllen am brofiadau arwyr y ffydd ddoe a heddiw. Yn sicr ni fydd o gymorth i ni ddarganfod ei fwriadau sanctaidd drwy droi mewn cylchoedd amheus, ond ar y llaw arall bydd troi mewn awyrgylch gydnaws â'r glân a'r gwir yn gymorth i oleuo'r deall a'n harwain at lwybrau'r goleuni. Y mae dod i awyrgylch salm, emyn, pregeth a chaniadau ysbrydol yn gloywi'r meddwl, glanhau llygad ffydd, deffro cydwybod gysglyd, ac yn rhoi cyfle i Grist deyrnasu yn ein bywyd.

GWEDDI

Diolchwn i ti am bob un sy'n gymorth i arall i godi a chadw safon byw yng ngwir ystyr y gair drwy wneud dy ewyllys di. Amen.

Cyril Williams

TACHWEDD 19 • Mathew 27:32; Marc 15:21

'GWELL CARIO CROES NA'I LLUSGO'

Ysgogwyd un bardd i ddychmygu sut yn union y bu:

SIMON O GYRENE
Ni ddwedodd wrthyf yr un gair
Ond clywais Ei lais;
Ni wnaeth Ef unrhyw arwydd ond
Fe ddeuthum ar ei gais.
Yn gyntaf dywedais – ar fy nghefn
Ni rof Ei groes a'i boen;
Ni fynn ei gosod arnaf ond
Oblegid lliw fy nghroen.
Ond dros freuddwyd mynnai Hwn
Wynebu'r Groes a'r bedd,
A charai myrdd gael profi'r gwawl
Lewyrchai ar ei wedd.
I'r Iesu Hwn y gwneuthum i –
Fe'm lloriwyd gan Ei rym –
Yr hyn na allsai Rhufain gael
Drwy'r chwip a'r cerrig llym.
(Trosiad)

Carl a Rita Williams

TACHWEDD 20 • Mathew 4:1–11

JERICHO

Cyfeirir at y gair 'makarios' fel gwerddon ffrwythlon ynghanol anialdir; wel, y mae dinas Jericho yn enghraifft o 'makarios', yn werddon ir ynghanol anialdir Jwdea. Yn yr anialdir hwnnw yr ymprydiodd Iesu am ddeugain niwrnod yn dilyn ei fedydd yn Iorddonen cyn cychwyn ar ei weinidogaeth gyhoeddus. A dyma'r man y cafodd ei demtio gan Satan. Wrth sefyll ar un o'r bryniau uwchlaw dinas Jericho gellir gweld yn y pellter Fynachlog Bryn y Temtio a naddwyd ar glogwyn craig i ddynodi'r fan lle y bu Iesu yn ymrafael â'r diafol. Ystyr yr enw Jericho yw 'man y palmwydd' sydd yn cadarnhau nodweddion y lle. Dywedir mai hi yw dinas hyna'r byd, yn fan lle y bu Josua a'i fyddin yn gorymdeithio o'i chwmpas nes i'r muriau syrthio, ond yn fan hefyd y bu Iesu yn ei fynychu fwy nag unwaith.

Y mae'r tir o gwmpas yn gochlyd yr olwg ac yn ddiffeithwch. Rhai milltiroedd i'r de y mae glannau y Môr Marw gyda'i ddyfroedd hallt, lle na fedr yr un pysgodyn fyw, ond yn fan lle y bydd pobl yn tyrru yn eu cannoedd bellach i drochi yn y dŵr a phrofi iachâd o nifer o afiechydon. Rhwng dinas Jericho a'r Môr Marw y mae ardal Qumran, lle ar ddamwain yn 1947 y darganfu crwt o fugail sgroliau mewn llestri pridd – sgroliau o waith yr Eseniaid, y sect y bu Ioan Fedyddiwr yn ymwneud â hwy. Bu'r sgroliau hyn yn fodd i ddwyn goleuni ar gyfnod gweinidogaeth Iesu.

Peter M. Thomas

TACHWEDD 21 • Salm 23

DUW'R BUGAIL

Yn yr hen fyd yn aml disgrifid brenhinoedd fel bugeiliaid. Nid yw hynny'n syndod o gofio pa mor allweddol i ffyniant y byd hwnnw oedd y bywyd amaethyddol.

Yn amgylchiadau anodd y cyfnod hwnnw byddai'n rhaid i'r bugail sicrhau bwyd a diod digonol, a hefyd ddiogelwch i'w braidd. Byddai'n ofynnol iddo dywys y defaid drwy geunentydd dyfnion ac ar hyd llwybrau geirwon. Defnydd ymarferol iawn a fyddai i'w wialen a'i ffon yn y fath amgylchiadau, er iddynt yn ddiweddarach ddod yn arwyddion awdurdod. Ni adawai'r bugail ei braidd o'i olwg a threuliai'i holl fywyd yn eu cwmni.

Cwbl briodol felly yw'r trosiad hwn o'i gymhwyso at yr Arglwydd. Yma eto pwysleisir ei ofal, a hwnnw sylwer dros y praidd yn hytrach na thros yr unigolyn fel y cyfryw. Y gymuned neu'r genedl yw cylch ei gonsyrn yn ôl y darlun hwn.

Mae'n ddigon tebyg mai cyffes gyhoeddus yn hytrach na gweddi yn y dirgel a ymgorfforir yn y geiriau adnabyddus hyn. Tystio a wna'r Salmydd gerbron cynulleidfa yn nhŷ'r Arglwydd gan ddatgan mor dda ydyw. Ymddiriedodd yn ei allu gwaredigol ac ni chafodd ei siomi ynddo.

John Tudno Williams

TACHWEDD 22 • Deuteronomium 15:12–18

RHYDDHAU CAETHION

Er nad oes sôn yn yr Hen Destament am ei ddileu, eto mae yna duedd ddiamheuol yn erbyn deddf caethwasiaeth yn Deuteronomium. Gwneir ymgais i'w leddfu. Rhaid cyfrif y caethwas fel un o'r teulu, rhaid ymddwyn yn gyfrifol tuag ato, a rhaid cynnig rhyddid iddo ar ôl chwe blynedd o wasanaeth. *Paid â chaledu dy galon na chau dy law yn ei erbyn* (Deuteronomium 15:7).

Mae'r nofel hanesyddol am deulu o bobl lliw yn Alabama 'Roots' yn dangos darlun gwahanol iawn. Yn y bedwaredd ganrif ar bymtheg roedd masnach gythreulig ym marchnadoedd Alabama, Mississippi a Louisiana pryd y prynwyd a gwerthwyd dynion, gwragedd a phlant Gorllewin Affrica fel anifeiliaid. Hynny ar boen artaith a marwolaeth, heb obaith am ryddhad. Amddiffynnwyd y fasnach gan rai arweinwyr Cristnogol yn Nhŷ'r Arglwyddi gan gynnwys esgobion, ond diolch i efengylwyr fel Wilberforce a'r ddau frawd John a Charles Wesley llwyddwyd i alltudio'r gormes o wledydd yr Ymerodraeth Brydeinig. Clod i'w henw byth!

Nerys a John Tudor

TACHWEDD 23 • Eseia 56:9–57

YR ARSWYDUS, YR ARSWYDUS SWYDD

Ni safodd neb yn fwy digymrodedd na'r proffwydi yn erbyn pechodau'r oes, a'r sawl a gamlywodraetha gymdeithas. Yn yr adran hon cyhuddir arweinwyr Israel o fod yn:

1. Aneffeithiol. Cŵn mud heb fedru cyfarth!
2. Anghyfrifol. Hepian pryd y dylent fod yn effro i berygl.
3. Anystyriol. Cŵn gwancus. Y mae eu bryd ar ymgyfoethogi, ar draul eraill.
4. Anneallus. Ni fedrant ddeall.
5. Anghyfiawn. Darfu am y cyfiawn, a'r trugarog a ddygir ymaith. Yn ddiau, anelwyd y feirniadaeth hon at lywodraethwyr seciwlar. Ar adegau bydd cyflwr gwlad yn adlewyrchu cymeriad ei harweinwyr.

Y mae'n amlwg y disgyn y fflangell ar yr arweinwyr crefyddol hefyd. O dan oruchwyliaeth Persia ymddiriedwyd mesur helaeth o awdurdod i'r offeiriaid a'r proffwydi. Sylwer ar Eseia 56:11 ... *bugeiliaid heb fedru deall.*

Mynegwyd yr un feirniadaeth yn rymus gan Eseciel: *Gwae fugeiliaid Israel, nad ydynt yn gofalu ond amdanynt eu hunain! Oni ddylai'r bugeiliaid ofalu am y praidd?* (Eseciel 34:2). Ymosododd John Penry yn chwyrn ar 'fugeiliaid Cymru ... sy'n caniatáu i'r praidd newynu'.

Y fath gyfrifoldeb arswydus sydd ynglŷn â gwaith gweinidogaeth Gristnogol. *Pregetha'r Gair* (2 Timotheus 4:2), *Bugeilia fy nefaid* (Ioan 21:16), *Portha fy ŵyn* (Ioan 21:15). Ac y mae'r cyfrifoldeb yn fwy difrifol fyth pan gofir am un *na ddaeth i gael ei wasanaethu ond i wasanaethu, ac i roi ei einioes yn bridwerth dros lawer* (Marc 10:45). Y mae'n dda cofio i addunedau'r Oedfa Ordeinio gael eu dilyn gan y weddi: 'Yr Arglwydd a'm nertho'.

Desmond Davies

TACHWEDD 24 • Salm 8

YCHYDIG ISLAW DUW

Mae'r Salmydd yn clodfori mawredd Duw. Rhyfedda at ei allu wrth edrych ar y nefoedd, gwaith ei fysedd, ac ar y lloer a'r sêr a osododd ef yn eu lle. Wrth feddwl am fawredd Duw nid yw pobl megis dim. *Beth yw meidrolyn, iti ei gofio, a'r teulu dynol, iti ofalu amdano?* (adnod 4). Y mae'r ddau deimlad yn sicr o fod yn elfennau mewn gwir addoliad.

Heddiw rydym yn llawer mwy ymwybodol o fawredd y cread diderfyn, a ninnau megis mân bry yn rhimyn ei wisg, ac am hynny yn ymwybodol o'r pellter rhwng y Crëwr a'r creadur a luniodd o lwch y llawr. Eto, nid llai o ryfeddod yw geiriau'r salm: *Eto gwnaethost ef ychydig islaw duw!* (adnod 5).

Ychydig yn is na'r 'angylion' oedd yr hen drosiad, ond y mae'r trosiad newydd yn llawer mwy syfrdanol. Onid y perygl yw i bobl osod eu hunain yn dduwiau ac anghofio'r Crëwr? Yr hyn sydd ym meddwl y Salmydd hwyrach yw'r alwad am gyfrifoldeb ar ran pobl. Fel y mae Duw yn gofalu am y teulu dynol, y mae gan bobl eu cyfrifoldeb tuag at y byd y maent yn byw ynddo. Gelwir arnom i barchu pob ffurf ar fywyd. Rhoddwyd inni allu arswydus i godi gardd ar y ddaear neu ei chrasu'n golsyn.

GWEDDI

Ymarswydwn, O Dduw, yn dy bresenoldeb. Mor fawr wyt ti! Mentraist roddi i ninnau allu i ofalu am y ddaear ond anghofiasom ein bod yn gyfrifol i ti am ein stiwardiaeth. Dyro faddeuant. Dyro ddoethineb. Amen.

Cyril Williams

TACHWEDD 25 • **Actau 17:22–31**

ADDOLI AC UFUDDHAU

Y mae'r eglwys yn bod er mwyn addoli ac er mwyn dysgu addoli. Ei swydd gyntaf yw tystiolaethu wrth bobl mai Duw yw diben ein bodolaeth, nid hwy eu hunain na'u pethau. Drwy addoli y mae yn ail-greu ewyllys pobl, yn eu troi oddi wrthynt eu hunain at Dduw. Y weddi felly yw canolfan bywyd yr eglwys a chanolfan bywyd y byd; y gymdeithas agos â Duw sydd yn y gwasanaeth Cymun, ac yn yr awr weddi gyffredin: lle mae Crist yn bresennol a'r addolwyr yn ymwybodol o hynny.

Y mae'r eglwys hefyd mewn bod er mwyn ufuddhau a dysgu ffordd yr ufudd-dod. Ond y mae'n werth inni gofio y dylai ein gweddi a'n gwasanaeth fod yn un. Os yw ein haddoliad yn gywir, yn ein dwyn i gyffyrddiad â bywyd Duw, bydd y bywyd hwnnw o angenrheidrwydd yn taro ar ein bywyd beunyddiol ac yn newid ei ysgogiadau. Bydd Duw, megis, yn ymwthio, drwy ein cydsyniad ni, i'r siop a'r gegin, i'r Cyngor Sir, a'r Swyddfa Newyddiadur. Dyna un agwedd. Ac yna, fel y digwydd hyn, bydd ein bywyd beunyddiol yn ein dysgu ni sut i weddïo. Deallwn yn well-well pa gymorth sydd arnom eisiau, pa ystafell yn yr enaid sydd ar osod, pa frwydr sydd i'w hymladd. Ac yn wir, yn ôl tystiolaeth yr holl saint, fel y down i ymgydnabyddu â Duw, down hefyd i ddeall ein pechod a'n hanallu ein hunain a'i fawr drugaredd ef. Fel gwennol y gwehydd y mae'r addoliad a'r ufudd-dod yn gweithio'r patrwm, ystof ac anwe drwy ei gilydd.

Gwenan Jones 'Yr Etifeddiaeth Dda'
Addasiad y Golygydd

TACHWEDD 26 • Exodus 3:1–6

YR ANGHYFFREDIN YN Y CYFFREDIN

Elizabeth Barrett Browning sy'n sôn yn un o'i cherddi am brofiad Moses o'r berth yn llosgi heb ei difa:

Fod y ddaear yn llawn o'r nef,
A phob perth ar dân 'da Duw,
Ond dim ond yr un a wêl sy'n tynnu'i sgidie;
Sgwatio a wna'r gweddill i gasglu'r mwyar.

Tra oedd yn bugeilio defaid ei dad-yng-nghyfraith, Jethro, canfyddodd Moses yr anghyffredin yn y cyffredin. Onid dyna yw cyfle defosiwn ac addoliad – y cyfle i Dduw drwy ei Air agor ein llygaid yn lletach i ganfod ei ogoniant a'i bresenoldeb, ac i sylweddoli nad Duw pell mohono, ond yr Un sydd wrth yr ymyl; mor agos yn wir fel bod modd i ni ymestyn a'i gyffwrdd? Gweld yr arbennig yn y cyffredin a chyfoeth mewn petheuach, dyna'r gamp!

Agor ein llygaid
i weled yr Iesu,
i 'mestyn a'i gyffwrdd
a dweud i ni ei garu;
agor ein clustiau
a dysg i ni wrando,
agor ein calon
i 'nabod yr Iesu.
(Robert Cull, cyf. Catrin Alun, Caneuon Ffydd 425)

Peter M. Thomas

TACHWEDD 27 • Exodus 2:23–25; 3:7–12

YR ARGLWYDD YN DIODDEF

YR ARGLWYDD YN DIODDEF GYDA'R RHAI SY'N DIODDEF

Y waredigaeth fawr, yr un y cyfeirir ati mor aml gan broffwydi a Salmydd mor fynych, wrth gwrs, yw'r Exodus o'r Aifft. Er i'r genedl ymsefydlu yn y wlad honno yn y lle cyntaf ar wahoddiad ei hawdurdodau, daeth newid llywodraeth a newid dirfawr yn ei hamgylchiadau. Daeth caethiwed i ddisodli rhyddid.

Sylwer ar y modd y dangosir sut yr ymatebodd yr Arglwydd i waedd ei bobl am gymorth. Yn adnodau 24 a 25 defnyddir pedair berf er mwyn disgrifio hynny: *clywodd, cofiodd, edrychodd* ac *ystyriodd*. Maent oll yn cyfleu dwyster yr ymateb ac mae'n ymateb sy'n anorfod yn arwain at weithredu gwaredigol. Mae'r clywed a'r gweld yn dynodi pa mor bersonol yw'r ymateb. Dwyn i gof mewn ffordd fyw er mwyn ailadrodd yr hyn a gofir yw cofio'r Beibl bob amser, fel y'n hatgoffir gan y defnydd o'r syniad mewn perthynas â Swper yr Arglwydd. Y ferf 'gwybod' yw'r olaf o'r pedair, a gyfieithir 'ystyried' yn y Beibl Cymraeg Newydd. Nid mater o wybod am rywbeth yw ei ystyr, ond y gwybod sy'n adnabod agos, ac yn brofiad personol. Cyflëir y darlun o Dduw'n adnabod megis o'r tu mewn: rhannodd y profiad dirdynnol o gaethiwed a gorthrwm gyda'i bobl ei hun.

Eithr nid yw'r profiad hwn yn ei lethu. I'r gwrthwyneb, mae'n ei ysgogi i weithredu ar eu rhan. Geilw Moses i'w harwain i wlad yr addewid. Anfoddog yw hwnnw ar y cychwyn a chynigia res o esgusodion rhag cyflawni'r gwaith. Ond chymerodd ef ddim 'na' yn ateb. Ni all hyd yn oed cyndynrwydd ei bobl orau rwystro ei amcanion.

John Tudno Williams

TACHWEDD 28 • Deuteronomium 20:1–9

RHYFEL SAGRAL

Duw rhyfel oedd Duw Israel, hyd yn oed i awdur Deuteronomium. Roedd rhyfel yn ddefod grefyddol, sanctaidd, er mor anodd yw'r athrawiaeth honno inni. Ond gwneir ymgais i liniaru peth ar rai o erchyllterau rhyfel drwy osod amodau. Mewn rhai amgylchiadau gellid osgoi mynd i ryfela.

A oes yma wirionedd ysbrydol i'w ddysgu? Gan yr Arglwydd y mae'r awdurdod llwyr, ac y mae hyd yn oed rhyfel i'w roi o dan ei lywodraeth ef, ac nid o dan law pobl. Trwyddo ef yn unig yr enillir y fuddugoliaeth. Rhaid i bawb ymroddi'n llwyr i'w amcanion ef.

Mewn gwrthgyferbyniad llwyr gwelwn odidowgrwydd dysgeidiaeth Iesu: *Clywsoch fel y dywedwyd, 'Llygad am lygad, a dant am ddant.' Ond rwyf fi'n dweud wrthych: peidiwch â gwrthsefyll y sawl sy'n gwneud drwg i chwi. Os bydd rhywun yn dy daro ar dy foch dde, tro'r llall ato hefyd* (Mathew 5:38–39).

Nerys a John Tudor

TACHWEDD 29 • Eseia 60:1

COD!

Dyma un o orchmynion mawr y Beibl – *Cod, dos o'r wlad hon* (Genesis 31:13); *Cod ... y mae'n galw arnat* (Marc 10:49); *Cod, a dos i mewn i'r ddinas* (Actau 9:6). Yna rhoddir gorchymyn i Seion godi ar ei thraed: aeth heibio ei sarhad, a wyneba oes euraid. Cod! Y mae'n orchymyn i'r eglwys ym mhob oes.

1. Trodd ei nos yn ddydd. Y gwyll sydd ym mhennod 59; gwawr sydd yma. A chymdeithas y wawr yw'r eglwys. Fe'i ganwyd drannoeth yr Atgyfodiad, a byth oddi ar hynny, ni allodd y tywyllwch orchfygu ei goleuni. Safed felly ar ei thraed i herio'r nos sydd o'i chwmpas.

2. Y mae ganddi waith mawr i'w gyflawni yn y byd. *Cod, llewyrcha* (Eseia 60:1). Goleuni y lamp – nid er ei mwyn ei hun y daeth yr eglwys i fod, ond yn hytrach er mwyn iddi lewyrchu goleuni Efengyl Crist. *Felly boed i'ch goleuni chwithau lewyrchu gerbron eraill* (Mathew 5:16).

3. Y mae'n gymdeithas ddisgwylgar. Disgwylia Seion ddydd ei gogoneddu gan Dduw. Y mae'n rhan o siartr yr eglwys ei bod hithau yn disgwyl, beunydd, am gynhyrfiad y dyfroedd a dawn yr Ysbryd. Felly cyfoded! Y mae pwy bynnag sy'n disgwyl yn eiddgar yn sefyll ar flaenau'u traed.

GWEDDI
Bendithia'r Eglwys, Dduw yr Ysbryd Glân, a Phentecost y goleuni anniffoddadwy, y grym anorchfygol, a'r gobaith gwynfydedig. Amen.

Desmond Davies

TACHWEDD 30 • **Salm 1**

FFORDD Y DRYGIONUS YN DARFOD

Cofiaf yrru yng Nghanada ar fore Sul i gyhoeddiad yn y wlad. Roedd y ffordd wedi'i phalmantu'n dda, ond teithiais am ugain a mwy o filltiroedd heb weld na thŷ na thwlc, ac yna'n ddisymwth reit dyma'r ffordd yn darfod. Nid oedd yn arwain i unman a minnau ar goll! Mae hynny'n ddigon o anghysur ond y mae'r rhybudd yn y salm ym Meibl William Morgan yn fwy agos ati drwy sôn am 'ddifetha' ffordd y drygionus gan fod 'darfod' yn air mwy meddal nad yw'n cyfleu'r arswyd sydd hyd yn oed yn y gair 'perish' yn y cyfieithiadau hyn.

Ond y mae'r ddeubeth yn wir am ffordd y drygionus. Y mae'n darfod yn yr ystyr nad yw'n mynd i unman yn y pen draw. Y mae fel afon sy'n rhedeg i'r anialwch ac yn mynd ar goll yn y tywod. Ymddengys wedi'i phalmantu'n dda am gyfnod ond twyllo'r teithiwr a wna. Ond y mae i ddarfod hefyd yn yr ystyr fe'i difethir yn y man. Daw'r bobl hwythau i weld pa mor ddibwrpas yw ac mai gau yw ei haddewidion. Mynd yn ôl i'r 'jungle' a wna.

Yn y byd sydd ohoni y mae llawer o beryglon arni a bydd ein papurau yn llawn o'i helyntion hi; cyffuriau, trais, camdriniaeth plant ac ati. Nid ydym am weld difetha'r drygionus fel personau ac fel gwrthrychau cariad Duw, a sylweddolwn fod angen ei ras ef ar bawb ohonom, ond hiraethwn am weld difetha ffordd y drygionus a throi anialwch byd yn ardd.

Cyril Williams

RHAGFYR 1 • Marc 8:1–4

ANGEN

Yn ei dosturi mawr gweld angen y bobl a wnaeth Iesu. Holi sut yn y byd yr oedd cwrdd â'r fath angen wnaeth y disgyblion. Cryn ysgytwad iddynt oedd deall bod Iesu yn disgwyl iddynt hwy wneud rhywbeth. Syniad cwbl afresymol yn ôl eu hymateb – sut y gall neb gael digon o fara i fwydo'r rhain i gyd mewn lle anial fel hyn? At hynny, yr awgrym cryf yw nad oeddent yn ystyried bod hynny'n gyfrifoldeb iddynt hwy – *Gollwng hwy, iddynt fynd i'r wlad a'r pentrefi o amgylch i brynu tipyn o fwyd iddynt eu hunain* (Marc 6:36). Gweld y problemau wnaeth y disgyblion, gweld y posibiliadau wnaeth Iesu – hyd yn oed yn y fath le anial, a chyda cyn lleied o adnoddau.

Eisteddwn wrth fwrdd ar y palmant tu allan i fwyty bychan yn Managua, gyda ffens o'n cwmpas, yn rhannu pryd bwyd syml gydag offeiriad a dreuliodd flynyddoedd yn Ne America. Dyma deimlo llaw ar ysgwydd, ac o droi, gweld plentyn tlodaidd yr olwg yr ochr arall i'r ffens. Ni ddeallwn i air a ddywedai, ond roedd yr ystum a'r angen yn amlwg. Er ymateb a rhoi i'w fodloni, collodd y pryd ei flas. Roedd fy nghydymaith wedi hen arfer â phrofiad o'r fath, ac wrth drafod y digwyddiad dywedodd: 'Pe baech chi wedi rhoi y cyfan iddo, a phob dimai sydd gennych, ni fyddai hynny yn ei arbed rhag begera fory neu drennydd. Nid cardod yw'r ateb, ond cymorth i newid y drefn sy'n achosi'r angen.'

Hywel W. Richards

RHAGFYR 2 • Marc 8:38–9:1

ARDDEL Y BRENIN

Bu Iesu'n hynod o agored a gonest gyda'r disgyblion wrth eu paratoi at y dyfodol a'r hyn ddeuai i'w rhan o'i ddilyn ef. Ni bu hynny erioed yn hawdd – wedi'r cyfan yn ystod cyfnod o erlid ar yr Eglwys Fore yr ysgrifennwyd Efengyl Marc. Tystiolaeth Pedr yw'r Efengyl, un a ddarganfu – er iddo ar awr anodd wadu Iesu – mai cyfrinach y bywyd sy'n fywyd yn wir yw bod yng nghwmni Iesu, a byw yn ei gwmni o ddydd i ddydd. Os y'i gwadodd â geiriau, daeth i'w arddel â'i fywyd. Yr un o hyd yw'r angen am dystiolaeth y rhai sydd gydag ef ac sy'n barod i ddangos pwy ydynt, a phwy a beth sy'n rhoi ystyr a phwrpas i'w bywyd.

Un o gymwynasau mawr Cymorth Cristnogol yw estyn y cyfle i ni i ddangos ein hochr, a dwyn ein tystiolaeth yn gwbl agored ac ymarferol i arddel y Brenin yng nghanol bywyd ein cymdeithas a'n byd. Pan holwyd aelodau Pwyllgor Cymru Cymorth Cristnogol beth sy'n eu hysgogi i sefyll o blaid y tlawd ac i weithio er dileu newyn ac angen, atebodd un: 'Caru Duw, caru ei greadigaeth, caru ei blant, a charu cyfiawnder.' Y mae'r naill beth yn dilyn yn naturiol o'r llall.

Soniodd Iesu am olau'r gannwyll a blas yr halen, gan danlinellu pwysigrwydd gweld y naill a defnyddio'r llall. Pethau i'w defnyddio, nid eu cadw ydynt. Chwedl un o offeiriaid El Salvador: 'Ein hymgais yw cael pobl i fod yn halen y tu allan i'r llestr. Mae'n hawdd bod yn halen yn y llestr, ond ffydd rad iawn yw honno.'

Hywel W. Richards

RHAGFYR 3 • Eseia 60:1–3

DISGWYL GOLEUNI

Rhoddir addewid i Seion y bydd goleuni yn eiddo iddi. Yng nghanol byd tywyll bydd goleuni'r Arglwydd yn llewyrchu ar ei bobl. A chaiff y goleuni hwnnw ei adlewyrchu ganddi, fel bod cenhedloedd a brenhinoedd yn cael eu denu at ei disgleirdeb. Yn nhymor yr Adfent, disgwyliwn o hyd am y goleuni. Y mae tywyllwch yn gorchuddio'r ddaear o hyd – anwybodaeth o Dduw, creulonderau, anghyfiawnderau, rhyfeloedd, gormes, dioddefiadau – a'r byd yn dyheu am oleuni. Mae'r Cristion yn gwybod bod y goleuni hwnnw wedi dod, a'i fod i'w gael o hyd yn yr Arglwydd Iesu Grist. Ydym ni'n hiraethu am yr Un a ddywedodd *Myfi yw goleuni'r byd?* (Ioan 8:12).

GWEDDI

Dad nefol, rho i ni o'r newydd dy ddaioni di dy hun. Helpa ni i fyw yn dy oleuni di fel bod eraill yn gweld gogoniant dy Fab Iesu Grist drwom ni. Amen.

Gair y Dydd

RHAGFYR 4 • Eseia 61:1–4

DISGWYL RHYDDID

Darllenodd Iesu ran o'r geiriau hyn yn y synagog yn Nasareth (Luc 4:16–21) a chyhoeddi bod y geiriau wedi eu cyflawni ynddo ef ei hun. Felly, yr oedd y geiriau hyn ym mhroffwydoliaeth Eseia'n cyfeirio at roi rhyddid i'r genedl, mae'r cyflawniad llawn yng ngweinidogaeth y Gwaredwr. A dyma gysur yw deall bod Iesu'n dwyn rhyddid i bobl a ddaliwyd yn gaeth i bechod ac sy'n dyheu am ei faddeuant. Cyhoeddi'r un sy'n gallu rhyddhau pobl o bob math yw ein braint fel Cristnogion.

GWEDDI

Arglwydd Dduw, yn dy drugaredd, cynnal y rhai sydd wedi eu caethiwo gan euogrwydd neu ofnau neu siomedigaethau. Galluoga bawb sy'n gaeth, boed i bechod, cyffur neu elyn, i brofi'r rhyddid sydd yn Iesu Grist. Amen.

Gair y Dydd

RHAGFYR 5 • Eseia 61:8–11

DISGWYL CYFIAWNDER

Trwy enau'r proffwyd cyhoedda Duw ei fod yn *hoffi cyfiawnder, ac yn casáu trais a chamwri* (adnod 8). Mae hynny'n gysur mawr i'w bobl bob amser. Nid rhyfedd bod y proffwyd yn datgan ei lawenydd ac yn gorfoleddu yn ei Dduw wrth sylweddoli bod yr Arglwydd wedi ei wisgo â gwisgoedd iachawdwriaeth ac yn taenu mantell cyfiawnder amdano. Mor hardd ei wisg ag unrhyw briodfab yw'r un sydd wedi ei wisgo â chyfiawnder Duw. Mae'r sawl a brofodd y cyfiawnder hwnnw'n dyheu hefyd am weithredu'n gyfiawn ei hun a gweld cyfiawnder yn cael ei weithredu i bawb ac ym mhob man.

GWEDDI

Diolch i ti, O Dduw, am addewid yr Efengyl fod ein cyfiawnder ni yn dy Fab Iesu Grist, ac nid ynom ni ein hunain. Amen.

Gair y Dydd

RHAGFYR 6 • Eseia 62:1–5

DIWRNOD AIDS Y BYD

NI'TH ENWIR MWYACH, GWRTHODEDIG (Eseia 62:4)

'Fy hyfrydwch sydd ynddi' yw ystyr yr enw Heffsiba, ac mae'n ein hatgoffa am drugaredd a chariad Duw. Mae'n disgrifio adferiad ei bobl ac yn dweud y bydd yn rhoi enw newydd iddynt. *Ni'th enwir mwyach, Gwrthodedig ... eithr enwir di, Heffsiba* (adnod 4). Mor hyfryd yw gwybod bod yr Arglwydd ei hun yn ymhyfrydu yn ei bobl. Ar Ddydd Aids y Byd, sy'n ein hatgoffa bod cymaint o bobl, am ba reswm bynnag, yn cael eu trin fel pobl wrthodedig yn ein byd heddiw, cyhoeddwn Efengyl cariad a gras Duw.

GWEDDI

Mawrygwn di, O Arglwydd, am dy gariad glân. Nertha ni i ofalu am eraill, ac yn arbennig heddiw i gofio am bobl a phlant y mae afiechyd Aids yn eu bygwth hwy a'u hanwyliaid. Amen.

Gair y Dydd

RHAGFYR 7 • Eseia 63:15–19

DISGWYL MEWN GWEDDI

Yn ei weddi mae'r proffwyd yn disgwyl wrth yr Arglwydd, disgwyl i Dduw weld ei gyflwr, disgwyl oherwydd pwy yw Duw, a beth yw ei berthynas arbennig â'i bobl. Er nad yw gweddill pobl Dduw yn ei gydnabod, cysur mawr y proffwyd yw bod yr Arglwydd ei hun yn cofio amdano. Oherwydd hynny, gall y proffwyd erfyn yn hyderus ar Dduw i ymateb ac i ddychwelyd at ei bobl a'u tynnu hwythau ato'i hun. Am fod y Duw sanctaidd, sy'n edrych i lawr o'r nefoedd ac yn gweld y cyfan a wnawn, yn Dduw trugarog, gallwn alw arno'n edifeiriol i'n derbyn a'n hadfer i'r berthynas ag ef ei hun.

GWEDDI

Arglwydd, gwna ni'n ddyfal yn ein gweddïau; gwna ni'n ddisgwylgar; gwna ni'n onest; gwna ni'n obeithiol; gwna ni'n hyderus; gwna ni'n bobl gywir i ti dy hun, er mwyn dy enw mawr. Amen.

Gair y Dydd

RHAGFYR 8 • Eseia 66:1–2, 10–11

DISGWYL MEWN GOBAITH

Geiriau arbennig iawn yw'r ddwy adnod gyntaf hyn yn Eseia 66! Wrth eu dyfynnu roedd Steffan (Actau 7:49–50) yn ailddatgan neges fawr Eseia nad defodau a lleoliad arbennig yw gwraidd gwir grefydd ond perthynas gywir â Duw. Nid mewn tŷ na theml y mae Duw yn ymhyfrydu ond yn y galon ostyngedig sy'n parchu ei air.

Mae'r proffwyd yn annog pobl i lawenhau gyda phobl Dduw yn yr addewid y daw bendith a llwyddiant. Mae'n cymharu poen a gofid pobl Dduw i boenau gwraig yn esgor, ac yn addo llawenydd y geni i'r bobl (adnodau 7–9). Gallwn ddisgwyl mewn gobaith am fendith yr Arglwydd am na fydd ef yn ein siomi.

GWEDDI

Nefol Dad, diolch am dy fendith i'th eglwys ym mhob cyfnod. Diolch nad oes yr un sefyllfa'n anobeithiol gyda thi. Tosturia wrth ein byd a'n gwlad, ac adfer lwyddiant i'th eglwys, er mwyn Iesu Grist. Amen.

Gair y Dydd

RHAGFYR 9 • Eseia 42:1–9; Ioan 14:27

YR ADFENT

Mae Torch yr Adfent yn ganolog yn addoliad rhai canghennau o'r Eglwys Gristnogol. Y mae gwreiddiau'r dorch, o bosib, yn tarddu o arferion paganaidd, ond mae ei symboliaeth a'r pum cannwyll yn ddefnyddiol wrth ailadrodd stori'r Nadolig. Y mae'r cylch gwyrdd yn ein hatgoffa ni bod Duw'n dragwyddol – yr Alffa a'r Omega heb na dechrau na diwedd – ac o'r gobaith sydd gennym yn Nuw o adnewyddiad a bywyd tragwyddol.

Mae'r canhwyllau yn symbol o oleuni Duw yn dod i'r byd yng ngenedigaeth Iesu. Goleuir y pedair cannwyll fesul un yn nhymor yr Adfent. Mae'r gyntaf yn cyfeirio'n meddyliau at Obaith yr Adfent – y Meseia (Eseia 42:9). Yna'r ail gannwyll yn ein hatgoffa o'r Tangnefedd sy'n eiddo i ni yn Iesu (Ioan 14:27). Mae'r gannwyll fawr wen yn y canol sy'n cael ei goleuo ddydd Nadolig yn cynrychioli Iesu. Tra bo goleuni'r canhwyllau yn ein hatgoffa mai Iesu yw Goleuni'r Byd yn dod i'r tywyllwch, atgoffir ni hefyd ein bod ninnau wedi'n galw i fod yn oleuadau yn y byd wrth i ni adlewyrchu cariad a gras Duw tuag at eraill.

I'r Cristion y mae'r Adfent yn daith ysbrydol drwy wirioneddau'r Ysgrythur sy'n cyfeirio at enedigaeth y Meseia, gan ailgadarnhau ei fod wedi dod, yn bresennol yn y byd heddiw, ac y daw eto mewn gogoniant. Taith mewn ffydd yw, yn dilyn sylweddoli a derbyn pwy yw Iesu; wedi cymryd y cam cyntaf mewn ffydd, parhawn i droedio ffordd ffydd, yn cynyddu'n neallhwriaeth, gan edrych ymlaen at ben y daith, a bod yn ei bresenoldeb am byth.

GWEDDI

O Arglwydd, pâr i ni gofio yr Adfent hwn mai ffynhonnell ein llawenydd yw dy gariad anhunanol di. Cymorth ni i ymdawelu a gadael i'r llawenydd lanw'n holl fod fel moddion yn lleddfu'n pryderon. Wedi i ni brofi'r llawenydd hwnnw boed iddo lifo trwom i bawb a gyfarfyddwn heddiw. Amen.

Gair y Dydd, Addasiad y Golygydd

RHAGFYR 10 • 1 Brenhinoedd 8:27

GWELD DUW

Ganrifoedd cyn geni Iesu gofynnodd Solomon yn ei weddi wrth gysegru'r deml: *Ai gwir yw y preswylia Duw ar y ddaear?* (adnod 27). Roedd gogoniant Duw wedi trigo yn y tabernacl a'r deml ond wedi ymadael oherwydd anufudd-dod Israel. Neges yr Adfent yw bod Duw wedi ymddangos i'w bobl unwaith eto, ym mherson ei Fab, Iesu. Rhydd awduron y pedair Efengyl ddarluniau o fywyd daearol ein Harglwydd; roedd Mathew yn awyddus i bwysleisio bod Iesu o Nasareth yn cyflawni proffwydoliaethau'r Hen Destament, tra bod Marc yn cyflwyno Gwas yn gweinidogaethu i bobl anghenus. Efengyl i'r Groegiaid yn ogystal â'r Iddewon sydd gan Luc. Prif thema Efengyl Ioan yw Iesu Grist, Mab Duw, ac os credir ynddo meddiennir bywyd tragwyddol. Dywedodd Iesu: *Y mae'r sawl sydd wedi fy ngweld i wedi gweld y Tad* (Ioan 14:9).

GWEDDI

Arglwydd Iesu, wrth i ni ail-fyw'r hen hen hanes ac edrych arnat ti, helpa ni i weld y Tad. Amen.

Gair y Dydd

RHAGFYR 11 • Eseia 25:1–5

CÂN O FOLIANT

Mae diwrnod gwell i ddod i bob un o blant Duw. Cawn addewid y bydd canu diddiwedd i Dduw am ei fawredd a'i allu. Anaml y cofiwn am fawredd gallu Duw. Am geisio ei gyfyngu yr ydym i lefel ein gallu ni ein hunain. Mae'r modd y gweithreda Duw yn aml tu hwnt i ddealltwriaeth dynol. Pan ddaw'r diwrnod arbennig hwnnw o fawl diddiwedd i Dduw, bydd y byd yn sylweddoli y fath rym sydd yn perthyn iddo. Un haeddiannol iawn o barch a chlod yw Duw. Bydd y cryf, y gwan, y tlawd a'r cyfoethog fel ei gilydd yn dod i weld ei werth. Efallai fod llawer un heddiw yn erbyn Duw, ac o bosibl yn chwerthin am ben y syniad o Dduw, ond mae'r grym gan yr Hollalluog i blygu pawb mewn mawl iddo.

GWEDDI

Faban Bethlehem, maddau inni am roi mawl i ti yn dy grud, heb dy arddel yn Waredwr, heb dy ddilyn yn y byd. Amen.

Gair y Dydd

RHAGFYR 12 • Eseia 25:6–9

CÂN Y WLEDD

Pan glywn am wledd yn y Beibl, yn arbennig pan feddyliwn am Iesu, fe ddaw dwy stori i'r meddwl – y wyrth yn y wledd briodas yng Nghana Galilea, a dameg y Wledd Fawr. Fe gofiwch yn yr olaf i'r sawl oedd yn gwahodd anfon neges bod y wledd yn barod, ac yn syth fe ddechreuodd gwahanol rai roi eu hesgusodion. Roedd un newydd brynu cae, un arall newydd brynu pum pâr o ychen, ac un arall newydd briodi. Gan iddynt ymesgusodi yn y fath fodd, collasant gyfle i ymuno yn y wledd, a gwahoddwyd eraill yn eu lle. Dyma sut y gwahodda Duw. Mor hawdd yw pwyntio bys at y rhai a wrthododd y cyfle! Efallai bod ein heiddo materol ni, y pethau darfodedig y mae arian yn gallu eu prynu, a'n galwadau teuluol yn ddigon o esgus i ni beidio ag ymroddi'n llwyr i alwad a disgwyliadau Duw ohonom.

GWEDDI

Dangos, Arglwydd, beth a gollaf wrth oedi cyn derbyn dy wahoddiad. Amen.

Gair y Dydd

RHAGFYR 13 • Eseia 9:2–3, 6–7

CÂN Y GENI

Mae presenoldeb Duw yn y Beibl yn cael ei gymharu i oleuni heb dywyllwch yn perthyn iddo. Byddai'r goleuni hwn yn dod yn y Meseia, ac yn wir, gannoedd o flynyddoedd yn ddiweddarach dechreuodd Iesu ei weinidogaeth yng Ngalilea. *Myfi yw goleuni'r byd* (Ioan 8:12) oedd ei eiriau ef ei hun! I'r sawl sy'n ymddiried yn Nuw mae llawenydd yn lle tristwch. Ceir hefyd yn Iesu ryddid yn hytrach na gorthrwm. Cofiwn iddo ddarllen y sgrôl oedd yn y synagog a chyhoeddi: *Y mae wedi f'anfon i gyhoeddi rhyddhad i garcharorion* (Luc 4:18). Y fath ddylanwad a fyddai ganddo; byddai'n Frenin, Llywodraethwr a Theyrnaswr, yn ddoeth ei gyngor, yn caru heddwch ac yn Dduw cadarn – i ni.

GWEDDI

Dyro nerth i ni wrth baratoi'n hunain i gofio dyfodiad Iesu i'r byd. Amen.

Gair y Dydd

RHAGFYR 14 • Eseia 40:1–5

CÂN NEWYDD

Mae Salm 19 yn cyhoeddi bod y *nefoedd yn adrodd gogoniant Duw* (adnod 1), ond y mae yna amser yn mynd i ddod pryd y gwelir gogoniant Duw mewn modd nas gwelwyd o'r blaen. Bydd yn cael ei ddangos yn y fath fodd fel y bydd pawb yn ei weld. Bydd Mab y Dyn yn dod mewn gogoniant mawr, a bydd pob cenedl yn ei weld. Yr adeg hynny bydd rhai yn datgan 'Dyma fy Nuw' tra bydd eraill yn dweud 'Dyma fy Marnwr' – dyna a gyhoedda'r Beibl. Nodyn i gadw ein pennau uwchben y dyfroedd yw meddwl am y dydd hwnnw pan fydd Crist yn gorchfygu pob drygioni, ac os ydym wedi clymu ein hunain wrtho, cawn sefyll gydag ef y diwrnod hwnnw. Daeth â gobaith yn ei sgil, ac mae testun y gân yn destun gorfoledd, a daw rhywun bob dydd i'w chanu o'r newydd.

GWEDDI
Tro fy nghalon rhag dibynnu ar un dim ond grym y gras. Amen.

Gair y Dydd

RHAGFYR 15 • Eseia 42:1–7

CÂN GOBAITH

Ni fydd yn dryllio corsen ysig, nac yn diffodd llin yn mygu (adnod 3). Ymddengys y gorsen ysig mor wan, ond eto mae ei gwreiddiau'n drachtio'n ddwfn o'r dŵr sydd o'i chwmpas. Gwan a sigledig ydym ninnau, ond os bydd ein gwreiddiau yn y 'dŵr bywiol', does dim a all ein chwalu yn llwyr. Mae gwraidd sydd yn cynnal yn gadarn gan y rhai sydd yn credu yn Nuw, er ei blygu o dan bob chwa. 'Nid oes mwg heb dân' meddai'r dywediad, ac os yw Duw yn gweld yn unrhyw un fymryn o ffydd a fflach o obaith trwy ei Ysbryd, bydd yn cynnal y fflam ac yn ei chwyddo. O sefyllfa anobeithiol, felly, bydd Duw yn dod â'r sawl a ymddiried ynddo ef a'i Fab ac yn gorseddu pob gobaith yn eu calonnau.

GWEDDI
Ni fyddi'n diffodd llin yn mygu, dof atat yn ddi-fraw. Amen.

Gair y Dydd

RHAGFYR 16 • Rhufeiniaid 13:9–10

CARIAD CRIST YN CYFLAWNI'R HOLL GYFRAITH

Tybiaf mai'r gair Cymraeg sy'n dod agosaf at y gair 'cariad' yn y Testament Newydd yw 'gofal'. Y mae dameg y Samariad Trugarog yn ddiffiniad nid yn unig o 'gymydog' ond hefyd o ystyr 'caru cymydog'. Yn wir, ymddengys mai prif ergyd y ddameg yw uniaethu 'cymydog' â'r un sy'n caru. *'Prun o'r tri hyn, dybi di, fu'n gymydog i'r dyn a syrthiodd i blith lladron?' Meddai ef, 'Yr un a gymerodd drugaredd arno.'* (Luc 10:36–37). Felly, yn ôl Iesu, nid oes gwir gymydog neu gymdogaeth onid yw'n gymdeithas gariadus, yn gymdeithas o bobl sy'n gofalu am ei gilydd. (A yw'n capeli a'n heglwysi bellach yn gymdeithasau felly, yn ystyr Iesu?)

Gwelwn beth yw ystyr 'dangos trugaredd' neu 'gofalu' yn ymarweddiad y Samariad Trugarog. Gwnaeth y cyfan oedd yn angenrheidiol i adfer y gwan i iechyd. Gofala, ac wrth ofalu y byddi'n gymydog. Dangos ofal am bwy bynnag a ddaw ar dy draws. Gofala amdanynt fel yr wyt yn gofalu amdanat dy hun.

A beth am 'garu Duw' a hynny â'th holl galon, enaid, nerth a meddwl? Sut y gallwn ofalu am Dduw? Onid Duw sy'n gofalu amdanom ni? Pwrpas ein holl fywyd yw gofalu am Dduw; gofalu am ei anrhydedd a'i ogoniant, gofalu am sancteiddrwydd ei enw glân. Ac os yw gofal Duw gymaint drosom, ninnau a ddylem ofalu amdano ef ac am ein gilydd.

GWEDDI

Diolchwn i ti am dy ofal yn Iesu Grist. Gwna ni'n bobl fydd yn ofalus o'th ogoniant. Na foed i ni gyflawni dim a fydd yn dwyn gwarth ar dy enw sanctaidd a phur. Eithr gogonedder dy enw yn ein holl weithgareddau, y dydd hwn ac yn dragywydd, drwy Iesu Grist ein Harglwydd. Amen.

Walford Gealy

RHAGFYR 17 • Rhufeiniaid 13:11–14

GWISGWCH AMDANOCH YR ARGLWYDD IESU

Ddwywaith yma y mae Paul yn ein hannog i wisgo pethau arbennig. Roedd 'gwisgo' yn un o hoff gyfatebiaethau'r apostol. Meddai yn ei epistol at yr Effesiaid: *Gwisgwch amdanoch holl arfogaeth Duw* (Effesiaid 6:11). Yno, arfogaeth y milwr oedd ei ddelwedd; gwregys gwirionedd, dwyfronneg cyfiawnder, esgidiau paratoad efengyl tangnefedd, tarian ffydd, helm yr iachawdwriaeth, a chleddyf yr Ysbryd, sef Gair Duw.

Ond y wisg yn y cyd-destun hwn yw yr Arglwydd Iesu ei hun. Gwisg yw hon a ddarparwyd gan Dduw. Gwisg barod ydyw. Ni fedrwn ein hunain ddarparu gwisg ddigon addas i ymddangos gerbron Duw. Yn wir, tystiodd y proffwyd Eseia gynt nad yw'n hymdrechion gorau yn hyn o beth ond clytiau budron. A rhaid diosg rheini. Rhaid eu diosg a'n golchi'n lân â gwaed Iesu Grist. Yna, fe'n hanrhydeddir drwy gael ein gwisgo â gwisg wen ei sancteiddrwydd, gwisg heb nam arni, gwisg a ddarparodd Duw yn ei ras ar gyfer gwael, golledig, euog rai.

GWEDDI

O diolch am Gyfryngwr,
  Gwaredwr cryf i'r gwan;
O am gael ei adnabod,
  fy Mhriod i a'm rhan,
fy ngwisgo â'i gyfiawnder
  yn hardd gerbron y Tad,
a derbyn o'i gyflawnder
  wrth deithio'r anial wlad. Amen.
    (Roger Edwards, Caneuon Ffydd 331)

Walford Gealy

RHAGFYR 18 • Philipiaid 4:4–9

LLAWENHEWCH YN YR ARGLWYDD

Galwyd yr epistol byr hwn yn 'epistol llawenydd' oherwydd ynddo defnyddiodd Paul eiriau megis 'llawenydd' a 'gorfoledd' bron ddeg ar hugain o weithiau. A'r tebygolrwydd yw i Paul ysgrifennu'r llythyr tra oedd mewn carchar am bregethu'r efengyl. Ond er ei amgylchiadau annymunol, ni laddwyd ei orfoledd yng Nghrist. Trawodd nodyn o lawenydd, ac roedd hynny'n gwbl nodweddiadol ohono.

Yn sicr, byddai'r saint yn Philipi, o bawb, yn gwybod am lawenydd Paul. Cofiwn iddo, ar ei ymweliad cyntaf â'r dref honno, gael ei daflu i garchar, ynghyd â'i gydweithiwr Silas. A thra'n y carchar dechreusant ganu mawl i Dduw. Nid yw'r gân o addoliad sydd yng nghalon y credadun yn cael ei distewi pan fo'r amgylchiadau'n anodd. Nid yw llawenydd y Cristion yn ddibynnol ar allanolion. Y mae ei lawenydd yn ei ddigyfnewid Arglwydd, *yr un ydyw ddoe a heddiw ac am byth* (Hebreaid 13:8). Derfydd pethau, derfydd amgylchiadau a rydd bleser dros dro. Dyma Un a bery'n ffyddlon. A phwy fel efe?

Ac nid yn unig bod ei lawenydd yng nghalonnau ei bobl, ond hefyd y mae ei dangnefedd o'u hamgylch megis caer i'w gwarchod oddi wrth bob drwg. Doed a ddelo, fe'u cedwir hwy yn ei law, *ac ni all neb eu cipio allan o law fy Nhad* (Ioan 10:29) medd Iesu.

'Na,' medd Iesu, 'byth ni chollir
Neb a gredo ynof fi,
Tra bo nerth y gwaed yn para
Lifodd gynt ar Galfari.'

Walford Gealy

RHAGFYR 19 • **Rhufeiniaid 14:1–4**

NA THROSEDDWCH NEB MEWN DIM

A ninnau o fewn dim i'r Nadolig, a ddirywiodd yn gyfnod o loddesta seciwlar, nid amhriodol yw myfyrio ar gynnwys y bennod hon sydd a wnelo â bwyta. Gwraidd y broblem oedd y tensiwn rhwng bywyd y Cristion ac arferion paganaidd y cyfnod. Arferai llawer o genedl-ddynion aberthu cig i eilunod cyn ei fwyta. Gwerthid cig wedi ei aberthu felly ar farchnadoedd cyhoeddus. A oedd y fath ymgysegru paganaidd wedi halogi'r cig, ac os felly, a ddylai Cristnogion ei fwyta?

Nid oedd un ateb syml gan Paul i'r broblem hon. Ac yn hytrach nag ateb y cwestiwn yn uniongyrchol, yr hyn a wnaeth Paul oedd tanlinellu pwysigrwydd egwyddor sylfaenol Cristnogol sef na ddylai ein hymarweddiad fel Cristnogion fod yn faen tramgwydd i unrhyw Gristion arall. Hynny yw, wrth ymddwyn dylwn bob amser ystyried effaith yr hyn a wnaf ar fy nghyd-Gristion.

Yn fras, y 'cryf' yn y ffydd yw'r person nad yw ei gydwybod yn ei ddwysbigo wrth iddo fwyta neu yfed rhyw bethau. Nid yw ei fwyta na'i yfed yn effeithio ar ei berthynas â Duw. Y 'gwan' yn y ffydd yw'r un sydd â chydwybod sy'n cael ei throseddu pe byddai'n bwyta'r peth hyn neu'r peth arall, neu â chydwybod a droseddid os gwelai Gristion arall yn bwyta'r peth hyn neu'r peth arall. Pwysleisia Paul na ddylai'r naill berson na'r llall fod yn feirniadol o'i gilydd, ac na ddylai'r naill na'r llall dramgwyddo ei gilydd. Felly, os gŵyr y person cryf yn y ffydd fod bwyta cig yn tramgwyddo'r un gwan, dylai'r un 'cryf' hepgor ei hawl i'w fwyta yn hytrach na thramgwyddo'r gwan.

GWEDDI

O Dad trugarog, cadw ni rhag troseddu yn erbyn neb, a gwna ni'n gyfryngau adeiladol yng ngwaith dy deyrnas, er mwyn Iesu Grist. Amen.

Walford Gealy

RHAGFYR 20 • **Rhufeiniaid 14:5–9**

YM MHOB DIM, DILYNWN YR ARGLWYDD

Yr un egwyddor â'r un ynglŷn â'r hyn a fwyteir sydd gan Paul wrth ystyried cwestiwn cyffelyb arall, sef pa ddydd neu ddyddiau sy'n gysegredig i'r Arglwydd. Ni pharodd yr un cwestiwn arall, yn holl hanes crefydd yn yr Hen Destament, gymaint o ddadlau yn ei gylch na 'dydd yr Arglwydd'. Nid oedd dadleuon, wrth gwrs, ymhlith yr Iddewon ynglŷn â pha ddiwrnod oedd yn gysegredig, ond bu dadlau diddiwedd ynglŷn â beth oedd yn 'waith' ar y Saboth. Ynglŷn â hyn bu tyndra mawr rhwng Iesu, yn nyddiau ei gnawd, a'r Phariseaid. Dymunai Iesu wared y bobl o gaethiwed cyfreithlonrwydd i ryddid, a honnodd i'r Saboth gael ei greu er mwyn pobl, ac nid pobl er mwyn y Saboth.

Yn anffodus, bu cryn ddadleuon hefyd yn ein cefndir ni ynglŷn â 'dydd yr Arglwydd'. Cofiaf yn iawn fy mam, bob amser, yn paratoi cinio'r Sul ar nos Sadwrn. Cofiaf waharddiadau, megis na ddylid defnyddio'r siswrn ar y Sul. Cofiaf yn glir hyd heddiw yr ysgytiad a'r siom a gefais, a minnau tua deg oed, pan welais ŵr ar ben ysgol yn peintio ei dŷ ar y Sul. Erbyn hyn y mae golygfeydd o'r fath yn gyffredin, ac yn arwydd sicr o ddirywiad ac o ddiffyg parch at ein traddodiad crefyddol Cymreig. Serch hynny, yr ydym yn dal i ofyn beth sy'n gyfreithlon ac anghyfreithlon i'w gyflawni ar y Sul.

Yma, y mae un credadun yn honni bod y dydd yn gysegredig. Dywed un arall fod ei holl amser yn gysegredig. Pa un sy'n gywir? Bydded pob un yn argyhoeddedig yn ei galon ei hun. Ond, yn bwysicach, na throsedded y naill y llall. Y mae ymddwyn mewn parch a chariad at ein gilydd yn bwysicach o lawer na dadleuon o'r fath.

GWEDDI

Cysegrwn ein hunain i ti, O Arglwydd. Cysegrwn ein dyddiau, ein hamser, ein hegni, ein hadnoddau yn llwyr i ti er dy ogoniant. Dy eiddo di ydynt oll. Amen.

Walford Gealy

RHAGFYR 21 • Philipiaid 2:1–11

YR EGLWYS – CYMUNED SY'N GWASANAETHU

Mae Iesu Grist yn dod i'r byd fel Mab Duw, ond eto mae'n diosg pob arwydd o'i frenhiniaeth ac yn ymwrthod â'i breintiau er mwyn eraill. Nid dod i dderbyn gwasanaeth ond dod i wasanaethu a rhoi ei hun dros bobl yn eu hangen y mae.

Yn yr un modd mae'r Eglwys hithau i fod yn gymuned sy'n bodoli er mwyn eraill. Dan fygythiad, mae yna demtasiwn bob amser i'r Eglwys fod yn fewnblyg ac yn amddiffynnol. Tueddwn i feddwl 'Gadewch i **ni** fod yn gryf ynom ein hunain yn gyntaf cyn meddwl am godi beichiau pobl eraill yn y gymdeithas o'n cwmpas!' Ond pan gollwn ni olwg ar ein galwad i wasanaethu, fe gollwn afael ar ran o bwrpas ein bodolaeth fel Eglwys.

GWEDDI

Gweddïwn heddiw dros y rhai sy'n gweithio mewn mudiadau Cristnogol a seciwlar i ddod â chymorth i'r anghenus. Cofiwn, yn arbennig dros gyfnod y Nadolig, am y rhai sy'n gweithio mewn ysbytai a chartrefi henoed, mewn llochesi ar gyfer y digartref ac allan ar strydoedd ein dinasoedd i ddod ag ernes o gariad a gobaith yr Ŵyl i'r rhai maent yn eu gwasanaethu. Arglwydd, clyw ein gweddi. Amen.

Casi a Lloyd Jones

RHAGFYR 22 • **Luc 4:16–21; Marc 11:15–18**

DYHEU AM NEWID

YR EGLWYS – CYMUNED SY'N DYHEU AM NEWID

Mae stori Iesu am y Samariad Trugarog wedi ysbrydoli miloedd o bobl o fewn yr Eglwys yn eu gofal am y tlodion ac anffodusion eraill o bob math. Mae ymddygiad tosturiol y dyn o Samaria tuag at aelod o genedl oedd yn elyniaethus i'w genedl ei hun yn gosod patrwm ac esiampl ar gyfer gwasanaethu eraill.

Mae gofal yn gallu golygu rhoi eli ar friwiau, ond weithiau mae'n golygu gweithredu mewn ffordd ychydig yn fwy mentrus. Mae'n gallu golygu herio'r drefn anghyfiawn sy'n niweidiol i bobl, ac y mae Iesu'n dod nid yn unig i iacháu ac ymgeleddu'r dolurus ond hefyd i herio'r union bethau a sefydliadau sy'n gormesu a dolurio.

Mae'r Eglwys hithau i fod yn gymuned sy'n dyheu am weld newid cymdeithasol sy'n golygu bod pobl yn cael eu trin yn deg a chyfiawn. Gelwir arnom i fod yn gymuned o brotest, ac i godi ein llais yn lleol ac mewn cyd-destun byd-eang er mwyn newid y drefn.

GWEDDI

Arglwydd, mewn gwlad lle mae cymaint o fwlch rhwng y cyfoethog a'r tlawd:
rydym yn ochneidio ac yn dyheu am newid.
Yn ein calonnau caled a'n bywydau hunanol ein hunain:
rydym yn ochneidio ac yn dyheu am newid.
Pan welwn dy Eglwys yn dawel a llwfr yn wyneb anghyfiawnder:
rydym yn ochneidio ac yn dyheu am newid. Amen.

Casi a Lloyd Jones

RHAGFYR 23 • Luc 9:21–27

YR EGLWYS – CYMUNED SY'N DYFALBARHAU

Mae Iesu Grist yn dod i'r byd, ac o'r cychwyn cyntaf mae'n wynebu erledigaeth, ac ar hyd ei oes mae yna rai sydd yn ei wrthwynebu'n ffyrnig, yn cynllwynio yn ei erbyn ac yn y pen draw yn ei arestio a'i ladd. Mae Paul, fel llawer o Gristnogion ar ei ôl, yn gwybod rhywbeth am gost bod yn ddilynwr i Grist, a phrofodd bob math o wrthwynebiad ac erledigaeth, profiadau sydd wedi cryfhau a dyfnhau ei ffydd.

Mae'r Eglwys drwy'r byd wedi ei galw i godi croes, ond mae'r union brofiadau yn amrywio – dioddef amhoblogrwydd a gwawd mewn un man, ac erledigaeth a charcharu mewn man arall. Daw dewrder a ffydd y Cristnogion hynny sy'n dioddef dros eu cred i'n hysbrydoli, ac efallai i'n cywilyddio ar brydiau yn ein diffyg ffydd a dyfalbarhad, ynghanol ein hanawsterau honedig.

GWEDDI

Gweddïwn dros y Cristnogion hynny fydd yn treulio'r Nadolig yma yng ngharchar ac wedi eu gwahanu oddi wrth eu teuluoedd.

Gweddïwn dros y rhai hynny sydd â'r awdurdod i'w gollwng yn rhydd fel y bydd iddynt brofi newid meddwl a chalon.

Gweddïwn dros fudiadau Cristnogion yn Erbyn Poenydio ac Amnest Rhyngwladol a'r gwaith y maent yn ei gyflawni dros garcharorion cydwybod.

Arglwydd, clyw ein gweddi. Amen.

Casi a Lloyd Jones

RHAGFYR 24 • Mathew 25:1–13

YR EGLWYS – CYMUNED SY'N BAROD

Yn ystod y dyddiau diwethaf fe fydd pawb ohonom wedi clywed y cwestiwn: 'Ydych chi'n barod ar gyfer y Nadolig?' Erbyn hyn, os oes yna anrhegion heb eu prynu, neu fwyd heb ei gasglu, mae hi'n rhy hwyr, a'n bai ni yw hynny am i ni gael digon o rybudd ers misoedd faint o ddyddiau siopa oedd yn weddill cyn y diwrnod mawr.

Yn y gorffennol, mae sawl un wedi ceisio gweithio allan pryd y dylem ddisgwyl ailddyfodiad Crist, ond nid ydym i fod i wybod y dydd na'r awr, dim ond gwybod y daw'n ddisymwth a dirybudd. Mewn cyfres o wersi a damhegion, mae Iesu'n dysgu pwysigrwydd bod yn barod.

Beth yw ystyr 'bod yn barod'? Onid yr ystyr yw bod Iesu yn ein cael fel ei Eglwys yn brysur yn ufuddhau i'w orchmynion, wedi cyflawni tasgau a gawsom ac wedi gwneud defnydd o'r doniau ysbrydol a gawsom ar gyfer y gwaith? Y fath gywilydd arnom i'r Iesu ein canfod yn ddiog, yn hunandosturiol ac yn casglu esgusodion ein bod yn 'gwneud yn reit dda', a hynny dim ond i gadw'r drws ar agor.

GWEDDI

Maddau i ni, Arglwydd, ein diogi yn dy waith, ac am ohirio hyd yfory yr hyn y dylem fod wedi ei wneud ddoe.

Gad i ni weld o'r newydd mai heddiw yw'r dydd i ymateb i ti. Heddiw yw'r dydd i weithio a gweddïo. Amen.

Casi a Lloyd Jones

RHAGFYR 25 • Luc 1:46–50, 67–79

YR EGLWYS – CYMUNED SY'N DATHLU

Arglwydd Iesu, ein Brawd a'n Brenin,
Fe ddiolchwn heddiw dy ddyfod i'n plith.
Gad i'n cymunedau gael eu goleuo â'th wirionedd,
Gad i'n cwpanau orlifo â gwin dy gariad,
A gad i'n cartrefi fod yn llawn gwres dy bresenoldeb di –
Yn groeso i gyfaill a dieithryn. Amen.

Casi a Lloyd Jones

RHAGFYR 26 • Ioan 15:9,10; 1 Corinthiaid 13

YR EGLWYS – CYMUNED SY'N CARU

Pan fydd pobl yn cyd-fyw yn agos i'w gilydd, buan iawn y mae tensiynau a gwahaniaethau yn codi – gwahaniaethau sy'n medru troi'n rhwygiadau yn rhy rhwydd. Mae adeg y Nadolig yn gallu golygu bod pobl yn treulio cryn amser yng nghwmni ei gilydd ar yr aelwyd, a gall fod yn gyfnod anodd yn ogystal ag un llawen.

Daeth Iesu i'r byd i ddelio gyda rhwyg rhyngom ni a Duw, a thrwy ei Groes a'i Atgyfodiad fe ddaeth ef â ni i gymod â'n Tad Nefol a'n gwneud yn blant i Dduw. Fe ddaeth Iesu hefyd i'n cymodi ni â'n gilydd, ac i'n tynnu fel Cristnogion i berthynas â'n gilydd o fewn teulu'r ffydd. Sylfaen ein ffydd a sylfaen ein heglwys yw byw mewn perthynas o gariad â'n gilydd. Fe allwn ni siarad yn ddoeth, gweithio fel ffyliaid, fe allwn ni fynd ati i ymdrechu mewn llawer o ffyrdd, ond yn y pen draw, os nad ydym yn caru'n gilydd, ac os nad yw'n bywyd ynghyd yn dangos cariad Duw, mae'r cwbl yn wag a diystyr.

GWEDDI

Dy gariad i'n clymu fel teulu,
Dy Ysbryd i'n cynnal ynghyd,
Dy Eglwys yn gartref i'th fywyd –
Dy fywyd di ynom i gyd.
Ein cariad yn obaith i eraill,
Ein hundod yn glod 'Iddo Ef',
Ein neges yn dod trwy ein bywyd,
A'n bywyd yn ernes o'r nef. Amen.

Casi a Lloyd Jones

RHAGFYR 27 • **Datguddiad 20:11, 12**

DAW DYDD

Mae Llyfr Datguddiad Ioan yn sôn am y 'Pethau Diwethaf' pan fydd amser wedi ei gyflawni, y dydd wedi dod, a chynlluniau Duw wedi eu cwblhau. Nid iaith newyddiadurwr sydd ganddo, ond delweddau cryf a lliwgar fel sy'n addas i freuddwyd neu weledigaeth.

Fe ddaw hi'n eglur o ddysgeidiaeth Iesu y bydd y 'dyddiau diwethaf' yn cynnwys barn ar sut mae'n bywydau wedi cael eu treulio. Fe fydd yna edrych yn ôl ac asesu sut rydym wedi ymateb i Grist.

Mae diwedd blwyddyn yn gyfle i edrych yn ôl a rhoi diolch am holl fendithion Duw i ni yn ystod y flwyddyn, ac i werthfawrogi yr hyn y mae wedi ei gyflawni yn ein bywydau.

GWEDDI

Dduw ein Tad, diolchwn i ti am dy holl fendithion i ni yn ystod y flwyddyn a aeth heibio.
Diolch am ein cynnal a'n nerthu ar hyd y daith ac am gerdded gyda ni drwy'n profiadau i gyd. Amen.

Casi a Lloyd Jones

RHAGFYR 28 • **Datguddiad 7:9–12**

BYDD PLYGU GLIN

Un darlun a gawn o'r 'Pethau Diwethaf' yn Llyfr Datguddiad Ioan yw'r olygfa ryfeddol o bobl o bob cenedl, llwyth ac iaith yn plygu o flaen gorsedd Crist. Dyma Fab Duw, o'r diwedd, yn cael ei briod le, ac yn cael ei addoli'n Arglwydd.

Ar ddiwedd blwyddyn, dyma gyfle newydd i ni gyflwyno'n bywydau i Grist, gan ildio pob rhan ohono i'w arweiniad a'i awdurdod.

GWEDDI

Arglwydd Iesu, cyflwynaf fy mywyd i ti. Plygaf o'th flaen ac ildio fy hun yn llwyr i'th wasanaeth. Cymer fi o'r newydd yn eiddo i ti dy hun, a llanw fy nghalon â mawl ac addoliad. Amen.

Casi a Lloyd Jones

RHAGFYR 29 • **Mathew 25:31–46**

BYDD BARN

Mae asesu wedi dod yn rhan naturiol o fywyd gwaith ein cyfnod ni, yn enwedig mewn ysgolion, lle bydd llawer o brysurdeb a gofid i athrawon yn y cyfnod sy'n arwain at ymweliad yr Arolygwyr.

Tuedda rhai i bwysleisio barn Duw gan anghofio ei drugaredd, ond y mae hi'r un mor beryglus i bwysleisio ei drugaredd ac anghofio ei farn. Dyna'r cyfrifoldeb sy'n dod gyda'r rhodd o fywyd ar y ddaear – ein hatebolrwydd i Dduw am y bywyd a gawsom a'r hyn yr ydym wedi ei gyflawni ynddo. Sut ydym wedi ymateb i Grist? Ydi'n cred wedi bod yn ein meddwl yn unig, neu a ydi wedi ei dangos mewn gweithredoedd o gariad a gofal am eraill?

Mae temtasiwn bob amser i ni droi'n farnwyr ar fywydau pobl eraill a chymharu'n bywydau ni a bywydau eraill. Nid ein cyfrifoldeb ni yw asesu pobl eraill ond yn hytrach ein cyfrifoldeb ni yw cymryd stoc yn rheolaidd o'n bywydau ysbrydol ein hunain. Mae diwedd blwyddyn yn gyfle i ni gyffesu i Dduw lle rydym wedi crwydro a gofyn iddo ddangos pa agweddau ar ein bywydau sydd angen eu newid. Mae'n gyfle i ofyn am faddeuant hefyd a chael dechrau newydd.

GWEDDI

Dduw ein Tad, cyffeswn wrth i ni edrych yn ôl ar y flwyddyn sydd wedi mynd heibio nad yw ein bywydau wedi bod wrth dy fodd. Maddau i ni am fethu yn ein cariad tuag atat ti ac at ein gilydd. Maddau i ni bob difaterwch a 'styfnigrwydd yn ein hagwedd tuag atat ti ac at dy waith. Gofynnwn hyn yn enw Iesu. Amen.

Casi a Lloyd Jones

RHAGFYR 30 • Datguddiad 21:1–4

DAW DIWEDD AR DDIODDEF

Er bod poen a dioddefaint yn rhan o'n bywyd daearol, cawn addewid y daw diwedd arnynt. Pan ddaw y dydd, bydd Duw yn sychu'r dagrau a ninnau'n rhydd o bob gofid a phoen, ac er bod hyn yn medru bod yn gysur, mae bywyd yn y cyfamser yn medru bod yn feichus ac anodd i'r rhai sy'n dioddef. Nid yn unig rhaid dioddef salwch neu boen, ond mae'r cwestiynau sy'n codi yn rhai poenus hefyd: 'Pam fi? Pam bod rhai yn cael eu hiacháu nawr ac eraill yn gorfod parhau i ddioddef?'

Wrth edrych yn ôl ar y flwyddyn sydd wedi mynd heibio, mae'n bosib iddi fod yn flwyddyn anodd i ni. Efallai ein bod ni neu'n hanwyliaid wedi dioddef salwch neu brofedigaeth, neu bod amgylchiadau bywyd wedi bod yn gwasgu arnom o wahanol gyfeiriadau. Sut bynnag y bu hi arnom, cyflwynwn y profiadau poenus i Dduw gan ofyn iddo ein cysuro a'n nerthu.

GWEDDI

Dduw ein Tad, cyflwynwn i ti bob profiad anodd a ddaeth i'n rhan yn ystod y flwyddyn.
Cyflwynwn ein galar a'n hiraeth gan ofyn i ti eu lleddfu; cyflwynwn ein tristwch gan ofyn i ti ein cysuro.
Cyflwynwn y cyfan i ti yn enw Iesu, y Gŵr sy'n gyfarwydd â dolur. Amen.

Casi a Lloyd Jones

RHAGFYR 31 • **Datguddiad 19:5–9**

BYDD GWLEDDA

Tueddwn yng Nghymru i ganolbwyntio'n dathlu o gwmpas y Nadolig, ond yn yr Alban mae dathliadau'r flwyddyn newydd yn cael tipyn mwy o sylw. Mae'r naill achlysur fel y llall yn gyfle i wledda a llawenhau.

Un darlun o'r Pethau Diwethaf sy'n codi droeon yn nysgeidiaeth Iesu am Deyrnas Nefoedd yw'r darlun o wledd. Mae Duw yn estyn gwahoddiad i ni i gymdeithas ag ef, fel ag y mae brenin yn gwahodd cyfeillion i eistedd wrth fwrdd ei wledd. Mae derbyn y gwahoddiad yn fraint ac yn llawenydd i'r rhai sy'n ei garu.

Yn Llyfr y Datguddiad cawn ddarlun o wledd briodas yn llawn dathlu a llawenhau. Y Priodfab yw Crist a'r briodferch brydferth yw'r Eglwys.

Mae gwledd yn cyfleu y syniad o ddathlu, o gymdeithasu, o fwynhau cwmni'n gilydd sy'n rhan o fywyd y Cristion o'r dechrau. Fe ddaw i'w anterth pan fyddwn yn cwrdd â Christ wyneb yn wyneb, ac y cawn ein hunain fel ei saint yn berffaith ac yn hardd o'i flaen.

GWEDDI

Nid oes yno gofio beiau,
   Dim ond llawn faddeuant rhad;
Poenau'r groes, a grym y cariad,
   A rhinweddau maith y gwaed:
     Darfu tristwch;
   Daeth llawenydd yn ei le. Amen.
      (William Williams)

Casi a Lloyd Jones